중 국 의
숙 어 와
인문세계

이 도서는 교육부 및 한국연구재단의
대학인문역량강화사업(CORE) 지원에 의해 출간된 도서입니다.

중국의 숙어와 인문세계

汉 语 熟 语 与 中 国 人 文 世 界

崔希亮 지음 · **맹주억** 옮김

HU:iNE

머리말

언어란 무엇인가? 이는 매우 단순해 보이면서도 대답하기 어려운 질문이다. 헤겔은 '언어는 협의의 이성적 활동이다. 왜냐하면 언어는 이성적 활동의 겉모습이기 때문이다'라고 했고, 아우구스트 슐라이처(August Schleicher)는 '언어는 사상의 음성적 표상으로, 음성을 통해 사유의 과정을 나타낸다'라고 했다. 또한 에드워드 사피어(Edward Sapir)는 '언어는 임의적으로 생성된 기호체계를 이용하여 사상, 감정, 욕구를 표현하는 인류 특유의 비본능적인 방법이다'라 했고, 앙투안느 메이예(Antoine Meillet)는 '언어는 일말의 의심의 여지가 없이 사회적 현상이다'라고 했다. 칼막스(Karl Max)는 또한 '언어는 사상의 직접적 표현이다'라고 말했다. 앞의 이러한 언급들 모두 잘못이 있는 것은 아니나, 단지 어떻게 보느냐에 따라 차이가 있을 뿐이다. 언어의 본질에서 볼 때 언어는 일습의 기호체계이다. 언어의 사회적 기능으로 볼 때 언어는 인류 의사소통의 수단이며, 언어의 심리적 속성으로 볼 때 언어는 사유의 수단이다. 또한 인류의 지식 축적 과정이라는 각도에서 살펴볼 때 언어는 인류문화의 수용체라 할 수 있다. 그러므로 우리는 언어를 통해 체계적인 사회적으로 약속된 기호체계를 볼 수 있다. 이 기호체계를 관찰해 보면 우리는 많은 흥미로운 사실들을 발견할 수 있다. 예를 들어 우리는 언어라는 기호체계의 질서, 대칭성, 규칙성을 발견할 수 있으며 구조적인 특수성과 보편성을 살펴볼 수 있다. 또한 이 기호체계 자체가 가지고 있는 인문정보를 발견할 수 있으며 이 인문정보들은 또한 하나의 새로운 체계을 구성한다. 이 새로운 체계는 지식창고로서 인류지식의 보편성을 반영해 줌과 동시에, 지식창고간의 서로 다른 개별적 특성을 잘 보여준다. 언어마다 그 해당언어를 사용하는 사람의 모든 지식을 기술할 수 있다. 역으로, 사회적 집단마다 그들의 지식은 그들의 언어를 통해서만 정확히 기술할 수 있다. 중국어(©汉语)[1]는 한족이 장기간 동안 사용해 온 의사소통의 수단이자 사유의 수단이다. 중국어라는 이 기호체계는 한족의 지식을 표현하기에 가장 적합한 것이다. 때로 우리가 다른 언어로 한족의 지식을 표현해 내고자 할 때 그것이 뜻대로 되지 않는다고 느끼게 되는 사실을 인정하지 않을 수 없다. 이는 바로 중국어가 이미 한족의 사유습관, 지식표현방식과 밀접하게 결합되어 있음을 보여주는 것이다. 이러한 결합은 양방향에서 이루어지는 것이라고 볼 수 있다. 즉 사유습관과 지식 표현의 필요에 의해서 상응하는 언어기호체계를 창조해 내었으며, 역으로 우리가 창조해낸 기호체계가 바로 우리의 사유 습관과 지식 표현 방식을 제약하고 또 그에 영향을 미쳐왔던 것이다.

언어는 현실적 의사소통의 수단이나 또한 역사적 유산이기도 하다. 역사를

1) 괄호 안 © 뒤에 한자로 표기된 것은 중국어 단어임을 나타낸다.

떠나서는 오늘이 존재할 수 없다. 그러므로 우리는 언어를 통해 역사의 발전 궤적을 볼 수 있는데 이는 매우 흥미로운 일이다.

숙어란 무엇인가? 숙어는 언어 기호 체계 중에서 일종의 비교적 특수한 기호이며, 정형화된 언어 표현 형식이다. 역사적 산물로서 사회의 습관적 사용으로 말미암아 숙어라는 언어 기호는 형식상, 의미상, 기능상, 그리고 환경상 기타 언어 기호와 다른 특징을 갖게 되었다. 숙어는 형식적으로 고정적이다. 사회 언어학적 각도에서 볼 때 숙어가 내포하고 있는 문화내용은 가장 풍부하고, 숙어가 굴절 투사하는 인문세계는 가장 절묘하며 숙어가 표현하는 처신의 도리는 가장 깊이가 있으며 숙어가 반영하고 있는 세태와 인간심리는 가장 직접적이다. 언어와 우리의 일상생활은 뗄레야 뗄 수 없는 관계가 있고 숙어도 우리의 일상생활과 밀접한 관계가 있어서 우리는 '~라는 속담도 있다', '~라고 사람들이 얘기한다', '~라는 옛말도 있다', '격언에 이르기를 ~라 했다' 등의 말을 인용하는 것을 자주 듣게 된다. 속담, 옛말, 격언 등이 바로 우리가 말하는 숙어에 속한다. 이러한 숙어는 언제나 우리의 행동을 지배하고 판단에 영향을 미치며 우리의 문화를 좌우한다. 숙어는 우리의 마음 속에 깊이 뿌리 내려있어 인식할 수 없을 정도이다. 예를 들어, '好男不跟女斗(좋은 사내는 여자와 다투지 않는다)', '女子无才便是德(여자는 재능 없는 것이 바로 덕이다)', '好汉不提当年勇(호걸은 왕년의 용맹을 들먹이지 않는다)', '枪打出头鸟(총은 머리를 내미는 새를 맞힌다, 나서는 자는 위험에 빠질 수 있다)', '好死不如赖活着(잘 죽는 것도 형편없이 살고 있는 것만 못하다. 말똥에 굴러도 이승이 좋다. 죽은 정승이 산 개만 못하다)', '一个篱笆三个桩， 一个好汉三个帮(울타리 하나에 기둥이 셋이 있듯이 호걸은 사람들 세 무리가 있어야 한다. 즉 돕는 이가 있어야 한다)', '告人自扫门前雪,莫管他人瓦上霜(각자 자기 집 앞 눈이나 쓸지 남의 집 기와의 서리는 신경 쓰지 마라-자기 일에만 신경 쓰고 남의 일에는 참견하지 마라)' 등의 속담 및 격언은 바로 문화의 일부분인 것이다. 중국어 숙어에 반영되어 있는 문화는 긍정적인 부분도 있고 또한 부정적인 부분도 있다. 그러나 어떻게 말하든 간에 숙어는 사용하는 민족과 밀접한 관계를 갖고 있으며 중국인의 인문 세계와 뗄레야 뗄 수 없는 관계를 가지고 있다. 그러므로 숙어를 정리하고 연구하는 것은 매우 의미 있고 필요한 일이라 할 것이다.

중국 문화는 매우 깊고 심오하며 광대한데, 이는 중화 민족이 오랜 세월 동안 축적한 결과이다. 여러 각도에서 중국 문화를 발굴하고 정리하는 일은 많은 측면이 있겠으나, 우리는 이런 방대한 사업 앞에 어디에서 부터 착수해야 할 지 몰라 종종 무력감을 느끼곤 한다. 우리가 '중국어 숙어와 중국의 인문세계'라는 제목을 선택하여 연구를 하는 것은 착수할 곳을 찾으려 하는 것인데, 작은 것에 손을 대어 큰 것에 착안하고자 함이다. 물론 전체를 아우른다는 것은 망상이겠으나, 자그마한 보탬이 되리라고 희망할 수는 있을 것이다.

본서의 저자는 최근에 외국인을 대상으로 중국어와 중국 문화를 가르쳐 왔고, 1990, 1991, 1992년 북경어언학원의 외국 대학원생을 위해 '중국어 숙어연구'와 '중국어 숙어와 중국문화' 과목을 개설하였는데, 교육을 통해 다소의 깨달음이 있게 되었다. 외국인이 중국문화와 사회를 이해하고 동양문화의 신비를 깨닫기 위해서는 언어가 바로 첫 번째 관문이자 반드시 통과해야 할 경로이며 성어, 관용어, 속담, 이언(ⓒ谚语), 수수께끼속담 등의 숙어는 외국인의 중국어 학습의 길에서 반드시 넘어야 할 장애물이다. 이를 극복하기 위한 유일한 방법은 바로 숙어를 연구하여 이해하고 이용하는 것이다.

崔希亮. 1996년 봄.

목차

제1장

중국어 숙어 개관

제 1절 숙어의 정의

一. 숙어의 개념

숙어에 관하여 전문서적(孙维张1989)이 나온 바 있다. 그러나 숙어의 정의, 범위, 분류 등의 문제에 관하여 다양한 이설이 있다. 필자의 견해가 가장 통용되는 견해는 아닐 것이나 이 책에서 필자는 많은 사람들의 연구 성과를 수용하였는데, 이 연구 결과가 사계의 대다수 학자들에게 인정받을 수 있기를 바란다. 언어학 분야에서 '숙어(熟语)'라는 술어는 이미 보편적으로 받아들여지고 있다. 그런데 아직도 많은 사람들이 숙어와 성어를 구분하지 않고 사용하고 있다. 그러므로 숙어의 개념에 대해 이름 바로잡기를 해야 할 필요가 있다. '숙어'란, 가공되고 정제된 언어형식으로, 그것들은 고정적인 표현이다. 숙어의 길이, 내용, 사용범위는 서로 다르지만 모두 사람들이 오랜 시간 동안 습관적으로 사용해 오면서 천천히 고정되어진 것들이어서 모든 숙어는 어떠한 특정한 의미를 표현하고 있으므로 왕왕 글자의 뜻대로 의미를 짐작해서는 안되는 것이고, 숙어는 모두 나름대로의 구조적 특징을 가지고 있으므로 임의로 그 구조를 변경해서는 안된다. 만약 언어는 집에, 어휘는 집을 짓는 벽돌과 기와에, 형태소는 벽돌과 기와를 만드는 재료에, 문법은 집을 짓는 설계도에 비유한다면, 숙어는 기성 조립건축재인 것으로서 즉, 숙어는 정형화되어 있는 일차 완성품인 것이다. 숙어에는 어휘의 형식을 띈 것과 문장의 형식을 갖춘 것도 있다.

二. 숙어의 범위

숙어는 상위 개념으로 범위가 매우 넓다. 고정된 용법, 습관적인 용법, 기성의 구(phrase)는 모두 숙어의 범위에 속한다. 구체적으로 숙어에는 성어(예: 孤掌难鸣-손바닥도 마주쳐야 소리가 난다; 贤妻良母-현모양처; 惩前毖后-이전의 과오로 뒷날을 경계하다; 张灯结彩-초롱을 달고 오색 천으로 장식하다), 관용어(예: 拍马屁-아부하다, 비위를 맞추다; 扣帽子-죄를 덮어씌우다; 走后门-뒷거래를 하다, 부정한 방법으로 일을 하다; 母老虎-성질이 사나운 여자), 속담(예: 好汉不吃眼前亏-사내 대장부는 눈뜨고 손해보지 않는다. 대의를 위해 후퇴할 줄 안다; 打开天窗说亮话-툭 털어놓고 말하다; 吃不了兜着走-다 먹을 수 없어 싸가다. 끝까지 책임을 지다; 不打不成交-싸우면서 친해지다. 싸움 끝에 정 붙는다), 이언(예: 早霞不出门, 晚霞行千里-아침 노을에 길 떠나지 않고, 저녁 노을에 천리 길을 떠난다. 아침에 노을이 지면 날씨가 나쁘고, 저녁에 노을이 지면 다음날은 활짝 갠다; 福无双至, 祸不单行-복은 겹쳐서 오지 않고 화는 단독으로 오지 않는다; 儿行千里母担忧, 母行千里儿不愁-자식은 부모가 자식을 걱정하는 것만큼 부모를 걱정하지 않는다; 你走你的阳关道, 我过我的独木桥-각기 제 갈 길을 가다), 수수께끼속담(예: 苍蝇落在玻璃上-有光明没前途-파리가 유리창에 부딪히다-전도가 유망하지 못하다; 十五个吊桶打水-七上八下-15개의 두레박으로 물을 긷다-일곱 개는 올라가고 여덟 개는 내려간다. 즉, 마음이 안절부절 못하다; 麻子照镜子-自我观点儿-곰보가 거울을 보다-주관적 관점에 의해 사물을 판단하다; 猪鼻子插大葱-装象-돼지 코에 파 - 코끼리인 체 하다. 즉, 그럴듯하게 꾸며대다). 숙어에는 또한 격언(书山有路勤为径, 学海无涯苦作舟-독서의 산에는 길이 있는데 부지런함이 첩경이고, 학문의 바다에는 끝이 없는데 고생이 배이다. 학문에는 끝이 없다; 闪光的不都是金子-빛난다고 다 황금은 아니다; 业精于勤荒于嬉-학업은 근면함으로 정통하게 되고 놀이로 황폐하게 된다. 학문 기예는 근면해야 진보한다; 三人行必有我师-세 사람과 같이 있으면 그중에 꼭 나의 스승이 있게 마련이다; 人生也有涯而知也无涯-인생에는 끝이 있으나 지식에는 끝이 없다), 유명주련(贫居闹市无人问, 富在深山有远亲-번화한 도시에 살아도 가난하면 물어보는 사람이 없고, 부유하면 산중에 살아도 먼 친척이 찾는다.; 生意兴隆通四海, 财源茂盛达三江-사업이 잘되고 돈이 많으면 어디에든 다다를 수 있다; 明月有情常照我, 清风无事乱翻书-밝은 달은 다정히 나를 비추고, 시원한 바람은 공연히 책장을 넘기네; 风声雨声读书声 声声入耳, 国事家事天下事 事事关心-바람소리, 비소리, 책읽는 소리 등 모든 소리가 귀에 들어오고, 나랏일, 집안일, 천하일 등 모든 일에 관심을 갖다), 유행 항간 속담 (天要下雨，娘要嫁人，随它去吧-하늘에 비가 오려하고 어머니가 출가하려하니 그대로 내버려둘 수 밖에；钱不是万能的, 没有钱却是万万不能的-돈이 있다고 모든 것을 할 수 있는 것은 아니지만 돈이 없으면 아무 것도 할 수 없다. 美洲有加拿大，中国有大家拿 아메리카주에는 카나다가 있고 중국에는 '모두가 챙긴다'가 있다), 유행 민간가요(开不完的会，站不完的队，写不完的检讨，流不完的泪 끝나지 않는 회의, 끝없이 서는 줄, 이루 다 써낼 수 없는 반성문, 끝없이 흘리는 눈물；骑着轿子抬了马，吹着锣鼓打喇叭 가마를 타고 말을 멨고 징과 꽹과리를 불고 나팔을 두드린다；吃汽水，喝面包，拎着火车上提包 소다수를 먹고 빵을 마시며 기차를 들고 핸드백을 탄다) 등등이 포함된다. 우리가 여기서 살펴보고자 하는 숙어의 범위는 성어, 관용어, 속담, 이언 및 수수께끼속담 정도이고 기타 숙어에 대해서는 잠시 논외로 하도록 하겠다. 한 가지 밝혀둘 필요가 있는 것은 여기에서 말하는 유명주련(©名联), 유명대구(©名对), 유행 항간 속담(©流行市语), 유행 민간가요(©流行歌谣) 등은 이전에는 숙어의 범주에 들지 않았는데 이는 매우 이상한 현상이다. 사실 이들도 굳어진 언어형식이며 이들의 숙어적 성격은 대단히 뚜렷한 것이다.

三. 숙어에 대한 사회적 평가

사회적 집단에 따라 숙어에 대한 평가는 다르고 숙어 사용에 대한 태도도 다를 것이다. 이러한 상황은 문화간 의사소통에서 더욱더 두드러지게 나타나는데, 서로 다른 모어를 가진 사람들의 숙어에 대한 견해는 다르다. 예를 들면, 이탈리아인들은 숙어의 사용을 창의력의 결핍으로서 숙어는 진부한 표현이며 프랑스어의 cliché(상투어)에 해당한다고 여긴다. 또한 설사 같은 중국어를 모어로 하는 사람들 중에서도 숙어는 지역적 변이와 사회적 변이가 있으며, 숙어의 형식도 유행하는 지역, 사회 계층, 연령층, 민족집단, 문화집단에 따라 사용집단이 다르게 마련이다. 각기 다른 사회집단에서 서로 다른 숙어 형식을 사용하는 빈도도 다르다. 예를 들면, 성어의 경우 지식인들이 주로 사용하며 노동자나 농민 계층에서는 상대적으로 그다지 유행하지 않는다. 이와 반대로 수수께끼속담이나 일반 속담은 노동자 농민 계층에서 더 유행하며 지식인들은 가능한 한 사용을 기피하고 심지어는 무시하는 태도를 보인다. 유행속담은 시효성이 있어서 어느 시기에는 모든 사람들이 즐겨 사용하지만 시대가 흐르면 점차 사라지는 경향이 있다. 대중매체의 발전에 따라 텔레비전과 영화가 사람들에게 미치는 영향이 갈수록 커지고 있다. TV프로그램 중 특색 있는 말, 어휘 등은 시청자에게 깊은 인상을 남기게 되고 사람들이 이를 응용하면서 점차 숙어로 자리잡기도 한다. 예를 들면, TV 광고 카피의 경우 사람들이 달가워하건 그렇지 않건, 의사와 상관없이 사람들의 일상생활에 깊이 침투하게 된다. 최근 중국 대륙에서는 '味道好极了(맛이 기막히게 좋지!)' 또는 '长城电扇, 电扇长城(장성 선풍기, 선풍기는 장성)', '用顶好清香油顶有面子(딩하오 식용유를 쓰면 제일 체면이 서지)'같은 광고 카피를 모두 알고 있다. 그러나 광고 카피의 생명력은 길지 않아서 일단 사람들의 수용 정서가 한계에 이르면 생명력도 사라지게 마련이다. 다만 일부 매우 각별히 절묘한 광고 문구는 숙어의 형태로 자리잡아 살아남게 된다.

四. 숙어의 특징

중국어 숙어는 중국어 어휘 및 표현 중 매우 정제된 부분이며 중국 문화의 일부분이다. 언어학적 각도에서 볼 때 숙어는 그 나름의 독특성을 가지고 있다. 또한 형식면에서나 의미면에서 모두 나름의 특징을 가지고 있다. 많은 학자들(云生 1959; 马国凡 1968; 武占坤 1962; 温端正 1984; 孙维张 1989 등)이 이에 대해 관심을 기울여 왔다. 사회 문화적 각도에서 볼 때 언어는 문화를 표현하는 일종의 기호체계(code)이며, 숙어는 이러한 언어 기호체계 중에서도 가장 경제적이고 가장 효과적인 기호체계이다. 왜냐하면 숙어가 내포하고 있는 문화적 내용은 역사적 깊이와 현실적 넓이를 함께 가지고 있어서 사용시 자유자재로울 수 있기 때문에 이런 편리함은 기타 다른 어휘 형식이나 표현방식에서는 찾아볼 수 없는 것이다. 중국어 숙어의 특징을 살펴봄에 주로 두 가지 측면의 요인을 고려하여야 하는데 하나는 언어적 측면이고 다른 하나는 사회문화적 측면이다.

1. 중국어 숙어의 언어학적 특징

언어학적 각도에서 볼 때 숙어의 특징은 주로 형식상, 의미상, 표현상의 특징으로 나누어 살펴볼 수 있다.

(1) 형식상의 응고성

소위 형식상의 응고성이라는 것은 숙어가 형식적으로 고정되어 있어서 임의로 그 구조를 바꿀 수 없음을 가리킨다. 즉 사람들이 오랫동안 습관적으로 사용해왔기 때문에 어떤 하나의 전체로 굳어서 분해할 수 없는 언어단위가 된 것이다. 만약 그 구조를 바꾸거나 분해할 수 있다면 이는 더이상 숙어로서 존재하는 것이 아니며 단지 조각나서 흩어진 언어의 파편으로서만 존재하게 되는 것이다.

예: 孤掌难鸣 (손바닥도 마주쳐야 소리가 난다)

开倒车 (시대에 역행하다)

失败乃成功之母 (실패는 성공의 어머니다)

常在河边站,哪能不湿鞋 (자주 강가에 서있으면 신이 젖을 수밖에 없다)

小葱拌豆腐--一清二白 (아주 순결하여 오점이 없다)

이들 기호 형식은 구조적으로 이미 이렇게 결합되어져 있는 것으로, 임의로 갈라놓을 수 없다. 물론 이 또한 절대적인 것은 아니다. 일부 숙어는 여러 가지 형식이 있는 경우가 있다. 예를 들어 '青皮萝卜紫皮蒜, 抬头老婆低头汉(푸른 무우와 자주빛 마늘, 머리를 든 마누라와 고개 숙인 사내: 전자는 맛이 매운 식재들이고 후자는 상대하기 어려운 사람들을 뜻함)'의 경우 '老婆(마누라)'대신에 '娘们(여편네)' 혹은 '媳妇(아내)'를 쓰기도 한다. 그러나 이런 예는 흔하지 않다. 어떤 변이형식에는 지역성이 있다. 이외에 또한 변화의 과정 중에 있는 숙어들도 있는데 아직 고정적이지 않은 그러한 종류이다.

(2) 의미상의 특정성

숙어의 의미는 고정되어 있다. 하나의 숙어는 하나의 특정한 의미를 나타낸다. 이는 일종의 언어적 약속과 같은 것으로, 이미 습관처럼 고정되어 있다. 일반적으로 여러 가지 의미를 갖는 숙어는 많지 않다. 숙어가 표현하는 특정 의미는 일반적으로 수사적인 의미를 가지며 응용된 의미를 갖는 경우가 많다. 숙어이기 때문에 문자만으로 그 뜻을 짐작하기는 어렵다. 숙어의 표면적 의미는 일반적으로 일종의 은유의 역할을 한다. 예를 들어보자.

孤掌难鸣: 원래 의미는 한쪽 손바닥으로는 박수를 칠 수 없다는 의미이며, 부족한 역량이나 조건으로는 일을 이룰 수 없음을 비유한다.

开倒车: 원래는 차를 후진한다는 의미이며, 시대의 흐름에 역행하여 퇴보한다는 뜻을 갖는다.

带高帽: 원래는 다른 사람에게 모자를 씌어준다는 뜻이지만, 다른 사람을 칭찬하거나 추켜세운다는 뜻을 갖는다.

青皮萝卜紫皮蒜, 抬头老婆低头汉: 원래는 두 가지 채소와 두 종류의 사람을 가리키는 말이지만, 성질이 사나운 여자와 음흉한 남자를 비유하는 말로 쓰인다.

常在河边站,哪能不湿鞋: 본뜻은 글자 그대로 늘 강가에 서 있으면 신발이 젖을 수 밖에 없다는 의미이나, 어떤 환경에 오래 처해 있으면 영향을 받을 수 밖에 없다는 의미로 쓰인다. 주로 나쁜 습관, 분위기에 물듦을 가리킨다.

중국어 숙어 중 성어는 대부분 역사적인 유래가 있는 것들이다. 때문에 이런 성어의 의미 또한 이런 유래에 따라 결정되어지는 것이다. 숙어 중 관용어는 대부분 생생한 사물을 통해 다른 사물 혹은 행위를 비유한 것이다(묘사적임). 속담은 비교적 쉬운 말로써 심오한 이치를 표현하고 있다(서술적임). 수수께끼속담은 중국어 숙어 중 가장 독특한 형식으로 일종의 중국식 유머를 대표하는데 형식상 수수께끼에 해당하는 부분과 답에 해당하는 부분으로 나뉘어져 있으며 의미의 중점(혹은 초점)은 답에 해당하는 부분에 있고 수수께끼에 해당하는 부분은 실제 의미를 이끌어내기 위한 도입부에 해당한다.

(3) 사용상의 제약성

숙어는 매우 독특한 언어형식이라 할 수 있다. 그러나 사용상 경우, 문체, 사회계층에 따라 제약을 받게 된다. 예를 들어 성어는 비교적 장중하기에 장중한 경우에 적합하고 정론 성격의 문장에 적합한 것이다. 이렇듯 성어는 다소 현학적이고 주로 문어에 사용되어 지식인 계층에서 많이 쓰인다. 학력이 높을수록 성어를 많이 알고 있게 마련이며, 성어의 활용도도 높다. 구어 중에서는 성어가 그다지 많이 쓰이지 않기 때문에 일반 민중들 사이에서는 많이 쓰이지 않는 편이다. 관용어는 성어와 달리 지식인들뿐만 아니라 일반 민중들 사이에서도 널리 쓰인다. 진지하면서도 해학적이며 매우 대중적인 표현으로 널리 쓰인다. 그러나 어떤 의미에서 볼 때 관용어는 생동감 넘치는 표현이기는 하나 격조 높은 표현은 아니기 때문에 문체나 상황에 따라 사용에 있어서 제약을 받는다. 속담도 마찬가지이다. 속담은 명칭을 보고 알 수 있듯이 서민들 사이에서 격식에 얽매이지 않고 오가는 말이다. 진지하고 장중한 장소 혹은 교양 있는 사람들 사이에서는 쓰이지 않는다. '만나는 사람에 따라 사용하는 말이 달라지고 오르는 산에 따라 부르는 노래가 달라진다(见什么人说什么话，到什么山上唱什么歌)'는 말이 있는데 중국어 숙어의 사용이 바로 이 점을 잘 보여준다.

숙어의 생성과 응용은 사회문화적 제약을 받는다. 숙어는 자국 문화의 영향에서 벗어날 수 없다. 일반적으로 어느 한 나라의 숙어가 다른 나라에서 잘 사용되는 경우는 거의 없다. 그러나 문헌을 통해 가끔 이런 예를 찾아볼 수 있다. 중국어의 '马拉松(마라톤)', '火中取栗(아무런 이익도 보지 못하고 남에게 이용당하다)', '条条大路通罗马(모든 길은 로마로 통한다)', '有志者事竟成(뜻이 있는 곳에 길이 있다)' 등은 모두 외국에서 들어온 것들이다. 주변국 특히 한자 문화권 국가에는 중국어의 숙어와 같거나 혹은 비슷한 숙어가 적지 않다. 그러므로 나라 간에 숙어가 전해지는 경우도 불가능한 것은 아니다.

2. 중국어 숙어의 사회문화적 특징

언어는 일종의 사회현상이다. 언어는 사회 속에서 생겨난 것이며 사회 속에서 발전해 가는 것이다. 한 사회의 모습은 언어를 통해 잘 반영된다. 반대로 사회현상으로서의 언어는 그 사회의 모습을 잘 담고 있다. 중국어의 숙어가 반영하는 것은 한문화의 특징이고 이는 다시 말해 중국인의 생활방식과 가치관을 잘 보여주는 것이며 중국인의 인생철학을 잘 보여는 것이다.

(1) 숙어와 생활방식

한 언어의 숙어와 언어의 전체적 배경은 매우 밀접한 관계를 가지고 있다. 여기서 말하는 언어의 전체적 배경은 매우 많은 내용을 내포하고 있는데 그 중의 하나가 바로 사회의 생활 방식이다. 이러한 생활 방식을 이해하지 못하면 숙어의 의미를 제대로 이해할 수 없다. 예를 들어 외국인에게 '上鞋不用锥子 – 针(真)好(신을 기워 짓는데 송곳을 쓸 필요 없다 – 바늘이(정말로) 좋다)' 라는 이 간단한 수수께끼속담을 일러주려면 적어도 두 가지 문제는 원어민으로서는 상상도 못할 것이다. 하나는 '什么是锥子?(무엇이 송곳인가?)'이고 하나는 '(上鞋为什么要用锥子? 신을 기워 짓는데 왜 송곳을 써야 하나?)'이다. 이 두 문제는 농경생활에 익숙하고 수작업에 익숙한 중국인에게는 전혀 문제가 되지 않는다. 유사한 예는 주변을 살펴보면 얼마든지 볼 수 있다. 중국어의 수수께끼속담은 절대 다수가 농경 위주의 사회적 배경과 중국 농민의 생활방식과 관계가 있다. 예를 들면,

凉锅贴饼子 —— 出溜下去了(차가운 솥에 강냉이떡 붙여 굽기) → 미끄러져 떨어지다.

裂嘴的包子 —— 露陷了(입 벌어진 만두 —— 속이 드러나다) → 어떠한 일이 탄로나다

骑毛驴吃豆腐 —— 乐颠馅了(당나귀 타고 두부를 먹다 —— 즐거워 속을 흔들어 대다) → 기분이 좋아 속내를 드러내다

二亩地不耕 —— 耙(罢)了(이 무의 땅을 갈지 않다 →황폐하게 하다)

棉花店挂弓 —— 不弹(谈)了(솜틀집에 활을 걸다 —— 틀지(말하지) 않기로 했다)

卤水点豆腐 —— 一物降一物(간수를 두부에 찍다 —— 한 가지가 다른 한 가지에 항복하다)

老母猪吃碗碴儿 —— 肚子里有磁(词)儿(늙은 암돼지가 그릇 조각을 먹다) → 뱃속에 자기(말)가 있다.

또한 중국어의 이언은 농사 이언이 많은데, '头伏萝卜二伏菜，过了三伏种荞麦(초복에 무우를 심고 중복에 배추를 심으며 말복에 메밀을 심는다)' 등등은 중국의 농업생산과 직접 관련이 있는데 그중 절기는 중국의 음력과 불가분의 관계이다. 여기에서는 예만 들고 진일보한 논의는 하지 않겠다. 제 5장

에서 이에 대해 더 자세히 논의해 보도록 하겠다.

(2) 숙어와 인생철학

중국어의 숙어는 종류도 많고 유래도 다양하다. 그중에서도 속담과 이언은 대부분이 사상적인 내용을 지니고 있다. 만약 중국을 하나의 대가족에 비유한다면 속담과 이언은 이 대가족의 '가훈'에 해당된다고 볼 수 있다. 국가에는 국법이 있고 가정에는 가도가 있다. 중국인들은 예로부터 가훈을 매우 중시했다. 颜之推(531-591 AD), 范仲淹(989-1052 AD), 陈宏谋(1696-1771 AD), 曾国藩(1811-1872 AD) 등이 가훈을 남긴 바 있는데 이들이 남긴 가훈은 후대에 많은 영향을 미쳤다. 이러한 가훈을 통해 우리는 그들이 인생관을 엿볼 수 있다. 중국어의 속담과 이언은 권고의 의미를 띤 것이 많다. 속담과 이언은 중국인들의 인생 좌우명이라 할 수 있을 것이다. 예를 들면,

人生贵相知(인생에 있어서 만남은 매우 중요하다)

人生何处不相逢(인연이 있으면 어디에 있든지 서로 만나게 된다)

人生难得月当头(인생은 상쾌하고 뜻대로 되는 상황을 맞이하기 어렵다)

男儿有泪不轻弹(남자는 함부로 눈물을 흘리지 않는다)

大丈夫四海为家(사내 대장부는 온 천하를 제 집으로 삼는다)

宁为玉碎,不为瓦全(온전한 기왓장이 되느니 옥의 부스러기가 되는 것이 낫다-정의를 위해 깨끗이 죽을망정 너절하게 살지 않는다)

四海之内皆兄弟(온 세상이 모두 형제이다)

酒逢知己千杯少, 话不投机半句多(지기를 만나면 천 잔의 술도 적게 느껴지고 말이 마음에 맞지 않으면 반 마디 말도 많게 느껴진다)

良言一句三冬暖, 恶语伤人六月寒(따뜻한 말 한 마디는 사람을 살릴 수도 있고 한마디 험구가 사람을 죽일 수도 있다)

이러한 인생 좌우명은 긍정적인 의미를 띤 것도 있고 부정적인 의미를 갖는 것도 있다. 이들은 매우 심오한 인생철학을 내포하고 있다. 인생철학이라는 것은 매우 광범위한 주제로 한두 마디 말로 표현해 낼 수 있는 것이 아니다. 유교, 불교, 도교는 모두 인생이라는 이 대주제를 해결하고자 노력했다. 이는 모든 사람들에게 관계된 문제이므로 일반인들도 흥미를 갖는 주제이기 때문이다. 이에 대해 제 2장에서 자세히 논의하도록 한다.

(3) 숙어와 민간 금기

어떤 민족이든지 금기시하는 것들이 있게 마련이다. 중국 민족도 여러 가지 금기가 많다. 예를 들어 신체, 혼인, 양육, 성, 복장, 음식, 주거, 언어, 여행, 교제 등 거의 모든 분야에 금기시하는 것들이 있게 마련이다. 이러한 금기 또한 숙어의 형식으로 사회에 알려지곤 한다. 왜냐하면 숙어는 정제된 언어 형식이며 간단하고 외우기 쉽기 때문이다. 예를 들면

男不露脐, 女不露皮(남자는 배꼽을 드러내면 안되고 여자는 피부를 드러내서는 안된다) - 신체의 금기

双脚中指长 , 不养爹和娘(두 발의 가운데 발가락이 길면 부모를 섬겨모시지 않는다) – 골상의 금기

主不请,客不饮(주인이 권하기 전에 손님이 먼저 차를 들지 않는다) - 사교의 금기

正月不缝连,缝连穷半年(정월에 옷을 꿰매면 반년을 가난하게 살게 된다) - 세시의 금기

老不看《三国》, 少不看《西游》(늙어서 삼국지 소설 보지 않고 어려서 서유기 보지 않는다) - 서적의 금기

病人不忌口, 大夫跑断腿(환자가 먹는 걸 가리지 않으면 의사를 힘들게 한다) - 의료의 금기

人串门子惹是非, 狗串门子挨棒槌(사람이 마실 오면 시비를 일으키고 개가 마실 오면 몽두이를 번다) - 기거의 금기

饱了不剪头, 饿了不洗澡(배부를 때 머리를 자르지 않고, 배고플 때 목욕을 하지 않는다) - 건강의 금기

当着瘸子不说短话, 当着秃子不说和尚(절름발이 앞에서 짧다는 이야기하지 말고 대머리 앞에서 중 이야기하지 말아라) - 언어의 금기

宁走十步远, 不走一步险(열 걸음을 돌아가더라도 위험한 길은 한 걸음도 가지 않는다) - 행려의 금기'

(4) 숙어와 사고방식

언어는 사상의 직접적인 구현이며 사람들이 사물을 관찰하는 각도나 방식을 보여주기도 한다. 민족마다 나름대로의 사고방식을 가지고 있는데 이에 따라 언어의 표현 방식도 서로 다르게 마련이다. 숙어는 언어 중 고정된 형식을 띤 것으로 서로 다른 각도에서 겉으로 드러나는 의미 이외의 어떤 다른 의미를 전달해 준다. 여기서 겉으로 드러나는 의미 이외의 어떤 다른 의미라는 것이 바로 사람들의 사고방식을 가리킨다. 영어와 중국어를 예로 들어 같은 사실을 표현하는데 두 언어가 어떤 표현을 사용하는지 살펴보도록 하자.

영어	중국어
ants in one`s pants(skirts)	坐立不安(매우 불안해하다)
black and blue	青一块紫一块(이리저리 멍들다)
crazy like a fox	装疯卖傻(부러 미친 척, 멍청한 척 하다)
come to the point	开门见山(요점을 말하다.)
one foot in the grave	风烛残年-黄土埋半截了(얼마 남지 않은 생애)
a place of milk and honey	鱼米之乡(산물이 풍부한 고장)

중국어에서는 매우 불안해한다는 말을 '坐立不安(앉으나 서나 불안하다)'라고 표현하는데 영어에서는 '바지 혹은 치마 속의 개미'라고 표현한다. 또한 산물이 풍부한 고장을 중국어에서는 '鱼米之乡(물고기와 쌀의 고장)'이라고 표현하지만 영어에서는 '젖과 꿀이 흐르는 고장'이라고 표현한다. 영국인들은 또 곧 죽을 사람을 '한쪽 다리가 무덤을 딛다'라고 표현한다. 매우 훌륭한 비유이긴 하지만 얼마 남지 않은 촛불로 짧은 여생을 비유한 중국어 표현 또한 매우 생동감이 있다.

인류의 사고에는 일종의 보편성이 존재한다. 언어를 통한 표현방식 또한 서로 다르지만 결국은 공통점이 있게 마련이다. 영어와 중국어의 숙어를 비교해 볼 때 상당히 유사한 표현들도 많이 찾아볼 수 있다(물론 의미가 같다고는 말할 수 없다. 왜냐하면 이론상 서로 다른 언어의 숙어는 서로 완전히 대응되는 경우가 거의 없다).

영어	중국어
bad egg	坏蛋(나쁜 놈)

all bark no bite	叫狗不咬，咬狗不叫(짖는 개 물지 않는다)
at one`s fingers`tips	了如指掌(훤히 알고 있다)
four letter four	"三字经"(육두문자)
easier said than done	说来容易做来难(말은 쉬워도 실천하기는 어렵다)
easy come easy go	来得容易去得快(쉽게 얻어진 것은 쉽게 잃게 마련이다)

굳이 영어와 비교를 하는 것은 영어와 중국어 문화의 생성, 발육 과정상 연관성이 없기 때문이다. 중국어와 이웃나라 언어의 어휘 사이에는 다양한 대응관계가 존재한다. 이는 언어의 상호 접촉의 과정에서 빚어지는 현상이다. 그러므로 이들의 같고 다름은 두 언어의 연원관계를 설명해 줄 뿐이지 두 언어의 사고방식상의 같고 다름을 의미하지는 않는다.

제 2절 중국어 숙어의 분류

一. 분류의 기준

숙어라는 것은 상위 개념으로 일반적으로는 성어, 관용어, 속담, 이언, 수수께끼속담 및 격언, 경구 등을 모두 포함하는 것이다. 숙어의 범위에는 또한 기타 고정된 어휘의 결합과 고정된 표현법이 포함되어 있다. 이런 분류는 그다지 정밀하지 않으며 내부적으로 서로 겹치는 부분도 있게 마련이다. 기준이 다르면 분류되는 숙어의 범위도 다르게 마련이다. 가장 이상적인 분류기준은 외부적으론 배타성이 내부적으로는 보편성이 있어야 한다. 그러나 숙어를 분류하는데 있어서 이런 이상적인 기준을 찾는다는 것은 매우 어렵다. 과거 학자들이 주로 채택했던 분류 기준은 대부분 숙어의 내용을 기초로 하고 유행하는 견해를 근거로 삼았던 것이었다. 그러므로 학자들 간의 의견 차이가 심하였고 심지어 동일한 학자의 견해 내에도 모순이 드러날 수밖에 없었다. 예를 들어 성어 사전에 상당량의 관용어가 포함되어 있다든지, 관용어 사전에 속담이 섞여있거나 속담과 이언이 거의 구분이 없는 것과 같은 문제가 생기게 된 것이다.

숙어는 일종의 특수한 어휘 현상이다. 종류별 숙어가 각기 특수한 배경과 역사적 변천 과정을 가지고 있으며 또한 형식적으로 공통점이 있기 때문에 형식에 따라 분류할 수도 있다. 언어가 표현하는 객관적 사물이 모두 경계선이 분명한 것은 아니다. 때문에 언어가 표현해 내는 내용만으로 명확하게 분류를 한다는 것도 어렵다. 그러므로 우리는 여기서 형식을 기준으로 해서 분류해 보도록 하겠다. 물론, 이런 분류 방법에 대해 다른 의견이 있을 수도 있다. 이런 문제를 최대한 피하기 위해 형식을 기준으로 분류하는 동시에 의미와 내용도 함께 분류의 기준으로 삼았다. 분류라는 것은 사실 일정한 목표를 위해 하는 것인데, 숙어의 경우 생물분류와 달리 그 한계가 분명하지는 않기 때문에(물론 생물 분류의 경우에도 경계가 모호한 것들이 존재하는 것은 사실이지만) 최대한으로 언어의 본질적 특징을 반영할 수 있도록 하는 것이 잘된 분류라 생각된다.

二. 각종 숙어의 형식적 특징

형식을 기준으로 분류를 하는 것 역시 여러 종류로 나눌 수 있다. 관건은 어떤 기준을 가지고 형식을 나누느냐에 있는 것이다. 이를 위해 현재 출판되어 있는 각종 성어사전, 관용어사전, 속담사전, 이언사전 등을 고찰하여 보면 일반적으로 성어, 관용어, 속담, 이언이라는 이러한 명칭을 각기 사용하기는 하지만 각자가 실제로 가리키는 의미는 왕왕 서로 일치하지 않는다.

1. 성어

(1) 사자격식: 중국어의 성어는 대부분 네 자로 이루어져 있다. «实用成语分类词典»(高光烈 1987)을 참고로 통계를 낸 결과, 이 사전에는 총 3,200개의 성어가 수록되어 있었는데 그중 98.4% 즉 3,150개가 4자로 이루어진 성어였다. 나머지는 숙어의 다른 한 형태로 분류해도 좋은 것들이었다. 예를 들면,

丁是丁, 卯是卯(말하는 것이 분명하다)

前怕狼, 后怕虎(쓸데없는 근심과 걱정을 하다)

一不做, 二不休(일단 시작하면 끝까지 하다)

百闻不如一见(백문이 불여일견이다)

巧妇难为无米之炊(아무리 기술이 좋아도 여건이 갖추어져야 제대로 할 수 있다)

不分青红皂白(시비를 가리지 않다. 맹목적이다. 무턱대고 하다)

恨铁不成钢(훌륭한 인재로 성장하지 못함을 안타까워하다)

树倒猢狲散(나무가 쓰러지자 원숭이가 흩어진다)

杀人不见血(음흉하고 악랄하게 사람을 해치다)

心有余而力不足(마음은 남아도 힘이 따라주질 않다)

그러므로 성어는 거의 100% 4자로 이루어졌다고 봐도 무리가 아닐 것이다.

(2) 4개 음절의 분포 유형: 대부분의 성어는 의미 관련의 각도에서 AB-CD로 분포된다. 소수는 A-BCD로 분포되며 기타 극소수만이 A-B-C-D로 분포된다.

AB-CD분포

风调-雨顺(날씨가 매우 좋다)

冰天-雪地(얼음과 눈이 천지를 뒤덮다)

愁眉-苦脸(근심걱정으로 울상을 짓다)

千军-万马(천군만마)

改头-换面(새롭게 바뀌다)

A-BCD분포

各-奔前程(각기 제 갈 길을 가다)

好-为人师(남의 스승이 되기를 좋아하다. 아는 체하기를 좋아하다)

机-不可失(기회를 놓쳐서는 안된다)

怒-不可遏(화를 참으면 병이 된다)

力-不从心(힘이 마음을 따라주지를 않다)

A-B-C-D분포

博-大-精-深(학문 등이 심오하고 박식하다)

牛-鬼-蛇-神(각종 나쁜 사람을 비유함)

骄-奢-淫-逸(교만하고 사치스럽고 음란하고 방탕함)

魑-魅-魍-魉(전설 중 사람을 해하는 귀신의 통칭, 갖은 종류의 나쁜 사람)

妖-魔-鬼-怪(사악한 세력, 악당들)

(3) ABCD는 리듬 유형 중 중간 휴지형으로서 즉 ABpCD이다. 음절의 의미상의 분포가 어떠하건 사자격식의 성어는 늘 중간에 휴지가 있다. 예를 들면,

AB-CD분포	A-BCD분포	A-B-C-D분포
发号p施令	奋不p顾身	短小p精悍
目瞪p口呆	事必p躬亲	正大p光明
慢条p斯理	了如p指掌	声色p犬马
廉洁p奉公	利令p智晋	
立竿p见影	事与p愿违	

(4) 병렬 사자격식은 평성(平声)으로 시작하고 측성(仄声)으로 끝나는 추세가 강하다. 병렬 사자격식이 중국어 성어 중 차지하는 비율은 26%를 상회하는데, 병렬 사자격식은 음운형식 분포상 평성으로 시작하고 측성으로 끝나는 추세를 보인다(崔希亮1993). 즉 AB는 다수가 평성이고, CD는 다수가 측성이다. 임의로 추출한 400 개 예 중에서 ABCD의 평측분포는 모두 16 종의 형식이 있으나 그들의 분포는 매우 불균형적이다.

평평평평	2예	측측측측	16예
평평평측	17예	측측측평	18예
평평측측	178예	측측평평	27예
평측측측	10예	측평평평	2예
평측평측	8예	측평측측	77예

평측평평	13예	측평평측	10예
평측측평	2예	측측평측	7예
평평측평	8예	측평측평	5예

이 불균형적인 분포 중 약간의 규칙을 발견할 수 있다. 평평측측과 측평측측은 대세의 분포이다. 이 두 종류의 분포를 합하면 총수는 63.75%를 차지한다. 평성으로 마무리한 것은 모두 77예이나 측성으로 마무리한 것은 323예이다. 이로부터 측성으로 마무리한 사자격식은 병렬 사자 격식의 절대다수임을 알 수 있다. 우리는 또 별도의 한 통계가 있는데 그것은 ABCD 중 평성과 측성의 구체적 분포 상황을 알 수 있다.

	A	B	C	D
평	59.50%	74.75%	21.50%	19.25%
측	40.50%	25.25%	78.50%	80.75%

이 표로부터 앞의 두 음절 AB는 평성이 절대적인 우위를 점하고 있으며 뒤 두 음절 CD중에서는 측성이 대세를 점하고 있다. 예를 들면,

唉声叹气　安居乐业　冰天雪地　兵荒马乱

残兵败将　缠绵悱恻　称兄道弟　承先启后

出神入化　出谋划策　出头露面　穿针引线

窗明几净　垂头丧气　粗茶淡饭　单枪匹马

翻江倒海　刀光剑影　灯红酒绿　低三下四

多愁善感　翻云覆雨　分门别类　风餐露宿

风驰电掣　丰功伟绩　风和日丽　风平浪静

风调雨顺　浮光掠影　高风亮节　高官厚禄

高谈阔论　高瞻远瞩　歌功颂德　根深蒂固

2. 관용어

(1) 3자격식: 중국어의 관용어는 대부분 3음절로 이루어져 있다. «惯用语例释»(徐宗才,应俊玲,北京语言学院出版社, 1985년)을 분석한 결과 총 696개의 관용어 중 3음절로 이루어진 것이 전체의 67.5%로 470개였고 나머지 대부분은 나누기에 있어서 논의의 여지가 큰데, 길이가 3자형식보다 길거나 짧은 어떠한 것들은 모두 최소의 고정형식이 아니다(崔希亮,1992 참조). 이런 것까지 감안하면 3자격식 관용어는 훨씬 더 늘어나게 된다. 몇 개만 예를 들면,

摆花架子 → 花架子(거들먹거리다. 뽐내다)

受夹板气 → 夹板气(진퇴 양난의 공격, 양쪽 사이에서 모두 화풀이의 대상이 되다)

吞定心丸 → 定心丸(정서가 안정되다)

唱对台戲→ 对台戲(맞서서 경쟁하다)

杀回马枪 → 回马枪(후퇴, 퇴각 신호)

喝迷魂汤 → 迷魂汤(사람을 미혹하게 하다)

当耳边风 → 耳边风(한 귀로 듣고 한 귀로 흘리다)

说风凉话 → 风凉话(남의 적극성을 감소시키는 조롱스런 말)

捅马蜂窝 → 马蜂窝(말벌집)

扯腿 → 扯后腿(걸리적거리다. 방해하다. 가로막다)

骂街 → 骂大街(고래고래 욕지거리를 하다)

嚼舌 → 嚼舌头(작설)

揭底→ 揭老底(탄로나다)

乌纱 → 乌纱帽(감투)

台柱 → 台柱子(극단 등 공연단체의 핵심 배우)

이 밖에도 6음절로 된 관용어도 있지만 이 역시 3음절 관용어가 기초가 된 것들이다. 예:

陈芝麻烂谷子(케케 묵은 하잘 것 없는 것)

七大姑八大娘(수다 많은 일가 아주머니들)

求爷爷告奶奶(여기 저기 애원하다)

(2) 3자형식의 구조유형 7종류가 있고 리듬형 3종류가 있으나, 그 분포는 매우 규칙적이다.

술목구조: 拉关系(관계를 맺다, 다리를 놓다), 走后门(뒷거래하다), 拍马屁(아첨하다), 出洋相(웃음거리가 되다), 戴高帽(아첨하고 비위를 맞추다), 抬轿子(아첨하다)

술보구조: 矮半截(남보다 못하다), 冷半截(대단히 실망하다), 笑掉牙(배꼽빠

지게 웃다), 老掉牙(케케묵다)

수식구조(체언): 母老虎(사나운 여자), 定心丸(진정제), 吹鼓手(허풍치는 바람잡이), 老狐狸(교활한 사람), 笑面虎(겉으론 순하나 음흉한 사람), 墙头草(기회주의자)

수식구조(용언): 急刹车(급정거하다), 白瞪眼(화가나서 눈을 흘기다), 白费蜡(헛되이 낭비하다), 倒插门(처가살이하다,데릴사위 되다), 呱呱叫(훌륭하다), 对着干(경쟁하다, 적수가 되다)

주술구조: 狗吃屎(개가 똥을 먹다), 狗咬狗(나쁜 사람끼리 싸우다), 耳朵软(귀가 얇다), 眼窝浅(걸핏하면 울다), 脸皮厚(뻔뻔하다)

연합구조: 老大难(난제, 골칫거리), 马大哈(덜렁꾼)

연술구조: 没咒念(방도가 없다), 没牙啃(대처할 방법이 없다)

이상 7종류의 구조유형의 분포는 양적으로 극히 불균형적인데 그중 연합식은 단지 2개(张清常선생은 '马大哈'를 '马马虎虎大大咧咧嘻嘻哈哈'가 압축되어진 것이라 풀이하였다. 张清常1985참조)이고 연술구조 또한 2개이다. 그 외에 또 외래어 '马拉松'이 있는데 단지 특례로 간주할 수밖에 없다. 그 밖의 구조유형에 대하여 조사를 하였는데, 아래의 표를 참조하면,

구조유형/리듬형	A/BC	AB/C
술목구조	304	4
술보구조	9	0
수식구조(체언)	40	68
수식구조(용언)	9	18
주술구조	6	6

위의 표로부터 다음과 같은 결론을 얻을 수 있다. 관용어의 절대대부분은 술목구조와 수식구조(체언)이다. 그중 술목구조는 66.09%이고 수식구조(체언)는 23.18%를 차지하고 기타 구조유형은 단지 10.73%이다.

(3) 주술구조, 연술구조와 연합구조를 제외하면, AB/C형은 거의 모두 전부가 수식구조(단지 4개만 예외인데, 그것들은 '술보구조 + 목적어': 撕破脸 - 체면을 팽개치고 싸우다, 撕开脸 - 체면을 던지고 싸우다, 打破脸 - 안면 몰수하고 싸우다, 抓破脸 - 관계를 깨고 대놓고 싸우다)임을 알 수 있다. 그런데 A/BC형은 수식구조도 있고 또한 술목구조와 술보구조도 있다. 이는 또한 술목구조, 술보구조는 리듬유형으로 보면 모두 A/BC형이다. 이는 3자형식중에서 단음절 동사가 이음절 목적어 혹은 보어를 취하는 것은 자연스러우나, 이음절 동사가 단음절 목적어 혹은 보어를 취하는 것은 자연스럽지 못함을 말한다. 교수 중 우리는 학생들이 자주 '保护伞(보호장치), 拦路虎(장애물, 난관), 夹生饭(선 밥, 어중간하게 된 일), 拿手戲(장기), 滚刀肉(막무가내인 사람), 垫脚石(디딤돌, 징검다리돌), 省油灯(성실하고 분수를 지키는 사람)'을 술목구조로 오인하여 이해의 단계에 오류가 있는 것을 볼 수 있는데, 그들에게 리듬형식을 제시하면 이러한 오류는 피할 수 있을 것이다.

3. 속담

속담의 형식은 비교적 복잡하다. 얼핏 보면 두드러진 특징이 없는 듯해 보이지만 자세히 관찰해 보면 형식적 특징이 매우 분명하다는 것을 알게 된다.

(1) 5음절, 6음절, 7음절

속담은 짧은 구절 속에 깊은 의미를 담는 경우가 많다. 이미 정형화된 속담의 형식을 살펴보면 5음절, 6음절, 7음절이 주를 이룸을 알 수 있다. 물론 일부 아직 정형화되지 않은 속담의 경우 7음절 이상인 경우도 있다.

5음절: 不打不成交(싸우면서 우정이 싹튼다)
病急乱投医(급해서 막 덤비고 서두르다)
兵败如山倒(산이 무너지듯 싸움에서 지다)
狗眼看人低(교만하게 남을 업신여기다. 깔보다)
恶人先告状(악한 자가 먼저 남을 고소한다)

6음절: 百闻不如一见(백문이 불여일견이다)
吃不了兜着走(끝까지 책임을 지다)
求人不如求己(남에게 아쉬운 소리를 하느니 스스로 하는 것이 낫다)
打肿脸充胖子(능력이 없는 사람이 능력 있는 체 허세를 부리다)
表壮不如里壮(겉 든든한 것이 속 든든한 것만 못하다)

7음절: 贪小便宜吃大亏(작은 이익을 탐하느라 큰 것을 잃게 된다)
不到长城非好汉(초지일관하지 않으면 대장부가 아니다)
君子动口不动手(군자는 말로써 문제를 해결하지 무력을 사용하지 않는다)
寡妇门前是非多(과부집 문 앞에 시비가 많다)
不撞南墙不回头(고집스레 남의 말을 듣지 않는다)

(2) 단순구조

중국어의 속담과 이언은 내용적으로 공통점이 많아 보통 속담과 이언을 혼용해서 쓰는 경우가 많다. 그러나 형식적으로 볼 때 분명한 차이가 존재한다. 속담은 대부분 한 구절로 이루어져 있고, 이언의 경우 대부분 두 구절로 이루어져 있다.

속담: 初生牛犊不怕虎(하룻강아지 범 무서운 줄 모른다) *단순구조

이언: 远亲不如近邻, 近邻不如对门(가까운 이웃이 먼 친척보다 낫고 마주보는 대문집이 가까운 이웃보다 낫다) *복합구조

(3) 리듬형식

5언속담은 모두 23형이고, 6언속담은 24형과 33형이 절대 다수를 점하며, 7언속담은 43형이 절대 다수를 점한다. 즉 중국어의 대부분이 3음절로 마무리되는데 5언속담과 7언속담이 더욱 더 전형적이다(5언속담과 7언속담은 중국어 속담의 주된 형식임). 예:

5언(23형)

帮理不帮亲(이치를 돕지 친한 이를 돕지 않는다)

人穷志不短(사람이 가난해도 뜻이 약하지 않다, 기개가 있다)

笨工出巧匠(우둔한 일꾼 가운데 숙련공이 나온다)

伴君如伴虎(군주를 모시기는 호랑이를 모시기와 같다)

独木不成林(한 그루 나무로 숲이 되지 않는다)

褒贬是买主(좋니 나쁘니 하는 이는 구매자이다)

6언(33형 또는 24형)

鸡蛋里挑骨头(달걀 속에서 뼈를 고르다, 고의로 트집을 잡다)

吃一堑长一智(한번 실패를 겪고 나면 그만큼 현명해진다)

好男不和女斗(좋은 사내는 여자와 다투지 않는다)

脚正不怕鞋歪(발모양이 바르면 신발이 삐뚤어져도 걱정하지 않는다)

草中饿不死蛇(풀숲에서 뱀을 굶어 죽게 하지 않는다)

不知天高地厚(하늘 높고 땅이 두터운지 모르다, 천지분간을 못하다)

7언(43형)

兵随将领草随风(병사는 장수를 따르고 풀은 바람을 따른다)

不到黄河不死心(목표에 도달하기 전에 단념하지 않는다)

车到山前必有路(차가 산 앞에 가면 반드시 길이 있다)

大路不平众人踩(길이 고르지 않으면 사람들이 밟아 평탄케 한다)

人逢喜事精神爽(사람에게 경사가 있으면 기분이 상쾌해진다)

每逢佳节倍思亲(명절 때면 갑절로 가족과 벗이 그립다)

4. 이언

(1) 이언은 구조적으로 볼 때 대부분 복합구조로 이루어져 있고, 그중 대부분이 두 구절로 이루어져 있다.

来说是非者, 就是是非人: 와서 시비를 말하는 사람이 바로 시비꾼이다.

南风暖来北风寒, 东风多湿西风干: 남풍은 따뜻하고 북풍은 차며 동풍은 습

윤하고 서풍은 건조하다.

北风不过三, 过三有寒天: 북풍은 좀해서 세 번을 넘기지 않는데 세 번을 넘기면 날이 춥다.

亲身下河知深浅, 亲口尝梨知酸甜: 친히 강물에 들어가야 깊이를 알고 자기 입으로 배를 맛봐야 시고 닮을 안다.

朝穿皮袄午穿纱, 围着火炉啃西瓜: 아침에 모피 윗도리를 입고 점심에는 망사 옷을 입고 저녁에는 화로를 둘러싸고서 수박을 먹는다.

(2) 일부 이언의 경우 앞뒤 두 구절이 압운이 된다. 첫째, 이언은 속담이 아니다. 둘째, 이언은 운문성이 있어 읊기에 낭랑하다. 예를 들면,

不听老人言, 吃亏在眼前: 어른들 말을 듣지 않으면 손해 보게 마련이다.(中原音韵:寒山,十三撤:言前)

米脂的婆姨绥德的汉, 清涧的石板瓦窑堡的炭: 米脂의 여자, 绥德의 사내, 清涧의 석판, 瓦窑堡의 숯 / 陕北지역 사람과 특산물의 소개.(상동)

庄稼一枝花, 全靠肥当家: 농작물이 잘 되려면 비료로 농사짓는다.(中原音韵韵:家麻,十三辙:麻沙)

腊七腊八,冻掉下巴: 음력12월 7일 8일 추운 날씨에 턱이 얼어붙는다. (상동)

蚂蚁搬家蛇过道, 大雨不久要来到: 개미가 이사하고 뱀이 길을 건너면 머지않아 큰비가 올 것이다.(中原音韵:萧豪,十三辙:遥迢)

上有天堂,下有苏杭: 하늘에는 천당이 있고, 땅에는 소주, 항주가 있다.(中原音韵:江阳,十三辙:江阳)

十年的小溪流成河, 三十年的媳妇熬成婆: 작은 내가 십년간 흘러 강이 되고

며느리가 삼십년 되면 시어머니가 된다.(中原音韵:歌戈,十三撤:梭波)

不会烧香得罪神, 不会讲话得罪人: 향불 피울 줄 모르면 신을 노엽게 하고 말을 할 줄 모르면 사람을 노엽게 한다.(中原音韵:真文,十三撤:人辰)

清明前后, 种瓜点豆: 청명 전후에 오이와 콩을 심는다.(中原音韵:尤侯,十三辙:由求)

三人同了心, 黄土变成金: 세 사람이 마음이 같으면 황토도 금으로 변한다.(中原音韵:侵寻,十三辙:人辰)

(3) 일부 복합구조의 이언도 오늘날 유행하는 항간의 구결과 같은 것들처럼 한 토막의 가요나 민요의 가사이다.

肥了海边儿的，富了白摊儿的，饱了当官儿的，苦了上班儿的。(해안지역 사람을 살찌게 하고 좌판벌이는 사람을 부유하게 하고 관리를 배부르게 하고 월급쟁이를 괴롭힌다)

老婆的唠叨要听从,老婆上街要跟从,老婆的意见要服从;老婆发脾气要忍得,残汤剩饭要吃得,老婆买衣服要舍得,烧火做饭要晓得(新三从四德)(아내의 잔소리를 잘 따라야 하고, 아내가 거리에 나갈 땐 옆에서 따라야 하며, 아내의 의견은 받들어 따라야 한다; 아내가 화를 내도 참을 줄 알아야 하고, 찬밥, 식은 국을 먹을 줄 알아야 하며, 아내가 옷을 사는 데 아끼지 않아야 하고 불 피우고 밥하는 걸 할 줄 알아야 한다)

5. 수수께끼속담

수수께끼속담은 형식적인 특징이 가장 분명하다. 앞 뒤 두 구절로 이루어져 있는데 앞부분(수수께끼 부분)은 진짜 의미를 이끌어내기 위한 은유 부분에 해당된다고 볼 수 있으며 실제적인 의미는 뒷부분(답 부분)에 있다. 예를 들면,

打破沙锅-问到底(솥을 깨뜨리다 - 끝까지 캐묻다)(问과 璺은 협화음)

外甥打灯笼——照舅 (照旧) 생질이 초롱을 든다 - 외숙을 비친다→그전대로

泥菩萨过河-自身难保(진흙 보살이 강을 건넌다 - 제 몸 하나 건사하기 힘들다)

黄鼠狼给鸡拜年——没安好心(족제비가 닭에세 세배하다 - 착한 마음을 지니지 않다)

竹蓝打水-一场空(대나무 바구니로 물을 긷다 - 헛된 노력을 하다)

木头眼镜-看不透(나무로 만든 안경-볼 수가 없다 - 알 수가 없다)

수수께끼속담은 수수께끼 성격을 띠고 있다. 즉 화자가 앞 구절을 던지면 청자가 뒷부분의 의미를 알아맞히는 것이다. 만약 청자가 그 의미를 알아내지 못할 경우 화자가 이어서 뒷부분을 말해주는 것이다. 대부분의 사람들이 수수께끼속담의 앞부분을 들으면 뒷부분을 말할 수 있다. 그러나 일부 자주 사용되지 않는 수수께끼속담의 경우 청자가 무슨 의미인지 모를 수 있으므로 반드시 뒷부분을 덧붙여주어야 하는 경우도 있다.

三. 각종 숙어의 의미 특징

숙어는 형식적인 특징이 있을 뿐만 아니라 의미상으로도 나름대로의 특징을 가지고 있다. 숙어는 장기간 동안 사람들이 말해오면서 천천히 그 형식이 굳어진 것이기 때문에 일종의 언어적 약속에 의해 그 의미가 정해졌다고 말할 수 있다. 그러므로 많은 경우에 그 자체로 의미를 파악하기가 힘들다. 게다가 각종 숙어의 의미는 모두 나름대로의 범위가 있기 때문에 기본적으로는 비교적 분명하게 구분해 낼 수 있다.

1. 중국어 성어의 의미

중국어 성어는 의미상으로 세 가지로 나눌 수 있다. 즉 성어 자체만으로 의미가 분명한 것, 특정의미를 가리키는 것 그리고 부가적인 의미를 갖는 것 등이다.

성어 자체만으로 의미가 분명한 성어의 경우 글자 그대로의 의미를 갖는 것이다. 예를 들면,

丧权辱国-주권을 잃고 국가적 모욕을 당하다

仗势欺人-남의 권력을 믿고 타인을 업신여기다

深思熟虑 -깊이 생각하고 깊이 고려하다

不知所云-무슨 말을 하는지 모르다

설사 글자 그대로의 의미를 단순히 조합한 성어라 할지라도 글자의 의미가 고대 중국어에서 유래한 것이므로 현대 중국어의 의미로 해석해서는 안되는 경우가 있다. 예를 들면,

望洋兴叹 : 여기서 '望洋'은 연면사(©连绵词)로 '위로 치켜보는 모습'을 나타내지 '望着海洋(바다를 보며)'의 의미로 해석되지 않는다.

日薄西山 : 여기서 '薄'는 '가깝다'의 뜻으로 '두껍다'의 반의로 해석되지 않는다.

老态龙钟 : '龙钟'은 연면사(©连绵词)로 '행동이 민활하지 않음'을 나타낸다.

대부분의 성어의 의미는 글자 그대로의 의미를 단순히 조합한 것이 아니다. 예를 들면,

青梅竹马 : 남녀가 어려서부터 함께 놀고 자라서 매우 친밀함. 또 어려서부터 알고 지냈던 이성 반려자를 가리킴.

人面桃花 : 여인의 얼굴과 복사꽃이 서로 비추어 어우러지다.라는 뜻으로 사랑한 여자를 다시 만날 길 없어 실의에 빠짐

卷土重来 : '卷土'의 의미는 수레와 말, 군대가 이동할 때 땅에서 일어나는 흙먼지를 가리킨다. '실패 후 다시 세력을 회복한다'의 의미로 쓰이게 되었다.

四面楚歌 : 楚나라와 汉나라의 전쟁 당시 항우의 군대가 성에 갇혔는데 군사는 적고 식량은 떨어져가고 있었다. 어느 날 밤 갑자기 초나라 사람들의 노래가 사방에서 들려왔다. 나중에 사방에서 초나라의 노래가 들린다는 이 말은 혼자 고립되어 적에게 포위된 상태, 심한 위기에 빠져 이러지도 저러지도 못하는 상태를 가리키는 말이 되었다.

이상의 네 개 성어는 모두 역사적 사실에서 유래한 것으로 특정한 의미를 가지므로 글자 그대로의 의미만으로는 참된 의미를 파악할 수 없다. 반드시 성어의 유래를 알아야만 그 의미를 정확하게 알고 운용할 수 있는 것이다. 예를 들면, '相敬如宾(손님을 대하듯이 서로 존중하고 아끼다)'은 부부간에만 쓸 수 있고, '一见钟情(첫눈에 반하다)'은 남녀 관계에만 적용되며, '天伦之乐(천륜의 낙을 즐기다)'는 가족 구성원 사이에 쓰이는 말이고, '平易近人(사람이 편안하고 쉽게 친해지다)'은 주로 큰 인물에 쓰이고, '看风使舵'는 통상 나쁜 사람에게 쓰이고, '月下老人'은 중매장이를 지칭하는데 국한되고, '花前月下'는 연인의 밀회 장소를 가리키는데 국한되는 등등의 상황이다. 중국어 성어 중 이러한 성어는 상당히 많다.

어떠한 성어는 특정 의미를 가지고 있을 뿐만 아니라 또한 감정적 어감의미까지 내포하고 있다. 이 점을 이해하지 못하면 오류를 범하게 되는 경우가 있다. 아래는 외국인이 생경하게 지은 문장이다.

* 我的老师很会讲课，他是个能说会道的老师。

* 老师对我们很关心，总是甜言蜜语，问寒问暖。

성어의 감정적 어감의미를 몰라서 울지도 웃지도 못할 일이 벌어진 것이다. 성어의 이런 감정적 어감의미를 우리는 성어의 부가적 의미라고 부른다. 그런데 성어의 부가적 의미는 변할 수 있는 것이어서, 예를 들면 '天花乱坠'의 경우 원래는 긍정적 의미로 양(梁)나라 무제(武帝)시기 운광(云光)법사가 설법할 때 그 내용이 어찌 감동스럽든지 '하늘에서 꽃잎이 떨어져 내렸다'라는 일화에서 유래되었으나 나중에는 '말은 듣기 좋게 잘하지만 내실이 없다'는 즉 '듣기 좋은 말로 사람을 홀린다'는 부정적 의미로 바뀌게 되었다.

2. 중국어 관용어의 의의

중국어 관용어는 의미상으로 세 가지 뚜렷한 특징을 가지고 있다.

첫째, 관용어는 수식용법으로 쓰일 뿐 글자 그대로의 의미로는 쓰이지 않는다. 예를 들면, 走后门(본래는 '뒷문으로 들어간다'는 의미지만 실제로는 '부정한 수단이나 방법을 통해 일을 해결한다'는 의미임), 拍马屁('말의 엉덩이를 두드린다'는 뜻이 아니고 '아첨하다'의 의미임), 抬轿子(권세가에 아첨함), 戴高帽(면전에서 아첨함을 이름), 穿小鞋(타인을 불편하게 하다, 힘들게 하다), 母老虎(사나운 여자), 绊脚石(장애물), 老狐狸(교활한 인간), 老油条(닳고 닳은 능글맞은 인간), 保护伞(비호세력, 후원자), 寄生虫(빌붙어사는 인간), 墙头草(기회주의자), 一刀切(일률적으로 처리하다), 马大哈(덜렁대는 사람, 부주의한 사람), 滚刀肉(뻔뻔스럽고 성가시게 구는 인간) 등

관용어는 이렇듯 각각 특수한 의미를 가지고 있어서 글자의 뜻만으로 그 뜻을 짐작해서는 안된다.

둘째, 대부분의 관용어는 부정적 의미를 가지고 있기 때문에 그 의미를 잘 알고 사용해야 한다.

红眼病(남이 잘되는 것에 대하여 눈에 핏발을 세우고 병적으로 시샘함)

笑面虎(겉으로 웃으나 실제로 흉악한 인간)

关系户(서로 편의를 보아주는 협력기관, 업체, 부서 등)

气管炎(공처가)

丧家犬(상갓집개)

骂大街(여러 사람 앞에서 대놓고 욕하다)

翘尾巴(교만하거나 잘난 체하다.)

装门面(겉치레하다)

抱粗腿(권세있는 사람에게 빌붙다)

泡蘑菇(성가시게 굴다, 치근덕거리다)

敲竹槓(남의 약점을 이용하거나 구실을 빌어 바가지를 씌우거나 재물을 뜯어내다)

走过场(건성으로 해치우다)

抹稀泥(얼렁뚱땅해치우다, 무원칙하게 절충하다)

白眼狼(배은 망덕한 놈, 양심이 없는 놈)

小白脸儿(기생오래비)

花架子(거들먹거리다)

셋째, 관용어는 시대적 색채가 강하기 때문에 성어보다 생명력이 짧다. 예를 들어 «宋元语言词典»중의 많은 관용어가 오늘날에는 쓰이지 않는다. 또한 많은 경우 관용어는 시대적 특색이 농후하다. 예를 들면,

50년대: 大跃进(대약진), 小高炉(소형고로, '土炉'보다 발전된 것임), 放卫星(대약진시 유행한 허위로 과장된 사회운동), 瓜菜代(야채로 양곡을 대체하자는 구호), 老大哥(나이 많은 노동자에 대한 존칭)

60년대: 搀沙子(농촌 건축시 벽을 바를 때 진흙에 모래를 섞는 방식), 喷气式(문혁시 투쟁대상이 벌로 취하는 상체를 많이 구부린 자세), 打招呼(사무처리 전후에 행하는 의사소통), 靠边站(근신하다, 직책을 떠나다), 黑五类(문혁시 지주, 부농, 반혁명분자, 불량분자, 우파분자의 다섯 부류의 사람), 落水狗(패배자, 배반자), 揭盖子(비밀을 폭로하다)

70년대: 反潮流(시대적 흐름에 반하다), 割尾巴(농촌에서 사유제의 잔재를 일소하자는 극좌적 구호), 排头兵(견인차 역할을 하는 사람), 上管改(上大学, 管大学,用毛泽东思想改造大学의 준말), 帝修反(帝国主义,修正主义,反革命의 준말), 小爬虫(오로지 위로 올라가려 하는 자), 坐火箭(로케트를 타다)

80년대: 关系网(편히 지낼 수 있는 관계의 사람, 부서, 기관 등), 个体户(개인 사업을 하는 사람), 万元户(재산이 만 원을 넘는 부자), 洋插队(외국으로 일하러 가다), 向钱看(돈을 밝히다, 돈에 집착하다), 大锅饭(큰 직장에서 함께 생활함을 비유), 第三者(내연자)

90년대: 三角债(삼각채), 砸三铁(砸铁饭碗,砸铁工资,砸铁交椅 쇠밥그릇, 쇠임금, 쇠회전의자의 준말), 追星族(연예인 등 유명인의 열성팬), 官呆子(무능하고 어리석은 관리), 跳楼价(살인적으로 비싼 가격)

3. 중국어 속담의 의의

중국어 속담에 있어서 가장 어려운 문제는 속담의 사상적 내용이다. 속담은 대중적 관념, 신조, 정리, 교훈, 세태, 천리, 윤리 등 사회문화적 내용을 포함하고 있다.

女子无才便是德 - 여자는 재주가 없는 게 곧 덕이다.(대중적 관념)

平安就是福 - 아무 탈없는 것이 곧 복이다.(신조)

四海之内皆兄弟 - 우리는 모두가 한 형제자매다.(애증)

潮水有定人无定 - 밀물, 썰물은 정해져 있으나 사람은 정해진 것이 없다.(일반적 이치)

情人眼里出西施 - 사랑하는 사람 눈에는 곰보도 미인으로 보인다.(정리)

十谒朱门九不开 - 부탁을 하러 권세가 열 곳을 가면 아홉은 문도 열리지 않는다.(세태)

车到山前必有路 - 하늘이 무너져도 솟아날 구멍은 있다.(하늘의 이치)

夫妻没有隔夜仇 - 부부 싸움은 칼로 물 베기이다.(부부간의 윤리)

속담은 사회문화적 내용을 가장 많이 포함하고 있다. 왜냐하면 속담은 일반 서민들이 삶 속에서 만들어 낸 것들이며 실용적 가치를 가지고 있다. 다시 말해 속담은 그 뿌리가 일반 서민의 삶 속에 있기 때문에 생명력이 강하다. 어떤 의미에서 볼 때 속담은 중국 세속 사회의 가치관을 보여주는 것이며 중국 인문 세계의 정신적 면모를 잘 반영하고 있다고 하겠다.

4. 중국어 이언의 의의

이언은 주로 풍자, 권고, 사리, 농경, 기상, 풍토에 관한 내용으로 이루어져 있다. 나라마다 문화배경, 생산방식, 생활방식이 다르기 때문에 외국인들이 이언을 이해하기는 퍽 어렵다. 예를 들어,

富人四季穿衣, 穷人衣穿四季(빈부: 부자는 사시사철 옷이 바뀌고 가난한 사람은 사시사철 같은 옷을 입는다)

宁为玉碎, 不为瓦全(절개: 온전한 기왓장이 되느니 옥부스러기가 되는 것이 낫다-정의를 위하여 깨끗이 죽을 망정 너절하게 살지는 않는다)

种瓜得瓜, 种豆得豆(인과: 콩 심은 데 콩나고 팥 심은 데 팥난다)

要想吃大蒜, 第一挖八遍(농사: 마늘을 먹고 싶으면 우선 땅을 여덟 번 파라)

腊七腊八, 冻掉下巴(절기: 음력 12월 7, 8일은 턱이 얼 정도로 춥다)

上有天堂, 下有苏杭(지리: 하늘에는 천당이 있고, 땅에는 소주와 항주가 있다)

关东三件宝 : 人参, 貂皮, 乌拉草(풍물: 동북 지역의 세 가지 보물-인삼, 수달모피, 오랍초)

이들은 중국에 대한 배경 지식이 전혀 없는 외국인이라면 무슨 뜻인지 이해할 수가 없을 것이다.

이언의 대부분은 인생경험, 생산경험을 바탕으로 만들어진 것이기 때문에 중국의 역사적 전통 및 민족성 깊은 관계가 있으며 장기간 동안 중국인들의 삶에서 뗄 수 없는 자리를 차지해왔다.

이상으로 우리는 형식과 의의를 기준으로 해서 중국어 숙어의 특징을 분류하고 살펴보았다. 숙어를 연구하는 사람들에게는 숙어를 아는 것이 가장 기본이라 할 수 있으며 숙어를 알아야만 숙어를 분류하고 더 깊이 있는 연구를 진행할 수 있을 것이다. 일반적으로 속담과 이언은 성격이 유사하다고 할 수 있다. 형식적으로 다소 다른 점이 있는 것이 사실이나 많은 사람들이 속담과 이언을 구별하지 않고 혼용하여 사용하고 있다.

이 밖에도 숙어의 범주에 속하는 이언 형식이 좀 더 있지만 여기서는 논하지 않기로 하겠다.

제2장

중국어 숙어와 중국인의 처세철학

제 1절 교훈과 좌우명

중국은 유구한 역사를 가지고 있다. 중국의 전통적 설에 따르면 중국은 약 12만년의 역사를 가지고 있다고 한다. 물론 이는 현실적으로 증명할 수 있는 말은 아니다. 하모도(河姆道)문명에서 계산하면 7,000년의 문명사가 있고, 황제시대부터 계산할지라도 중국은 이미 5,000년의 문명사가 있다. 중국 문화의 발전은 발아, 생장, 장성, 성숙 등 여러 단계를 거쳐서 오늘날 중국 문화는 마치 많은 비바람을 겪어온 노목처럼 무성한 가지와 잎을 지니고 있으며 많은 과실을 맺고 있다. 이 노목은 이미 많은 풍파를 겪어 왔으며 피고 지고를 반복해 왔다. 노목에 달린 일부 과일들은 이미 충분히 익었다. 중국인들은 수천 년 동안 노동, 전쟁, 분투, 번식 가운데 하늘, 땅, 사람과 싸워 왔으며 이 과정에서 자연을 알고 사회를 알고 자기 자신을 알게 되었다. 이를 통해 중국인 나름대로의 독특한 인생관과 가치관이 생기게 되었고 이를 간단하고 절묘한 한 마디 한 마디 정제된 말로 표현하여 대대손손 전해왔던 것이다. 이 절묘한 말이 바로 숙어이다. 그들 중 일부는 역사적으로 저명한 현인이나 철학가들의 입에서 나온 말이고, 또 일부는 일반 백성들의 입에서 나온 것이다. 현인과 철학가의 입에서 나온 것들은 경전, 역사서, 제자백가서, 문집('经史子集') 중에 기재되어 있고 일반 백성들의 입에서 나온 것들은 민간에 전파되거나 혹은 소설가의 글을 통하여 세간에 전해졌다. 일부 특별히 절묘한 문장은 일부 사람들의 좌우명이 되기도 하였는데 사람들은 이를 처신의 준칙으로 삼아 일생 동안 준수하였다. 林语堂 선생은 «吾国与吾民»(My Country and My People)에서 서양인과 중국인을 비교하여 중국인이 서양인과 다른 점을 아래와 같은 성격으로 표현하였다.

> 1.원만하고 성숙함; 2.인내심; 3.되는 것도 없고 안되는 것도 없는 성격; 4.교활하고 익살스러움; 5.평화로움; 6.자기 분수를 앎; 7.유머감각 있음; 8.보수성

그중 원만하고 성숙함은 중국인의 8대 덕목의 으뜸으로 꼽히는데 이는 결코 우연스러운 결과가 아니다. 원만하고 성숙하다는 것은 어떤 일에 부딪히든지 마음 속에 이미 계획이 서 있으며 사태의 변화에 당황하지 않고 어떤 상황에도 자기 자신만의 원칙이 있는 것을 가리킨다. 여기에서 말하는 자기 자신의 원칙이라는 것이 대부분 예로부터 내려오는 교훈 또는 좌우명을 가리키는데 이런 좌우명은 보통 조부로부터 부모로 그리고 그 자식에게로 전해내려오는 경우가 많다. 이는 자연스럽게 중국인들의 삶 속에 스며들어 중국인의 처세철학으로 자리잡게 되었다. 일부 숙어 형식은 «女儿经», «朱子治家格言», «增广贤文», «训蒙增广贤文», «名贤集», «老学究语» 등 중국 봉건시대의 입문과정의 교재 몽학서(蒙学书)에서 보인다.

«女儿经»

1. 父母跟前要孝顺, 姊妹伙里莫相争(부모님께 효를 다하고 자매지간에 다투지 않는다)

2. 身歪体斜伤体面, 抛头露面坏声名(신체가 비뚤면 체면이 망가져서 남에게 보일 때 명예가 훼손된다)

3. 但有错处即认错, 纵有能时莫夸能(잘못이 있으면 인정하고 재능이 있다 해도 재지 말아라)

«朱子治家格言»

1. 黎明即起, 洒扫庭除(날이 밝으면 일찍 일어나 물을 뿌리고 마당을 청소한다)

2. 一粥一饭 , 当思来之不易; 半丝半缕 , 恒念物力维艰(죽 한 그릇 밥 한 그릇을 얻기 쉽지 않다고 생각하고 실 반 오라기도 항상 사물의 유지가 어려움을 생각하여야 한다)

3. 宜未雨而绸缪, 勿临渴而掘井(비오기 전에 창문을 수선해두고 갈증이 나서 우물을 파지 말아라, 모든 일은 사전에 준비해두어 당황하는 일이 없도록 한다)

4. 施惠勿念, 受恩莫忘(혜택을 준 것을 생각하지 말고 은혜 입은 것을 잊지 말아라)

5. 守分安命, 顺时听天(자기 분수를 알고 지키며, 하늘의 명을 받들어 따른다)

«增广贤文»

1. 钱财如粪土, 仁义值千金(재물은 분토와 같으나, 인의는 천금과도 같이 귀

중하다)

2. 宁可人负我, 切莫我负人(남이 나에게 못된 짓을 하더라도 남에게 못된 짓을 하지 마라)

3. 路遥知马力, 日九见人心(말은 길이 멀어야 알 수 있고 사람은 시간이 길어야 마음을 알 수 있다)

4. 近水楼台先得月, 向阳花木早逢春(물가의 누대에 가까우면 먼저 달을 보고 해를 향한 초목은 일찍 봄을 맞는다.

5. 平生不做皱眉事, 世上应无切齿人(평생 눈썹을 찌푸릴 일을 하지 않으면 세상에 이를 갈 사람이 없다)

6. 但行好事, 莫问前程(다만 좋은 일을 하고 앞길을 묻지 마라)

7. 画虎画皮难画骨, 知人知面不知心(열 길 물속은 알아도 한 길 사람 속은 모른다)

8. 偏听则暗, 兼听则明(한 쪽 말만 들으면 어둡고 양쪽을 들으면 밝다)

9. 平日不做亏心事, 半夜敲门心不惊(평소 꺼림칙한 일을 하지 않으면 한밤에 문을 두드려도 마음이 놀라지 않는다)

10. 来说是非者, 便是是非人(남의 시비를 말하는 그 사람이 시비꾼이다)

11. 少年不努力, 老大徒伤悲(젊어서 노력하지 않으면 늙어서 후회하게 된다)

«训蒙增广贤文»

1. 人非圣贤, 焉能无过(사람은 성현이 아니니 어찌 허물이 없겠나?)

2. 江山易改, 本性难移(강산은 쉽게 바뀌나 본성은 바꾸기 어렵다)

3. 贫不与富斗, 富不与官斗, 男不和女斗, 水不和山斗(가난은 부유와 싸우지 않고 부유는 관아와 싸우지 않고 남자는 여자와 싸우지 않고 물은 산과 싸

우지 않는다)

4. 万事皆已定, 浮生空自忙(만사는 모두 이미 정해져 있으므로 덧없는 인생은 부질없이 바쁘다)

5. 凡人不可貌相, 海水不可斗量(무릇 사람은 외모로 보아서는 안되고 바닷물은 말로 잴 수 없다)

6. 一年之计在于春(일년의 계획은 봄에 있다)

7. 月到十五光明少, 人到中年万事休(달은 보름에 이르면 빛이 적어지고, 사람은 중년에 이르면 만사를 쉬어야 한다)

8. 人逢喜事精神爽(사람은 경사를 만나면 정신이 상쾌하다)

9. 一朝天子一朝臣(한 왕조의 천자에 한 왕조의 신하. 왕조에 따라 벼슬하는 자가 바뀐다)

10. 有意栽花花不发, 无心插柳柳成荫(의도적으로 꽃을 심었는데 꽃이 피지 않고 무심코 버들가지를 꽂았는데 버들이 그늘을 이룬다)

«名贤集»

1. 人穷志短, 马瘦毛长(사람이 가난하면 의지가 짧고, 말이 야위면 털이 길다)

2. 人平不语, 水平不流(사람이 가난하면 말하지 않고 물이 평평하면 흐르지 않는다)

3. 顺天者存, 逆天者亡(하늘에 순종하는 자는 남고 하늘에 거스르는 자는 망한다)

4. 人无千日好, 花无百日红(사람은 천일간 좋을 수 없고, 꽃은 백일간 붉을 수 없다)

5. 人生不满百, 常怀千岁忧(인생은 백 살을 채우지 못하는데 자주 천년의 걱

정을 갖는다)

6. 酒逢知己千杯少, 话不投机半句多(술 마시며 지기를 만나면 천 잔이 적고, 말이 의기투합하지 않으면 반 마디도 많다)

7. 良言一句三冬暖, 恶语伤人六月寒(좋은 말 한 마디에 한겨울이 따뜻하고 나쁜 말은 사람을 상하게 하고 유월에도 춥다)

«老学究语»

1. 有儿不教, 不如无儿(아이가 있는데 가르치지 않으면 아이가 없는 것만 못하다)

2. 不为良相, 当为良医(좋은 재상이 되지 않으면 마땅히 좋은 의사가 되어야 한다)

3. 自高者危, 自满者亏(잘난 체하는 이는 위험하고 자만한 이는 손해를 본다)

4. 冤死莫告状, 穷死莫借账(억울하게 죽으면 고소하지 말고 가난해 죽으면 빚지지 말아라)

5. 要明世故, 要达时务(처세에 밝으려면 정세에 통달해야 한다)

오늘날 도서 시장에서 이런 책들은 여전히 판로가 좋다. 이는 사람들이 자기의 일상생활과 밀접한 관계가 있는 숙어에 대해 여전히 친밀감을 가지고 있고 사랑하고 있음을 보여준다 하겠다. 이런 책의 출판은 또한 숙어의 전파와 발전을 촉진시킨다고 하겠다.

다른 나라 다른 민족과 비교해 볼 때 중국인들은 놀랄 만큼 많은 격언을 가지고 있다. 이는 중국인들에게 있어서 일종의 정신적 재산이기도 하고 정신적 부담이 되기도 한다. 또한 처세의 준칙이 될 뿐만 아니라 동시에 질곡이 되기도 한다. 어떤 의미에서 볼 때 숙어는 일종의 상투어이고 기성표현이기 때문에 창의력이 결여된 언어형식이라 할 수 있다. 그러나 중국인들의 숙어에 대한 편애는 새삼스런 일이 아니다. 외국인이 중국인의 다양한 각종 인생 좌우명을 이해하게 한다는 것은 상당히 어려운 일이다. 언어의 기성 표현형식은 신선한 활력이 결여되어 있지만 도리어 가장 경제적이고도 가장 안전하고 가장 오해되기 쉽지 않은 말이다. 따라서 기성 형식의 언어의 사용은 자기의 기세를 높여 자신의 논지에 설득력을 증강시키고 자신의 노숙함과 박학다식을 드러낼 수도 있다. 경전의 인용은 중국의 지식인들이 신경을 쓰고 일반인들이 존경하고 흠모해 왔던 바이다. 옛사람들이 말을 하면 꼭 尧舜禹汤(요순우탕)이네 孔孟老庄(공맹노장)이네를 들먹이었고, 오늘날 사람들이 말을 하면 꼭 헤겔, 마르크스, 사르트르, 니이체, 프로이드, 하이데거를 들먹인다. 일반인들의 경우 사실 尧舜禹汤(요순우탕)이네 孔孟老庄(공맹노장)이네는 잘 모르고 헤겔, 마르크스, 사르트르, 니이체, 프로이드, 하이데거도 모르지만 그들은 모두 자신에게 조상이 있으므로 조상 선인들의 말 역시 인용할 수 있는 것이다. 중화민족은 노인을 존경하는 민족이어서 '老(노)'는 특별히 중요한 지위를 갖는데 이 점은 호칭상 분명히 드러나고 있다. '小张'은 지위가 '老张'보다 못하고, '老张'은 지위가 '张老'보다 못하다. '老'가 자랑할 수 있는 밑천인 이상 말하기와 일처리가 노련하고 신중함은 숭배할만한 일인 것이다. 중국어 숙어 중 '老'와 관계된 숙어는 대부분이 '老'를 칭찬하는 것이다. 성어를 예로 들면,

老成持重　老成见到　老成练达　老成之见

老当益壮　老骥伏枥　老马识途　老马嘶风

老谋深算　老师宿儒

중국인에 대하여 말하면 '老'는 연령의 누적뿐만 아니라 또한 행동이 느려짐을 의미할 뿐만 아니라 '老'는 또한 '성숙', '경험이 있음', '믿음직함'을 의미한다. 노인들은 젊은이들에게 자랑스럽게 '내가 건넌 다리가 네가 지나온 길보다 길다(我过的桥比你走的路都长)'라고 말한다. 또 젊은이를 깔보며 '입 주위에 수염이 없으면 일처리가 여물지 못하다(嘴上没毛, 办事不牢)'라고 말한다. 노인의 사상의 경직화, 지식의 노후화, 눈귀의 퇴행 등은 비평대상이 아니다. 诸葛亮(제갈량)이 막 刘备(유비)를 보좌하여 많은 기묘한 계책을 내어 많는 승리를 거두어서 사람들에게 준 인상은 노인이었다. 오늘날 무대극예술에서 우리에게 보여지는 诸葛亮은 모두 노인의 모습인데 사실 그가 군대를 지휘할 때는 아직 매우 젊은 시기이었다. 祁山(기산)의 여섯 차례 출병, 일곱 번 孟获(맹획) 포획 등은 모두 诸葛亮의 젊은 시절의 전적이다. 그가 만년에 지휘가 부실하고 용인술이 위력적이지 못하여 많은 전기를 놓치고 내리막길을 걷게 되었을 때 아무도 '승상이 연로했다'라는 사실을 생각하지 못하였다. 중국인들은 확실히 경험을 신뢰하고 심지어 미신적이어서 그렇게 많은 경험들이 숙어의 형식으로 전해 내려왔던 것이다.

제 2절 숙어에 나타난 대중적 믿음

중국은 엄격한 의미의 본토 종교가 없다. 사람들의 신앙이라는 것은 옷을 입고 모자를 쓰는 것처럼 각자가 선호하는 바가 있게 마련이다. 어떤 이는 옥황상제를 믿고, 어떤 이는 太上老君(태상노군: 노자에 대한 경칭)을 믿고, 어떤 이는 석가모니를 믿고, 어떤 이는 알라신을 믿고, 어떤 이는 孔子의 가르침을 따르고, 어떤 이는 老庄(노장: 노자와 장자)의 설을 따르고, 어떤 이는 산신을 믿고, 어떤 이는 하신(강의 신)을 믿고, 어떤 이는 하늘의 신을 믿고, 어떤 이는 땅의 신을 믿는 등 이루 다 열거할 수 없다. 사람들이 대중적 믿음은 실로 다양하기 짝이 없다. 인간세계의 삶의 모습이 다르기 때문에 단순히 몇 개의 숙어만으로 이를 표현해 낼 수는 없다. 그러나 숙어를 통해 대중적인 신념을 살펴봄으로써 우리는 중국 문화에 대한 이해를 증진할 수 있고 중국 인문세계를 더 깊이 있게 통찰해 볼 수 있을 것이다.

여기서 논하고자 하는 대중적 믿음이라는 것은 대중들 사이에 광범위한 배경 지식이 있고 일반적으로 통용되는 의미를 가지고 있는 숙어를 가리키는 것이다. 이는 사회적으로 자연스럽게 만들어진 것으로 그 정확성이나 합리성을 증명할 길은 없다.

一. 숙어 중의 대중적 도덕관

'덕(德)'은 교화의 으뜸 수단이다. 중국 문화 속에서 '덕'의 개념은 어디에나 존재해 왔다. 인륜적 측면에서 이른바 七德이 있다.---尊贤(존현), 明贤(명현), 庸勋(용훈), 长老(장로), 爱亲(애친), 礼新(예신), 亲旧(친구). 부녀자의 측면에서 이른바 六德이 있다.---柔顺(유순), 清洁(청결), 不妒(불투), 俭约(검약), 恭谨(공근), 勤劳(근로), 礼教(예교)의 측면에서도 이른바 六德이 있다.---知(지), 仁(인), 圣(성), 义(의), 忠(충), 和(화)......이밖에도 많은 덕에 관련된 개괄이 있다.

중국 봉건사회의 제왕은 선비를 선발함에 있어서 덕과 재능의 겸비를 요구하였는데 오늘날 간부의 선발도 덕과 재능의 겸비를 요구하여 모종의 의미상 덕의 기준이 더욱 중요하다.

중국의 예전 지식인은 이른바 立德(입덕), 入功(입공), 立言(입언)의 三立이 있는데 덕이 역시 제일 앞에 있다. 지식인이 반드시 수양해야 할 八条目이 있는데 格物(격물), 致知(치지), 诚意(성의), 正心(정심), 修身(수신), 齐家(제가), 治国(치국), 平天下(평천하) 중 수신은 바로 자신의 덕 측면의 함양이다.

'덕(德)'은 다양한 차원이 있고 또한 다른 시대적 특색이 있다. 시대에 따라 덕에 대하여 요구하는 바가 다르다. 예를 들어 봉건사회에서는 '여자는 재능이 없는 것이 곧 덕이다(女子无才便是德)'라 하여 여성에 대한 차별적인 인식이 존재했지만 오늘날엔 '여자가 하늘의 절반을 받치고 있다(妇女能顶半边天)'라고 강조한다. 과거의 '三从四德(삼종사덕)'은 이미 역사의 오랜 흔적이 되어 버려 온데간데없이 사라져 버렸다.

'덕'은 일종의 사회적 구속력으로서 대상에 따라 도덕적 요구가 다르다. 즉 임금은 임금의 덕, 신하는 신하의 덕, 그리고 백성은 백성의 덕이 있다.

1. 부모에 대하여

父母在, 不远游(부모가 계시면 곁을 멀리 떠나지 않는다)

不孝有三, 无后为大(불효에 세 가지가 있는데 자손이 없는 것이 가장 큰 불효이다)

父母教, 须敬听, 父母责, 须顺承(부모의 가르침에 따르고, 부모의 질책에 순종해야 한다)

在家靠父母, 出门靠朋友(집에서는 부모에 의지하고, 밖에서는 친구에 의지한다)

儿不嫌母丑, 狗不嫌家贫(아들은 어머니가 못생긴 것을 싫어하지 않고 개는 주인집의 가난함을 싫어하지 않는다)

부모는 우리에게 생명을 주신 분으로 부모님이 없었다면 우리의 모든 것이 있을 수 없다. 그러므로 부모를 공경하고 효를 다하는 것은 자식의 의무이다. 부모를 공경하는 방법에는 여러 가지가 있지만 그중에서 가장 중요한 것은 대를 잇는 의무를 다하는 것이다. 바로 '不孝有三, 无后为大'이다. 이른바 '有后'는 아들이 있어야 한다는 것이다. 아들이 있어야만 계속 향불을 피울 수 있고 종족이 끊어지지 않는다. '养儿防老'의 옛가르침은 첫째, 늙어서 봉양 받고, 둘째, 말년에 임종이 있고, 셋째, 사후에 향을 피우고 제사지낼 사람이 있다는 말이다. 그리하여 중국의 민중에 대해 '无后'는 매우 심각한 일이고, '绝后'(혹은 '断子绝孙')는 지극히 악독한 저주이다. 부모에게 효를 다하는 다른 내용은 부모의 말에 순종하고 부모의 곁을 지켜드리는 것이다. 즉 '父母在, 不远游(부모가 계시면 멀리 떠나지 않는다.)'인 것이다. 부모가 돌아가신 후에도 부모의 곁을 지켜야 하며 타향에서 벼슬을 할지라도 집에 돌아와 부모의 곁을 지켜야만 한다. 만약 이를 어기는 자가 있다면 주위 사람들의 질책을 받는 것은 물론, 심한 경우 관청의 형벌을 받게 될 수도 있다. 왜냐하면 봉건시대의 윤리 도덕적 기준으로 봤을 때 자식은 부모의 사유재산에 속하며 자식의 모든 것을 결정할 권리가 있기 때문이다.

예나 지금이나, 어느 나라건 부모는 자식을 위해 모든 것을 희생한다. 그러므로 부모에게 효를 다하는 것은 자식된 도리인 것이다. 그러나 중국식의 경로 방식은 비교적 특별하다. 부모와 자식 간의 관계도 특수해서 일종의 공생관계라고 표현할 수 있다. 즉 부모가 부귀 영화를 누리면 자식도 따라 누리게 되고 부모가 죽을죄를 범하면 자식 또한 죄인의 자식으로 고난을 당하게 된다. 중국 역사를 살펴볼 때 왕위를 지키기 위해 부모 자식 간에 혹은 형제간에 반목하는 경우가 자주 있었다. 상대적으로 일반 백성의 경우 부모자식간의 관계가 비교적 원만했다. '호랑이가 독해도 자식을 먹지 않는다(虎毒不食子)'라고 하거늘 하물며 사람이야 어떻겠는가?

2. 친구에 대한 덕

朋友妻, 不可欺(친구의 아내에게 못된 짓을 하지 않는다)

士为知己者死(대장부는 자기를 알아주는 사람을 위하여 죽는다)

为朋友两肋插刀(친구를 위해 허리 양쪽에 칼을 꼽는다)

友直, 友谅, 友多闻(바른 이와 벗하고 성실한 이와 벗하고 보고들은 것이 많은 이와 벗하라)

君子之交谈如水(군자간의 사귐은 담담하기 물과 같다)

무엇이 친구인가? 옛말에 뜻과 목표가 같으면 친구라 했다. 다시 말해 서로 마음이 맞고 뜻이 통하면 친구인 것이다. 현대에 와서는 의미가 일반화되어 교분이 있으면 친구라 하게 되었다. 친구는 비록 하늘(天), 땅(地), 임금(君), 어버이(亲), 스승(师) 다음에 위치하지만 우리의 일생에 있어서 매우 중요한 영향을 미친다. 우리는 삶에서 득의양양하건 실의에 빠져있건 함께 농고동락할 사람이 없을 수 없는데, 그를 바로 친구라 한다. 평범한 삶 속에서 우리는 문득 상실감을 느끼곤 한다.

나뭇잎이 떨어지는 것을 볼 때 문득 겨울이 다가옴을 생각하고 허전함을 느끼게 된다. 이럴 때 우리는 누군가 우리의 말을 들어줄 사람이 필요한 것이다. 묵묵히 곁에 있어줄 사람, 함께 낙엽이 떨어지는 길을 걸을 사람, 그가 아마 바로 당신에게 '의기투합하는(声气相投)' 친구인 것이다.

정겨운 옛 노래를 들었을 때 문득 과거의 추억이 생각나고 떠나간 연인과 친구들이 생각나 외로울 때 만약 누군가 당신의 마음을 알아주고 시간을 내어 함께 맑은차 한 잔을 나눌 사람이 있다면 그가 아마 바로 당신과 '마음과 마음으로 교감하는(心心相印)' 친구인 것이다.

집에서 예사로이 먹는 두부 반찬을 먹다 문득 어렸을 때 자주 먹던 고향의 갖가지 일상적인 음식이 떠오를 때 전화를 걸어 추억을 이야기하고 마음의 위안을 얻을 수 있고 당신의 끝없는 수다를 참을성 있게 들어주는 사람이 있다면 그가 바로 '암묵리에 마음이 통하는(心有灵犀)' 친구인 것이다.

우리는 어디로부터 와서 어디로 가는 것일까? 우리는 누구인가? 복잡한 세상사와 무한히 넓은 사람의 바다 속에서 우리가 살고 머물 곳은 어디인가? 이런 질문으로 인해 고민할 때 만약 함께 인생을 논할 이가 있다면 이 또한 당신과 '뜻과 길이 같은(志同道合)' 친구일 것이다.

친구는 우리 인생에서 중요한 위치를 차지한다. 때로 친구가 가족보다 더 가깝게 느껴질 때도 있다. 그러기에 속담에 '혈육을 찾는 것이 친구에게 의지함만 못하다(投亲不如靠友)' 했지 않는가. 제 3장에서 친구에 대한 숙어를 좀 더 깊이 있게 다루어 보도록 하겠다.

3. 명예에 대한 덕

人过留名, 雁过留声(사람은 죽어서 이름을 남기고, 기러기는 지나며 소리를 남긴다)

宁为玉碎, 不为瓦全(옥으로서 부서질 망정 기왓장으로서 온전하려 하지 않겠다. 깨끗이 죽을망정, 너절하게 살지 않겠다)

人的名, 树的影(사람의 이름은 나무 그림자와 같아서 곧으면 곧게 굽으면 굽게 나타나는 법이다)

宁叫身受苦, 不叫脸受热(몸이 힘들망정 이름을 더럽혀서는 안된다)

穷死不下道(가난하게 죽더라도 악한 길로 빠지지는 않는다)

진정으로 문명화된 사회에서 사람들은 명예를 매우 중요하게 생각하며 명예를 위해서라면 심지어 자신의 생명까지도 희생하기도 한다. 물론 명예는 왕왕 정의로운 일과 관계된다. 사람마다 정의에 대한 견해가 다르기는 하나 어쨌든 자기가 정의라고 믿는 일을 위해 자신을 희생할 수 있다면 이는 가치 있는 일일 것이다. '宁为玉碎, 不为瓦全'이라는 숙어는 사람들이 명예를 얼마나 중시하는지 잘 보여준다. 중국인들은 일반적으로 체면을 매우 중요하게 생각하는데 이 또한 중국인들이 명예를 중시하는 것과 관계가 있다. 많은 사람들이 삶속에서 '宁叫身受苦, 不叫脸受热'를 실천하며 살고 있다. 물론 어떤 이들은 일종의 허영심에서 명예를 중시하는 것일 수도 있다.

4. 군자에 대한 덕

君子成人之美(군자는 남이 좋은 일을 성취하도록 도와준다)

君子坦荡荡, 小人长戚戚(군자는 의연히 안정되어 있으나 소인은 근심으로 불안하다)

君子一言, 快马一鞭(남아일언 중천금)

君子动口不动手(군자는 말로써 사리를 따질 뿐, 무력을 사용하지 않는다)

君子不念旧(군자는 과거에 연연하지 않는다)

君子爱财, 取之以道(군자는 재물을 사랑하나 도로써 재물을 취한다)

중국인에게 있어서 군자는 특별한 의미를 갖는 호칭이다. 고대 중국 문헌에서 '군자'라는 단어는 사용 빈도수가 매우 높았다. 13경 중 군자가 출현한 횟수를 표로 보면 다음과 같다.

서명	출현빈도(회)
周易	79
尚书	6
毛诗	62
周礼	1
仪礼	5
礼记	199
左传	148
公羊传	28
论语	86
孝经	4
尔雅	1
穀梁传	15
孟子	54
합계	688

그렇다면 '군자'란 무엇인가? «礼记»에 보면 군자는 지식이 많고 박식하나 겸손하고 예를 아는 사람이며 항상 좋은 일을 하고 게으르지 않는 사람이라 했다. 사람이 한두 번 좋은 일을 하는 것은 결코 어렵지 않다. 그러나 평생 동안 좋은 일을 하며 산다는 것은 결코 쉽지 않은 일이다. 군자란 바로 평생 동안 나쁜 일을 하지 않고 좋은 일만 하며 사는 사람을 가리키는 것이다.

5. 대장부(好汉)

好汉不提当年勇(대장부는 과거의 용맹을 들먹이지 않는다)

好汉不吃眼前亏(대장부는 눈에 보이는 손해를 보지 않는다)

好汉做事好汉当(대장부는 자기가 한 일에 대해 스스로 책임을 진다)

不到长城非好汉(목표를 달성하지 않으면 대장부가 아니다)

好汉不怕出身低(대장부는 출신에 구애받지 않는다)

'好汉(호한)'의 문자적 의미는 '좋은 남자'이다. 그렇다면 어떤 남자가 좋은 남자일까? 중국의 전통적 관념에 따르면 '好汉'은 원래 강호의 무림영웅을 가리키는 말이었다. '好汉'은 '英雄好汉', '老子英雄儿好汉' 등처럼 자주 '英雄'과 연용되었다. '好汉'으로서 '好汉不提当年勇', '好汉做事好汉当'라는 말처럼 평범한 사람과는 다른 점이 있어야 했다. '好汉'은 우격다짐하는 남자가 아니라서 '好汉不吃眼前亏'라는 말처럼 책략을 알고 융통성 있게 대처할 줄 안다. '好汉'은 대장부로서 예로부터 호탕하고 의리가 있어서 재물과 여색에 연연하지 않고 형제를 위해 양옆구리에 칼을 꽂을 수도 있다. 그들은 살인을 해도 눈 하나 깜짝하지 않으나 일반 백성의 눈에는 부자를 벌하고 가난을 구제하는 영웅이다.

6. 영웅에 대한 덕

乱世出英雄(시국이 어지러우면 영웅이 난다)

唯大英雄能本色(진정한 영웅만이 능력이 있다)

英雄不怕战,只怕中暗箭(영웅은 음모를 두려워할 뿐 싸움을 두려워하지 않는다)

英雄流血不流泪(영웅은 피를 흘리되 눈물은 흘리지 않는다)

自古英雄出少年(자고로 영웅은 소년 중에서 나왔다)

英雄生于四野,好汉长在八方(영웅과 대장부는 도처에서 나온다)

英雄所见略同(영웅의 견해는 대체로 일치한다)

'영웅(英雄)'과 '대장부(好汉)' 두 단어는 모두 성별 표지를 나타내는 형태소가 있으나 현대에 와서는 성별 구분이 없이 쓰이게 되었다. 때로 여성임을 특별히 지칭하고자 할 때는 '女英雄'이라고 부르기도 한다(때로는 '英雌'라는 말을 쓰기도 한다). 과거에는 일반적으로 난세에 영웅이 났다. 중국의 역사를 살펴볼 때 매번 혼란기에 학문이 뛰어난 혹은 무예가 뛰어난 인물이 나타났는데 이들이 바로 '영웅'이다. 고대 尧舜禹汤(요순우탕)에서 秦始皇(진시황), 汉武帝(한무제)까지, 삼국시대 曹操(조조), 刘备(유비), 孙权(손권)에서 唐太宗(당태종), 宋太祖(송태조) 그리고 줄곧 말잔등에서 천하를 얻은 징기스칸 등 모두 대영웅으로 불린다. 중국 고대에 영웅은 수없이 많아서 일일이 열거하기는 결코 쉬운 일이 아닐 것이다. '英雄流血不流泪'라는 숙어는 영웅의 본색, 기개를 잘 보여준다.

二. 숙어 중의 천지관(天地观)

天圆地方(하늘은 둥글고 땅은 바르다)

天玄地黄(하늘은 검고 땅은 누르다)

天高地厚(하늘은 높고 땅은 두텁다)

天尊地卑(하늘은 존귀하고 땅은 비천하다)

이것이 바로 사람들의 하늘과 땅에 대한 기본적 인식이다. 천지는 만물의 어머니이자 지적이며 영적인 존재이다. 이것이 많은 사람들이 하늘과 땅을 섬기고 두려워했던 원인이었다. 인류가 탄생하기 전, 하늘과 땅은 하나의 혼돈상태였다. 후에 조물주가 혼돈에 일곱 구멍을 내었는데 혼돈이 사라지고 하늘과 땅이 생겼다. 맑은 기운은 상승하여 하늘이 되었고, 혼탁한 기운은 가라앉아 땅이 되었다. 이것이 중국이들 사이에서 전해져 내려오는 천지개벽 신화이다. 자연재해는 인류의 생존을 위협하는 중요한 요인 중 하나였으며 개화되기 전 많은 사람들은 무언가 보이지 않는 힘이 있어 자연계를 통제하고 있고 지배하고 있다고 여겼다. 이것이 바로 하늘이다. 하늘과 땅은 고대 가장 중요한 신이었다. 세월이 흐르면서 사람들은 하늘과 땅을 더욱 중시하게 되었고 하늘과 땅에 관계된 많은 숙어가 생겨나 전해지게 되었다.

1. 하늘의 도(天道)

天道好还，无往不复(하늘의 도는 보응이 있는 법이라 가서 오지 않는 것이

없다)

天有不测风云(하늘에는 예상 못할 바람과 구름이 있다)

天道无亲(하늘의 도는 친함이 없다. 즉 불편부당하다)

天网恢恢, 疏而不漏(하늘의 법망이 엉성한 듯 하나 죄인은 반드시 벌을 면치 못한다)

得道者多助, 失道者寡助(도에 부합되는 일에는 돕는 이가 많고 도에 거스르는 일에는 돕는 이가 적다)

하늘이란 무엇일까? 우리 조상들은 고개를 들어 위를 쳐다볼 때 보이는 푸른 창공이 하늘이라고 생각했다. 우리 머리 위의 저 파란 하늘에 전지전능한 조물주이자 심판자가 있어 우리의 일거일동을 지켜보고 있다. 그러므로 우리가 착한 일을 행하면 상이 있고 죄를 지으면 천벌을 받게 된다.

그렇다면 천도란 무엇인가? 천도란 하늘의 법칙이라 할 수 있다. 하늘의 법칙을 한마디로 표현하면 '인과응보'라 할 수 있다. 선과 악을 구분하는 기준은 하늘만이 알고 있다. 하늘은 때로 풍작을 내려 인간을 축복하기도 하고 온갖 자연재해로 재앙을 내리기도 한다. 그러므로 사람들은 하늘에 대하여 경외심을 갖고 '하늘과 땅에 감사(谢天谢地)'하는 마음을 갖고, 예기치 못한 하늘의 재앙을 만날 때 '天有不测风云'이라 생각했던 것이다. 그래서 사람들은 불의의 상황에 자기의 잘못을 되돌아보고 반성한다. 또한 자기의 행위가 천도에 부합하는지를 살피게 된다. 왜냐하면 사람들은 '得道者多助,失道者寡助'라고 믿기 때문이다. 흔히 말하는 도(道)는 하늘의 도이고 후에는 道义(도의), 正义(정의), 人间正道(인간세상의 정도)로 의미가 확장되었다.

2. 하늘의 이치(天理)

天理昭昭(하늘의 이치는 분명하다)

伤天害理, 必遭天谴(천리를 거스리면 문책을 받는다)

天不生无禄之人, 地不长无名之草(하늘은 봉록이 없는 사람을 낳지 않고, 땅은 이름 없는 풀을 키우지 않는다)

老天爷饿不死瞎家雀儿(하늘은 눈먼 참새를 굶어죽게 하지 않는다. 산 입에 거미줄 칠까)

天无绝人之路(하늘이 무너져도 솟아날 구멍은 있다)

天地之大德曰生(천지의 큰 덕은 생명이라 이른다)

이른바 '천리(天理)'란 자연법칙을 가리킨다. 사람과 자연은 일종의 공생관계이다. 자연 이 객체 중에서 사람은 무수한 종류의 생명 중의 하나에 지나지 않는다. 사람은 다른 생명체와 조화롭게 평화롭게 지내야만 생존할 수 있다. 사람은 언제이건 결코 자연법칙을 어겨서는 안된다. 그렇지 않으면 자연의 징벌을 받게 될 것이다. 이것이 바로 '伤天害理, 必遭天谴'의 원리이다. 중국인들의 마음속에서 '천리(天理)'라는 것은 어디에나 있는 것이며 그러므로 자연법칙 또한 어디에나 존재하는 것이므로 나쁜 일을 하면 천리가 용납하기 어렵다. '天地之大德曰生'이 말하는 바는 천리의 다른 한 면이다. 누구든지 천리를 거스르지(伤天害理) 않고 자연법칙에 순응할 수 있다면 천리의 존재는 위협이 아니다. 사람들은 모든 만물이 천지의 조화로부터 나온 것이라고 생각하기 때문에 사람들은 누구나 자연에 대한 경외심과 감사의 마음을 가지고 있다. 인류는 생육하고 번식해 가는 과정 속에서 많은 어려움을 겪게 되고 때로는 절망적인 상황에 놓이게 된다. 그러나 이럴 때마다 한 가닥 빛이 보이게 되고 포기하지 않고 노력하면 구원의 길이 생기게 된다. 그렇기 때문에 사람들은 종종 '天无绝人之路'라고 하는 것이다. 자연은 우리에게 무수한 선택의 기회를 제공하는데 사람이 붙잡을 수 있어야 한다. 속담에 '老天爷饿不死瞎家雀儿'라는 말이 있듯이 대자연은 자체적으로 미묘한 평형을 유지하고 있어서 결코 편파적이지 않다. 그러나 사람들 마음 속에는 '天不生无禄之人, 地不长无名之草'의 신념이 있어서, 생존의 기회는 스스로 쟁취하는 것이며 바로 '하늘은 스스로 돕는 자를 돕는다'와 일맥상통하는 것이다. 그러므로 사람은 자연과 조화를 이루며 살아가는 동시에 자연을 개조하고 자연을 이겨내는 노력을 경주하여 더욱 큰 생존의 공간을 쟁취한다.

3. 하늘과 사람(天人)

天有无情灾, 人无回天力(하늘에는 무정한 재난이 있고 사람은 하늘에 갚을 힘이 없다)

人的命, 天注定(인간의 운명은 하늘에 달려있다)

人算不如天算(인간의 생각이 하늘의 뜻을 따를 수 없다)

密室私语, 天若闻雷(밀실에서 사사로이 하는 말이 하늘에게는 천둥소리를 듣는 것 같다)

天命不可违(천명은 거스를 수 없다)

중국인들이 하늘에 대해 흥미를 갖는 이유는 하늘은 인간이 갖지 못한 어떤 힘을 가졌다고 믿기 때문이다. 사람은 하늘에 대하여 경이원지하는 태도를 가져서 하늘과 사람의 관계는 일종의 미묘한 관계로서 '사람은 땅의 법을 따르고 땅은 하늘의 법을 따르고 하늘은 도의 법을 따르고 도는 자연의 법을 따른다(人法地, 地法天, 天法道, 道法自然)'. 하늘은 사람의 운명을 결정할 수 있고 사람은 단지 피동적으로 하늘의 결정을 받을 도리가 밖에 없다. '人的命, 天注定', '人算不如天算', '天有无情灾, 人无回天力', '天有不测风云, 人有旦夕祸福', '天命不可违' 등의 숙어는 사람들의 하늘에 대한 경외심과 무력감을 보여준다. 숙어에 '삶과 죽음에는 운명이 있고 부귀는 하늘에 달려있다(死生有命, 富贵在天)라는 말이 있는데 이는 하늘이 최종 주재자라 생각함을 보여준다. 그러나 «易经»의 '하늘의 운행은 굳세니 군자는 자강불식하여야 한다(天行健, 君子以自强不息)'의 글귀처럼 모든 일에 하늘에 의존할 수만은 없다. 군자는 스스로 강하게 하는데 쉬지 말아야 하므로 하늘의 뜻을 존중하는 전제 하에 주관적 능동성을 발휘하여야 한다.

4. 하늘의 연(天缘)

有缘千里来相会, 无缘对面不相识(인연이 있으면 천리를 와서도 만날 수 있고 인연이 없으면 대면하고도 알아보지 못한다)

千里姻缘一线牵(인연이 있으면 한 가닥 실로도 맺어진다)

일상생활 속에서 사람들은 우연스러운 일을 겪을 수 있는데, 이러한 우연한 일이 사람을 현혹하기 마련이어서 사람들은 이런 우연을 하늘의 뜻으로 귀결

짓기도 한다. 이것이 바로 사람들이 자주 말하는 '천연(天缘)' 즉 '하늘이 맺어준 연'인 것이다. 우리는 줄곧 우리의 혼인은 모두 선천적으로 결정된 것이며 인연이 있어야만 함께 있을 수 있다고 믿어서 숙어는 이런 현상을 '千里姻缘一线牵'으로 표현하였다. 이런 숙명론의 관념은 일반 서민들에게서는 매우 보편적이었다. 이는 아마도 '缘'을 중시하는 불교의 중국 전파와 관계가 있을 것이다. 불교는 '缘法'을 중시하여 범사가 모두 연법에 의해 결정되어 사람과 사람의 은혜와 원한은 모두 연과 뗄레야 뗄 수 없는 관계가 있다. 연에는 좋은 연과 나쁜 연이 있는데 좋은 연을 맺으면 친구를 얻고 나쁜 연을 맺으면 원수를 얻는다. 연이 있어야 관계가 맺어지므로 장삼(长三)과 이사(李四)가 친구가 된 것은 연이 있기 때문이다. '有缘千里来相会, 无缘对面不相识'가 말하는 바는 바로 이 이치이다.

5. 영원한 변화(恒变)

车到山前必有路，船到桥头自然直(차가 산 앞에 이르면 반드시 길이 있고 배가 다리 머리에 이르면 자연히 곧아진다)

山重水复疑无路，柳暗花明又一村(산이 겹겹이고 물이 구불구불하여 길이 없음을 걱정하는데 버드나무 울창하고 꽃이 환하여지며 또 하나의 마을이 나타났다)

三十年河东，三十年河西(삼십 년은 강의 동쪽이고 삼십 년은 강의 서쪽이다. 물길이 바뀜을 말함)

穷则变，变则通，通则久(극한에 이르면 변하고 변하면 통하고 통하면 오래간다)

하늘의 도(道)는 선(善)을 향하므로 선을 행하는 사람은 종국에는 하늘의 상을 받을 것이다. 하늘의 도는 보응이 있는 법이라 가서 오지 않는 것이 없으므로 악을 행한 자는 종국에는 벌을 받게 마련이다. 하늘의 도에는 친함이 없어서 하늘의 도는 언제나 가장 공정하다.하늘 앞에서 당신은 공정한 심판을 받을 수 없음을 걱정하지 않는 것이 중국 일반인의 신념이다. 그들은 '불의를 많이 행하면 스스로 멸망(多行不义必自毙)'하여 나쁜 짓을 많이 저지른 자는 하느님이 용서하지 않을 것이라 믿는다. 다른 한 면에서 보면 중국철학 중 '사물의 상황이 극에 달하면 반드시 반전한다(物极必反)'의 사상은 사람들 마음에 깊이 배어있어서 하나의 일이 극에 달하게 좋으면 반드시 그의 반대 방향으로 전환되고, 반대인 경우 역시 마찬가지로서 하나의 일이 극에 달하게 좋으면 역시 좋은 방향으로 전환되게 마련이다. 이것이 바로 불변과 변화의 변증관계이고 바로 여기에서 논하는 영원한 변화이다. '穷则变，变则通，通则久'이 표현하는 것이 바로 이러한 사상이다. 당신이 곤란에 처해 진퇴양난일 때 반드시 '车到山前必有路，船到桥头自然直', '건널 수 없는 험한 곳은 없다(没有过不去的火焰山)'다. 당신이 '오갈데 없다(山穷水尽)'고 느낄 때 갑자기 '柳暗花明又一村'하게 될 것이고 '하늘이 무너져도 솟아날 구멍이 있다(天无绝人之路)'라고 믿을 것이다. 사람은 늘 귀하지도 않고 또한 늘 천하지도 않다. 설사 귀족의 자제라 할지라도 삼대를 넘기지 못한다. 백성들은 세상사의 온갖 변화를 보아 와서 옛날의 호화스런 가옥이 여우굴이나 쥐굴이 되기도 하며 세상사의 변화가 연극과 같아서 '너희들 연기가 끝나면 내가 등장한다(你方唱罢, 我登场)'. 그래서 사람들은 '三十年河东，三十年河西'라는 말로 이러한 변화를 말한다. 이런 변화의 관념이 있으면 사람들은 어떤 어려움을 겪어도 태연해질 수 있다. '황제는 돌아가며 하니 이번 왕조에는 우리집 차례

다(皇帝轮流做, 今朝到我家)'. 일단 때가 와서 운이 들면 '사단장 여단장을 맡아 좀 해보는 것(混个师长旅长的干干)'은 말할 필요도 없고 잘 풀리지 않으면 작은 부자가 되어 손에 휴대전화기 들고 디스코텍 돌아다니거나 노래방 특실을 차지하고 놀아보는 것도 꽤나 의기양양하다.

三. 숙어 중의 인간심리와 세상물정

하늘 땅과 비교할 때 인간세상의 생존법칙은 더욱 중요한 것 같다. 사람들은 사람들과 어떻게 같이 사느냐에 더욱 관심을 기울인다. 하늘 땅에는 경이원지할 수 있으나 인간세상의 일에는 반드시 매사에 관심을 갖고 도처에 주의하여야 하기 때문이다. 그러므로 중국인에게 인간사의 관계는 대단히 중요한 생존지식으로서 결코 등한시 할 수 없는 것이다. 그래서 중국에서는 이에 대한 숙어가 특히 많다. 이런 숙어들은 중국인과 중국 사회에 대한 이해를 깊게 해줄 뿐만 아니라 유용한 처신의 원칙을 알려준다.

1. 인간심리(『人情』)

世事洞明皆学问, 人情练达即文章(세상사를 잘 아는 것은 모두 학문이고 인간심리를 잘 꿰는 것은 문장이다)

识破人情就是仙(인간심리를 꿰뚫으면 신선이다)

人熟是一宝(사람이 재산이다. 사람 잘 아는 것이 힘이다)

人情大于王法(인정은 왕의 법보다 우선이다)

人情留一线，日后好相见(인정을 한 가닥 남겨 놓으면 후에 다시 만나기 좋다)

来而不往非礼也(오는데 가는 게 없으면 예가 아니다)

秀才人情纸半张(똑똑한 사람 혹은 공부한 사람의 인정은 종이 반 장 정도이다)

'世事洞明皆学问，人情练达即文章' 이 말이 말하고자 하는 바는 인간세상의 일과 정으로 만약 당신이 모두 잘 알았다면 당신은 바로 대학자가 되거나 또한 대문호가 될 수 있다. 인간세상의 인간심리와 세상물정을 꿰뚫는 데는 극히 큰 지혜가 필요하다. 속담에 '识破人情就是仙'이라 하는데 신선은 가보지 않은 곳이 없고 모르는 것이 없고 할 수 없는 것이 없으며 존재하지 않는 것이 없으니 인간심리라는 이 학문은 얼마나 깊이가 있는지 알만하다. 중국어 중의 '©人情'이라는 것은 하나의 보물로서 이것을 얻는 자는 온 천하를 얻은 것과 다를 바 없다. '©人情'이란 무엇인가? «现代汉语词典»에 의하면 적어도 5 개의 의미항이 있다.

(1) 人之常情(인지상정, 상리)

(2) 情面(안면, 교분)

(3) 恩惠(은혜, 인심)

(4) 指礼节应酬等习俗(인사치레 성격의 접대)

(5) 礼物(선물)

첫째 의미항이 말하는 것은 사람과 사람이 같이 나타내는 자연스러운 정리로서 ©人情은 인류가 사람과 사물을 대하는 데에 준수하는 공동 준칙으로서 그것이 반영하는 것은 인류의 공통성이다. '사람은 감정이 있다(人心是肉长的)', '사람이 아무리 나빠도 자식은 사랑한다(虎毒不食子)' 등과 같은 것이다. 둘째 의미항이 말하는 것은 사람과 사람 사이의 원근 친소인데 ©人情은 원근이 있고 관계는 친소가 있다. 그래서 일을 처리함에 ©人情이라는 이 기준이 있으면 공정이 사라지고 사람 마음 속의 천평이 기울게 되어 '친한 관계이면 삼할이 기울고(是亲三分向)', '©人情이 왕의 법보다 우선한다(人情大于王法)'의 현상도 이상하지 않게 된다. 그래서 '人熟是一宝'라고 말한다. 무엇이 보배인가? 그것은 바로 '사람 잘 알면 일하기가 쉽고(人熟好办事)', '조정에 사람이 있으면 벼슬하기 좋다(朝中有人好做官)'의 이유 때문이다. 사실 동서고금을 통하여 모두가 그러하였다. 예외가 있다면 包青天(포청천)의 이야기를 꼽을 수 있다. 포청천과 같은 청렴결백한 사람이 대의를 위하여 친소를 차별하지 않음은 실제로 사람들의 마음 속에 ©人情보다 더욱 중요한 것이 있기 때문이다. 그것은 바로 ©王法이라 불리는 국가의 법률이다. 애석하게도 포청천 한 사람만이 있었다. 오늘날 드라마에서 볼 수 있는 포청천은 역사상의 포청천과 이미 상당히 큰 거리가 있다. 극중의 포청천은 사람들의 이상 속에서 빚어낸 전형적인 이미지로서 중국이라는 ©人情사회 이 큰 늪 속의 한줄기 서광이다. 셋째 의미항은 은혜와 정인데 사실 은혜와 정은 어떤 필연적인 관계가 없다. 은혜가 있어도 정이 없을 수 있고 정이 있어도 은혜가 없을 수 있다. 중국인은 은혜와 원한이 분명하여 은혜 갚음과 원한 갚음은 인생의 의무로서 '은혜를 입고 갚지 않으면 군자가 아니다(有恩不报非君子)', '가문의 원수 나라의 원한은 같은 하늘 아래 있을 수 없다(家仇国恨, 不共戴天)'이라는 말을 한다. 그런데 중국인은 매우 도량이 커서 '재상의 배 안에서는 배를 저을 수 있다(宰相的肚里能撑船)'라는 생각에 덕으로 원한을 갚으라(以德报

怨)를 실행하여 원수가 자신의 면전에서 감격하여 눈물을 흘리며 마음 속에서 일종의 숭고함에 대한 느낌이 일어나게 한다. '방패와 창을 옥과 비단으로 바꿈(化干戈为玉帛)'은 물론 좋은 일이고 '한 방울의 은혜도 솟구치는 샘물로 갚음(滴水之恩, 涌泉相报)' 역시 확실히 미덕인데, 문제는 세상 사람들이 모두 같은 법규와 상례를 준수하는가이다. 넷째 의미항과 다섯째 의미항이 말하는 것은 모두 예절과 인사치레 성격의 접대측면의 ©人情으로 하나는 이러한 행위이고 하나는 이렇게 주는 선물이다. 이런 ©人情이 중국 특유의 것은 아니나 중국은 절대적으로 ©人情대국이라 할 수 있다. 관혼상제에 예의상의 선물을 전달하고 승진, 이사에도 선물을 전달하고 어린 아이의 백일, 노인의 생일에는 더욱이 빠질 수 없어서 선물이 없으면 경의가 없고 선물이 없으면 ©人情이 없다. 고대에 강, 산, 성, 못, 금전과 미녀, 진기한 보배 어느 하나 예의상 전달하는 ©人情이 아닐 수 없는데 단지 지식인은 가난하고 위선적이어서 이러한 값진 것이 없고 가진 것이라고는 약간의 지식이다. 속담 중의 '秀才人情纸半张'은 수재의 ©人情이 가볍고 엷음을 극단적으로 말한 것이다. 이는 사람들의 관념 중에 서예 한 점, 그림 한 장은 ©人情으로 칠 수 없는 것이다. 재화만이 ©人情으로 칠 수 있는 것이어서 바꾸어 말하면 물질 측면의 증여만이 ©人情인 것이고 정신적 측면의 기부는 ©人情이 아니다. 물론 서예 한 점과 그림 한 장이 嘉德경매시장(중국의 예술품, 문화재 경매시장)에서 얼마간의 현금으로 바뀔 수 있다면 정신이 물질로 바뀌고 이때 '秀才人情'은 몸값이 백 배로 뛴다. 오늘날 금일봉(중국에서는 '红包'라 함) 주기의 바람이 이처럼 세계 부는데 이 바람의 근원은 중국인이 인간심리와 세상물정(중국에서는 '人情世故'라 함) 측면에서 엄격히 준수하는 전통관념이다.

2. 사람의 마음

得陇望蜀(하나를 얻으면 열을 갖고 싶어한다)

人心不足蛇吞象(사람의 마음이 만족을 모름이 뱀이 코끼리를 삼키려는 것 같다)

事不关己, 高高挂起(자기와 관계된 일이 아니면 무관심하다)

恻隐之心人皆有之(측은지심은 사람마다 모두 있다)

人心深似海(사람 마음의 깊이가 바다와 같다)

人心隔肚皮(사람 마음은 뱃가죽을 사이에 두고 있다)

宁可人负我, 切莫我负人(남이 내게 못되게 하더라도 남에게 못되게 하지 말아라)

路遥知马力,日久见人心(오래 사귀어야 사람됨을 알 수 있다)

画虎画皮难画骨, 知人知面不知心(호랑이 겉모습은 그려도 뼈는 그리기 어렵고 사람 얼굴은 알아도 속마음은 모른다, 열 길 물 속은 알아도 한 길 사람 속은 모른다)

做了皇帝想成仙(황제가 되고나서 신선이 되고 싶어하다)

三个和尚没水吃(중 셋이 마실 물이 없다. 서로 미루느라 아무도 물을 긷지 않는다)

사람의 마음이란 것은 참으로 묘한 것이다. 누구도 사람의 마음을 꿰뚫어 볼 수는 없다. 이른바 '人心深似海', '人心隔肚皮', '画虎画皮难画骨, 知人知面不知心'라는 말을 한다. 생명의 길고 긴 여정에서 우리는 많은 사람들을 만나게 된다. 우리는 때로 우리와 함께 차를 마시며 한담을 하는 상대방의 마음을 알기를 원하지만 영원히 그가 무슨 생각을 하는지 어떤 계획을 가지고 있는지 알 수는 없다. 심지어 때로는 자기 자신의 생각조차 잘 모르는 경우가 많다. 그러나 또한 한편 인간은 보편성이 있는 것이 있는데 이런 것들은 인간성의 자연스런 표출이다. 일반 서민은 '사람은 모두 측은지심이 있음(人皆有恻隐之心)'을 알았고 또한 아름다운 것을 좋아하는 마음은 모든 사람이 가지고 있음(爱美之心人皆有之)도 알게 되었다. 이는 인간성 중 긍정적인 면이다. 다른 한편으로 '得陇望蜀', '人心不足蛇吞象', '做了皇帝想成仙'은 비교적 부정적인 면이다. 사람의 욕망은 영원히 만족할 줄 모른다. 소위 '욕망의 골짜기는 채우기 어렵다(欲壑难填)'말과 같다. 만족을 모르는 것 외에 사람은 또 하나의 약점이 있는데 바로 이기심이다. '事不关己, 高高挂起', '각자 자기 문 앞의 눈을 쓸지 남의 기와 위의 눈에 신경 쓰지 마라(各人自扫门前雪, 莫管他人瓦上雪)' 등이 바로 그런 심리이다. 이런 이기심의 처세철학이 야기하는 직접적인 후과는 인정이 냉담해지고 공익사업에 열심인 사람이 없어서 진정으로 일을 하고 버슬을 하지 않는 사람은 너무 적다. 공복이 된 사람 중에 '극히 일부의 사람'은 사욕을 위해 전신전력하여 민중을 위해 봉사해야 하는 목적을 망각하기도 하는데 이는 이기적 철학의 한 방증이라 하겠다. 물론 '路遥知马力, 日久见人心'이라고 하듯이 참된 공복이든 거짓 공복이든 중국에는 구분이 될 것이다. '하늘과 땅 사이에 저울이 있는데 저울추는 백성이다.'

3. 사회풍조

上梁不正下梁歪(윗물이 맑아야 아랫물이 맑다)

域中多高髻，域外高一尺(도성내에서 머리를 높이 묶으니 성 밖에서는 높이가 한 자가 된다.)

各人自扫门前雪，莫管他人瓦上霜(자기 일에만 신경쓸 뿐 남의 일에는 무관심하다)

墙倒众人推(담이 기울자 뭇사람이 민다)

墙内开花墙外香(담 안에서 꽃이 피었는데 담 밖에서 향기가 난다)

外来的和尚会念经(멀리서 온 중이 독경을 잘 한다. 남의 떡이 커 보인다)

他山之石可以攻玉(남의 경험을 빌어 교훈으로 삼다)

'世风'은 그 시대의 풍속, 흐름을 가리킨다. 즉 한 시대에 유행하는 사회적 풍조를 가리킨다. 이는 그 사회의 상황과 심리의 직접적인 반영이라고 할 수 있다. 당시의 사회풍조를 주도하는 인물이 바로 멋을 아는 명사들이다. 이들의 기호가 바로 전 사회에 영향을 미치는 것이다. '楚왕이 가는 허리를 좋아했다(楚王好细腰)', 그리하여 얼마나 많은 궁녀가 굶어죽었는가? 군왕이 허리가 가는 여자를 좋아하자 군왕의 기호에 영합하기 위해 수많은 꽃다운 나이의 미모의 여자들이 자신의 생명을 희생하였다. 이러한 희생정신은 현재까지 계승되어 새로운 유행을 좇아 얼마나 많은 묘령의 여자들이 육신의 고통을 견뎌내며 감량하고 가슴을 키우고 쌍꺼풀을 만드느라 갖은 극단적인 시술을 받아들인다. 당나라의 전성기에 국가는 강역의 확장에 치중하느라 유약한 풍조를 일소하여 전국에 거국적으로 종군하여 변경 수비에 참여하려는 바람이 일고, 모두 공적을 세우려 하여 문약한 서생도 국경지역에 가서 공훈을 세우기를 희망했다. 20세기 60~70년대에 지도자들이 시 쓰기를 좋아하여 전국에 거국적으로 수천수만의 시인이 샘솟듯이 출현하였다. 낫 놓고 기역자도 모르는 농민조차도 风雅(풍아)를 읊게 되어 小靳庄(天津의 한 곳의 지명)의 전형이 나타났고 오래된 시가(诗歌)의 대국이 다시 한 차례 짙고 짙은 시의 분위기에 쌓이게 되었다. 개혁개방으로 시장경제를 활성화하게 되어 '십억 인구 구억 상인'이라는 장관이 연출되었다. 시류 풍조의 힘이 얼마나 큰 지 알 수 있다. 따라서 墨子(묵자)는 '겸애(兼爱)'를 주장하고 '편애(偏爱)'를 반대하였으니 위에 있는 사람은 살피지 않을 수 없다. 무엇이 '偏'인가? '偏'은 바르지 않은 것으로 바르지 않은 것은 바로 '歪(왜)'이므로 '上梁不正下梁歪'는 매우 소박한 이치이다. 숙어가 반영해내는 인생철리는 때로는 매우 심오하고 또한 평이하기도 한데 심오한 이치가 평이한 말에 담겨져 있는 말이다. 숙어 '域中多高髻，域外高一尺'의 이르는 바를 보면 관찰이 얼마나 세심한가? 숙어에 또 '위에 좋아하는 이가 있으면 아래에는 반드시 심한 것이 있다(上有好之者, 下必甚焉)'라는 말이 있는데 얼마나 정확하게 개괄하였는가! 사람은 사회의 추악한 면을 보면 자주 '세상의 풍조가 날로 못해진다(世风日下)'라고 개탄을 하는데 이 말이 옳고 그름을 차치하고 그것은 최소한 세상풍조가 끊임없이 변화하고 있음을 알려준다. '墙内开花墙外香', '外来的和尚会念经', '他山之石可以攻玉'이 말하는 바는 모두 사회현상이고 그것들의 배후에는 사회상과 인간심리가 있다.

4. 세태

十谒朱门九不开(열 곳의 세도가나 부자집에 도움을 청하면 아홉이 대꾸하지 않는다)

锦上添花者多, 雪中送炭者少(금상첨화하는 자는 많고 어려움에 돕는 자는 적다)

天下熙熙, 皆为利来, 天下攘攘, 皆为利往(천하에 흥성거리며 오가는 것은 모두 이익 때문이다)

久病床前无孝子(오랜 병에 효자 없다)

狗仗人势(세력을 등에 업고 남을 괴롭히다)

狐假虎威(남의 권세를 빌어 위세를 부리다)

世态炎凉(세태가 냉담하다)

'世态炎凉'이 말하는 바는 인간세상의 한 모습으로서 돈 있고 권세 있으면 아첨하는 사람이 있는데, 일단 돈 없고 권세 없으면 원래 아첨하는 사람들은 모두 새로운 권세가에게로 가버린다. 이렇듯 달아오르고 냉담해지는 변화는 자연계의 추위 더위와 같아서 조금도 이상스러울 것이 없다. 그러나 자신이 직접 그런 일을 겪은 사람에게는 일종의 자극이 된다. 당신이 관직이 오르고 재물을 벌어들이면 안전에 많은 밝은 얼굴이 있고 귓가에 많은 듣기 좋은 소리가 있음을 발견하게 되는데 당신이 관직을 잃고 파산을 하면 그 밝은 얼굴들에서 반색하던 표정이 사라지게 되고 갑자기 냉담하고 야박하게 바뀌고 그 듣기 좋던 소리도 가시와 뿔이 달리게 된다. 문전성시도 쥐 죽은 듯이 고요해진다. 이것이 바로 세태이다. 권력에 빌붙을려고 하는 것은 사실 인간성의 약점이고 아첨하는 이도 사실은 아첨하자면 매우 피곤한데 잘못된 데에 아첨할까 걱정이 되는 것이다. 세태의 냉담함은 이미 세간의 인생백태를 빠짐없이 개괄하였는데 좀 더 상세히 말하면 또한 각양각색의 상황이 있다. 사실 권세에 빌붙어 투기하려 갖은 머리를 쓰는 사람에게 우리는 멸시 외에 일말의 동정을 해주어야 할 것이다. 왜냐하면 투기는 언제나 개인의 이익을 위해서이기 때문이다. '天下熙熙，皆为利来，天下攘攘，皆为利往' 이 현상은 이해할 수 있는 것이다. 그런데 '狗仗人势', '狐假虎威'한 사람에게 우리는 멸시와 무시를 표시할 따름이다. 어떠한 일들은 비록 사람을 실망시키지만 이는 바로 인간세상의 세태로서 우리들이 회피할 수 없는 것이다. 속담에 이르기를 '锦上添花者多，雪中送炭者少'라고 하는데 이는 情理 중의 일이다. 하나의 이익으로써 천하를 다스리는 국가에서 대량으로 '속물 눈치꾼'을 복제해내는 것은 너무나 정상스러운 일이다.

四. 숙어 중의 사리(事理)

속담에 이르기를 '이치가 있으면 천하를 돌아다니고 이치가 없으면 한 치 가기도 어렵다(有理走遍天下, 无理寸步难行)', '이유가 충분하여 말이 당당하다(理直气壮)', '이치가 닿지 않아 말문이 막히다(理屈词穷)'라고 한다. 중국은 '理'를 중시하는 나라이어서 무슨 일이든 이치가 존재한다. 여기의 '理'는 자연계의 조직규칙을 포함하고 또 인간세상의 조직규칙을 포함한다. 자연계의 '理'는 자연히 형성된 것이지만 인간세상의 '理'는 사회적 약속이라 서 숙어 중에 응결된 '事理'는 객관 사물에 대한 사람들의 인식 및 평가를 모두 반영한 것이다. 각 사회마다 또 각 구성원마다 '理'가 서로 다를 수 있다. 이것들은 사람들이 자연, 사회 및 역사발전 규칙에 대한 깊은 관찰의 토대에서 깨달은 것으로 자연, 사회 및 역사발전 규칙에 대한 사람들의 개괄과 총괄이다. 숙어의 형식으로 표현함은 숙어의 특징이 결정하였다. 숙어의 정제와 정보 용량이 모두 일정한 철학적 이치의 해석에 적합하여 숙어의 응고양식은 또 철학적 이치의 전파와 수용에 편하다. 중국어 숙어 중에 포함된 사리는 상당히 풍부한데 이러한 숙어는 어느 측면에서 보더라도 표현의 안정성이 있다. 사리를 표현할 때 숙어의 형식을 선택하는데는 또 하나의 원인이 있는데 숙어는 비유가 풍부하기 때문이다. 많은 깊은 이치는 모두 비유의 방식으로 표현되는데 비유의 표현방식은 돌려 말하기에 적합하고 직설적 표현에 부적합하다. 많은 추상적인 이치는 직설적으로 표현하기에 적합하지 않는데 비유를 통하면 이론 표현 중 언어의 빈곤을 보완할 수 있다. 중국인이 말하는 철학은 많은 면에서 유럽인들이 말하는 philosophy와 다르다. 중국인의 철학사상은 대부분이 구체적이고 형상적인 사물에 깃드는데 즉 이치는 표상에 의탁하지 거의 추상적으로 표현되지 않는다.

숙어는 간단한 말로 심오한 철학적 이치를 표현해 낼 수 있다. 많은 철학적 이치 및 도리가 숙어라는 비유를 통해 표현되고 있다. 비유라는 것은 직접적 표현이 아닌 간접적 표현을 가리킨다. 추상적인 이치나 도리는 직접적 표현 방식보다는 이런 간접적 표현 방식이 더 적합한 것이다. 중국인이 말하는 철학이라는 것 또한 서양인들의 철학과 다른 점이 많다. 언어로 추상적 진술을 하려면 자주 힘에 부치거나 언어가 따라가지 못하여 《老子》, 《庄子》 속의 철학사상 대부분은 구체적인 형상 혹은 사례를 통하여 표현하였다. 예를 들면,

> 구부러지면 온전하게 되고, 굽으면 곧게 되고, 움푹하면 차게 되고, 닫혀있으면 새롭게 되고, 적으면 얻게 되고, 많으면 미혹하게 된다. 이러하므로 성인이 한 가지로 천하의 법식으로 삼는다. 스스로 드러내지 않으면 밝아지고, 스스

로 옳다고 하지 않으면 환하여지고, 스스로 공격하지 않으면 공이 있게 되고, 스스로 자랑하지 않으면 오래가게 된다. 다투지 않아서 천하가 그와 다투지 않는다. 옛사람이 말하는 바의 '구부러지면 온전하게 된다'라는 말은 어찌 허언이겠는가! 정성스레 온전히 하여 돌아가라.

曲则全,枉则直,洼则盈,弊则新,少则得,多则惑,是以圣人抱一,为天下式。不自见故明,不自是故彰,不自伐故有功,不自矜故长。夫惟不争,故天下莫能与之争。古之所谓曲则全者,岂虚言哉!诚全而归之。(《老子·二十二章》)

'庄子'는 아예 우화로 그의 철학 사상을 해석하기도 했다.《逍遥游》,《耕拇》,《马蹄》,《秋水》,《山木》,《知北游》등이 그러하다。《山木》의 예를 통해 庄子는 어떻게 그의 철학사상을 표현하였는지 보자.

장자가 산 속에서 길을 가다 큰 나무의 가지와 잎이 무성한데 벌목하는 사람이 그 곁에 서서 베려하지 않는 것을 보았다. 그 이유를 물으니 쓸데가 없습니다. 장자가 말하였다. "이 나무는 재목이 되지 못하여 천수를 누리는구나." 선생은 산을 나와 친구의 집에 유숙하였다. 친구는 기뻐하여 동복을 시켜 거위를 잡아 조리하게 하였다. 동복은 물었다. "그중 하나는 울 수 있고 그중 하나는 울지 못하는데 어느 것을 잡을까요?" 주인이 말하였다. "울지 못하는 것을 잡아라," 이튿날 제자가 장자에게 물었다. "어제 산 속의 나무는 재목이 되지 못하여 천수를 누리게 되었는데 지금 주인의 거위는 재목이 되지 못하여 죽습니다. 선생님은 어찌 대처하시겠습니까?" 장자는 웃으며 말했다. "나는 재목과 재목이 아닌 사이에 처하여있다. 재목과 재목이 아닌 사이란 그것과 같은 듯하면서도 아닌 것이다. 그러므로 고단함을 아직 면하지 못하였다." 만약 도덕에 순응하여 노닐면 그렇지 않다. 찬양도 없고 헐뜯음도 없고 한번은 용이고 한번은 뱀이고 때에 따라 함께 변화하며 어느 한 쪽으로 치우치지 않으련다. 오르고 내림은 조화로써 도량을 삼아 만물의 시초에 노니니 물질을 부림에 물질에 부려지지 않으면 어찌 고단하겠는가! 이는 神农, 黄帝의 법칙이다. 만약 만물의 정, 인륜의 전승이라면 그렇지 않다. 합하면 떨어지고 이루면 훼멸되고 예리하면 꺾이고 높으면 책잡히고 재능이 있으면 손해보고 어질면 힐문이 있고 모자라면 업신여김이 있으니 어찌 얻어서 반드시 차지하려 하느냐! 슬프다! 그것은 오로지 도덕의 고향임을 제자는 기억하라!

庄子行于山中，见大木枝叶盛茂，伐木者止其旁而不取也。问其故，曰："无所可用。"庄子曰："此木以不材得终其天年。"夫子出于山，舍于故人之家。故人喜，命竖子杀雁而烹之。竖子请曰："其一能鸣，其一不能鸣，请奚杀？"主人曰："杀不能鸣者。"明日，弟子问于庄子曰："昨日山中之木，以不材得终其天年，今主人之雁，以不材死；先生将何处？"庄子笑曰："周将处乎材与不材之间。材与不材之间，似之而非也，故未免乎累。若夫乘道德而浮游则不然，无誉无訾，一龙一蛇，与时俱化，而无肯专为；一上一下，以和为量，浮游乎万物之祖，物物而不物于物，则胡可得而累邪！此神农、黄帝之法则也。若夫万物之情，人伦之传，则不然。合则离，成则毁；廉则挫，尊则议，有为则亏，贤则谋，不肖则欺，胡可得而必乎哉！悲夫！弟子志之，其唯道德之乡乎！"

이야기는 매우 간단하고 평이하다. 그러나 庄子가 그 속에서 말하고자 이치는 확실히 매우 심오하다.

철학의 표현 측면에 있어서 서양인들은 수학적 언어를 선택하고 기호로써 자연언어가 표현하기 어려운 이치(예를 들면, 수리논리, 기호학, 언어철학, 의

미론, 몽태규 통사론, 변형생성문법 등)를 표현하고자 했다. 아래에 숙어에 나타난 事理를 몇 가지로 구분해 보겠다. 물론 이 몇 가지 분류의 기준은 상당히 주관적인데 우리의 분석 역시 번역의 성격이 있어서 그중 단편적인 면이 있음은 피할 수 없는 사실이다.

1. 추세의 이치(©势理)

人无千日好, 花无百日红(꽃이 언젠가 지는 것처럼, 사람은 항상 좋을 수 없다)

龙游浅滩遭虾戱, 虎落平阳被犬欺(용이 얕은 물가에 오면 새우에게 희롱당하고 호랑이도 들에 내려오면 개에게 수모당한다)

落魄的凤凰不如鸡(몰락한 봉황은 닭만도 못하다)

强龙压不过地头蛇(아무리 강해도 토착세력을 꺾기는 어렵다)

'势'란 사물의 발전과정에서 필연적으로 생기는 추세 및 경향을 가리킨다. 이런 필연적 추세 및 경향은 사물의 내재적 동력의 움직임으로 인해 나타난다고 할 수 있으며 이런 내재적 움직임의 공통된 표현방식이라 할 수 있다. 사물의 내재적 움직임의 공통된 추세가 일단 형성되면 사람의 자의로 이를 바꾸기는 힘들다. '人无千日好,花无百日红'이 바로 이런 필연적 현상을 잘 보여주는 숙어이다. '龙游浅滩遭虾戱 , 虎落平阳被犬欺', '强龙压不过地头蛇'이 말하는 바 역시 이러한 필연적 현상이다. 이 밖에도 '사람의 입을 막기가 냇물을 막기보다 어렵다(防人之口,甚于防川)', '천리의 제방도 개미굴로 무너진다(千里之堤, 溃于蚁穴)', '배움은 물을 거슬러 올라가는 것과 같아서 전진하지 않으면 곧 퇴보한다(学如逆水行舟, 不进则退)', '말라죽은 낙타가 말보다 크다(瘦死的骆驼比马大)', '자식을 키워봐야 부모의 은혜를 안다(养儿方知父母恩)', '높은 산이 없으면 평지가 드러나지 않는다(没有高山, 不显平地)', '있고 없음은 서로 키우고 어렵고 쉬움은 서로 돕는다(有无相生, 难易相成)', '바퀴 덧방나무와 수레는 서로 의지하고 입술이 터지면 이가 시리다(辅车相依, 唇亡齿寒)', '사물이 극에 달하면 반드시 반대로 돌고 역경이 극에 달하면 태평이 온다(物极必反, 否极泰来)' 등이 있다. '有无相生, 难易相成', '物极必反, 否极泰来'는 추상적 표현인데 다른 숙어는 모두 표상에 이치를 담는다. 예를 들면, '龙'과 '虾', '虎'와 '犬', '凤凰'과 '鸡'는 모두 사실을 가리키는 것이 아니라 비유 속의 '표상'으로서 비유 속의 비유대상이다.

2. 정리(情理)

情人眼里出西施(사랑하는 사람 눈에는 곰보도 미인으로 보인다)

皇帝的女儿不愁嫁(황제의 딸은 시집 못갈 걱정이 없다. 물건이 좋으면 잘 팔린다)

病急乱投医(병이 급하니 함부로 의사를 찾는다)

贵人多忘事(귀인은 건망증이 심하다)

初生牛犊不怕虎(하룻강아지 범 무서운 줄 모른다)

家家都有难唱曲(집마다 모두 말하기 힘든 얘기가 있다)

男大当婚, 女大当嫁(남자는 자라면 결혼해야 하고 여자는 자라면 시집가야 한다)

'势理'가 객관적 이치라면 '情理'는 주관적 이치이다. 바꿔 말하면 전자는 사물에 대한 理이고 후자는 사람에 대한 理인 것이다. '情人眼里出西施'가 말하는 바는 사람이 인생문제를 대하는데 있어서 보이는 경향성이다. 이런 경향은 유연성이 있는 것이다. 黃山谷의 시에 다음과 같은 구절이 있다.

> 草茅多奇士，蓬荜有秀色。西施逐人眼，称心斯为得。
>
> 초가집에도 기인과 재사가 많고, 사립문 안에도 아리따운 얼굴이 있네.
>
> 西施는 사람들의 눈이 좇아가는 미색인데, 마음에 들어야 이를 얻는다.

서양에도 '사랑을 하면 장님이 된다(Love is blind)'는 말이 있는데 '情人眼里出西施'와 일맥상통한다. 일단 사랑에 빠지면 눈에 보이는 것과 귀에 들리는 것이 모두 아름답고 사랑하는 사람은 이 세상에서 가장 아름답고 완벽해 보이는 법이다. 이것이 바로 사랑의 힘 때문이고 또한 '情理' 중의 일이다. 제3자가 보기에는 사랑에 빠진 사람은 참으로 어리석게 보이고 또 이해할 수 없는 경우가 많다. 한 여름에도 두 손을 꼭 잡고 다니면서도 더운 줄 모르고 겨울밤 눈밭을 밤새도록 걸어다니면서도 추운 줄 모르는 것이 연인이다. 사랑하는 사람의 외모가 분명히 평범한데도 사랑하는 사람의 눈에는 마치 선녀처럼 보이는 것이다. 이게 바로 '당사자는 미혹한데 방관자는 분명히 안다(当局者迷, 傍观者清)'의 이치이다.

'初生牛犊不怕虎'가 말하는 바 역시 일종의 '情理' 중의 일이다. 젊은 청년들은 세상경험이 일천하고 아직 큰 좌절과 큰 시련을 겪어보지 않아서 인생의 어려움과 세상사의 험악함에 대하여 피부에 닿는 체험이 없기 때문에 말하고 일하는데 패기가 넘치고 걱정을 모르며 두려움이 없어서 할 말이 있으면 단도직입적으로 하여 알면 말하지 않는 것이 없고 말하면 다하지 않는 것이 없어서 조금도 감춤이 없이 자신을 상대방에게 노출시킨다. 노련하고 신중한 사람들처럼 '사람을 만나면 단지 삼 할만 말하고(见人只说三分话)' 일에 대하여는 '좋다 말도 않고 싫다 말도 안하면 누구도 나무라지 않는다(不说好, 不说坏, 谁也不见怪)'라는 처신과는 다르다. 그 '늙은 소'들은 갓태어난 송아지와 비교하여 얼마간의 유들거림이 있으나 얼마간의 용기가 부족하고 얼마간의 세상사 요리법이 있으나 얼마간의 진솔함이 부족하고 얼마간의 성숙함이 있으나 얼마간의 귀여움이 없다. '初生牛犊不怕虎'는 일종의 적극권장하여야 할 정신이다.

'情理'는 통상적인 이치로서 모든 사람이 인정하는 일반적 이치이나 반드시 진리인 것은 아니다. 예를 들면, '家家都有难唱曲'(家家都有难念的经이라고도 함)이 말하는 바는 일종의 '情理' 중의 일이다. 이는 단지 대체적인 개괄로서 대부분의 경우 사실에 부합되나 반드시 '어디에 내놓아도 적용되는(放之四海而皆准)' 것은 아니다. '病急乱投医', '三个和尚没水吃', '贵人多忘事', '皇帝的女儿不愁嫁' 등은 모두 이렇다고 간주할 수 있다.

3. 변하는 이치(变理)

不怕一万, 就怕万一(만에 하나가 무서운 법이다)

大智若愚(큰 지혜는 어리석은 것 같다)

水至清则无鱼, 人至察则无徒(물이 지나치게 맑으면 고기가 없고 사람이 너무 살피면 무리가 없다)

物极必反(사물이 극에 달하면 되돌아 간다)

吃亏就是福(손해보는게 복이다)

乐极生悲, 否极泰来(기쁨이 다하면 슬픔이 오고, 나쁜 것이 극에 달하면 좋은 것이 오는 법이다)

塞翁失马, 焉知非福(불행을 만나도 그것이 전화위복이 될 수 있다)

祸福相倚(화와 복은 서로 의지한다)

失败是成功之母(실패는 성공의 어머니이다)

사물은 끊임없이 변하는 것이다. 사물이 변하는 방향은 두 가지이다. 좋은 방향 혹은 나쁜 방향 둘 중 하나인 것이다. 이것이 바로 사물변화의 양면성 즉 우리가 말하는 '변하는 이치(变理)'이다. 이 이치에 따라 어떤 이들은 아무리 나쁜 일을 만나도 항상 긍정적으로 생각을 한다. 예를 들면, 자전거를 도둑맞으면 '이거 잘된 일이야. 묵은 것이 가지 않으면 새로운 것이 오지 않지(这是一件好事嘛! 旧的不去, 新的不来)'라고 말할 것이며, 돈을 사기당하고는 '이거 잘된 일이야. 한 번 좌절을 겪으면 지혜로워지지(这是一件好事嘛! 吃一堑, 长一智)'라고 말할 것이다. 정책결정의 오류로 기업이 파산하였는데도 '괜찮아, 학비 낸 셈 치지(没关系, 只当交学费了)'라고 말할 것이다. 이러한 맹목적인 낙관주의가 초래하는 부정적 영향은 늘 자기의 실패를 변호하기 위하여 또는 자기의 선견지명이 없었음을 방어하기 위하여 변명을 하고 현실을 도피한다. 어떤 의미에서 보면 '旧的不去, 新的不来', '吃一堑, 长一智'는 조금도 틀리게 말한 것이 아니다. '变理'를 나타내는 숙어는 모두 사람들이 실천 중에서 얻은 인식이고 이런 인식은 심오하다. 그것은 사물발전 변화의 본질적 특징을 파악한 것이고 그것은 지혜의 산물이라고 할 수 있다. '塞翁失马, 焉知非

福', '失败是成功之母', '祸福相倚', '水至清则无鱼, 人至察则无徒' 등은 얼마나 정밀하게 말하였고 얼마나 哲理가 넘치는가? 이는 가장 소박한 변증법이다. 이러한 숙어들은 가히 지당한 명언이라 하겠다.

4. 항구적 이치(恒理)

上山容易下山难(산을 오르기는 쉬워도 내려오기는 어렵다)

看起来容易做起来难(보기에는 쉬워도 하기에는 어렵다)

知难行易(아는 것은 어렵고 행하기는 쉽다)

世上无难事, 只怕有心人(세상에는 어려운 일이 없는데 다만 뜻있는 사람이 무섭다)

黄金易得, 知己难寻(금은 얻기 쉬워도 지기는 얻기 어렵다)

江山易改, 本性难移(강산은 바뀌어도 본성은 바꾸기 어렵다)

明枪易躲, 暗箭难防(보이는 곳에서 오는 창은 피하기 쉬워도 숨어 쏘는 화살은 막기 어렵다)

'어려운 것'과 '쉬운 것'은 마치 일란성 쌍둥이처럼 어느 한쪽이 없다면 다른 한쪽이 존재할 수 없다. 老子는 '아름다움과 악, 선과 불선, 유와 무, 길고 짧음, 높고 낮음, 앞과 뒤는 서로 뗄레야 뗄 수 없으며 이는 항구적인 이치이다'라고 말했다.

이런 항구적인 이치는 널리 퍼지어 생활의 각 분야에서 흔히 찾아볼 수 있다. '上山容易下山难', '看起来容易做起来难', '江山易改, 本性难移'는 난이(难

易)의 사변적 서술이고, '寸은 긴 것이 있고, 尺은 짧은 것이 있다(寸有所长, 尺有所短)'는 장단(长短)의 사변적 서술이며, '양자강의 뒷 물결은 앞 물결을 밀고, 세상의 새 사람은 묵은 사람을 바꾼다(长江后浪推前浪, 世上新人换旧人)'은 신구(新旧)의 사변적 서술이다.

五. 숙어에 나타난 양생(养生)관념

중국인들은 전통적으로 '양생'과 '보건'을 중시해왔다. 고대의 단약조제를 포함한 각양각색의 수련술의 목적 또한 양생과 보건에 있다. 물론 또한 큰 도를 수련하는 사람도 있어서 불로장생을 구하는 것 외에 또한 오통(五通 : 肉眼通，天眼通，慧眼通，法眼通，佛眼通)에 달하여，우주의 심오한 비밀에 깊이 스며들어 천지와 함께 시작하고 끝나겠다고 한다. 오늘날, 기공은 또한 전국적으로 널리 유행하고 있고, 갈수록 기공의 신도가 늘어나고 있는데 이 또한 병을 물리치고 양생을 위한 것이다. 건강과 장수를 추구하는 것은 많은 이들의 공통된 염원이다. 그러므로 건강과 장수에 대한 관념은 여러 시대에 걸쳐 형성되어 왔으며 자자손손 전해 내려와서 오늘날에는 이미 많은 사람들의 확고부동한 신념이 되었다. 많은 고대의 기공 전적, 의학 전적도 끊임없이 발굴되고 증명되어 결과적으로 갈수록 많은 사람들이 믿게 되었는데 중국의 전통의학에는 서양의학이 못 미치는 영역이 있다. 특히 중의(中医)의 '상대적 보완치료'의 이론은 양의의 머리 아프면 머리를 치료하고 발이 아프면 발을 치료하는 방법보다 훨씬 훌륭하다.

오래된 기공과 중의가 병행된 것으로 또한 민간에 유행하는 양생양방이 있다. 그것들은 더욱 소박하고 더욱 직접적이고 더욱 간편하고 수월하기 때문에 백성들 사이에 단단한 기초가 있다. 숙어에 반영된 양생의 비결은 민간 신앙 즉 민간요법에 속한다고 볼 수 있다. 이중 상당수가 의학적으로 근거가 있는 것이어서 현대 의학의 뒷받침을 받는다.

1. 음식

少吃香, 多吃伤(적게 먹으면 맛있고 많이 먹으면 병이 된다)

少吃多得味，多吃活受罪(적게 먹으면 맛을 많이 즐기고 많이 먹으면 생고생이다)

桃养人，杏伤人，李子树下抬死人(복숭아는 사람을 키우고, 살구는 사람을 해치며, 오얏나무 아래 죽은 사람을 옮긴다)

冬吃萝卡夏吃姜，不用医生开药方(겨울에 무우를 먹고 여름에 생강을 먹으면 의사가 약처방 쓰는게 필요없다.)

原汤化原食(국수, 만두 등을 먹고 삶은 국물을 마시다)

药补不如食补(약이 음식만 못하다)

食后不可怒，怒后不可食(식후에 화내서는 안되고, 화낸 후에 먹어서는 안 된다)

食无求饱，居无求安(먹는 데 배부르려 하지 말고 기거하는데 편안함을 구하지 마라)

病从口入(병은 입을 통해 들어간다)

'백성은 먹는 것을 하늘로 삼는다(民以食为天)'라고 했다. 그러므로 중국인의 '양생관념'에 있어서 첫째 자리를 차지하는 것은 먹는 것이다. '병은 입으로 들어가고 화는 입에서 나온다(病从口入, 祸从口出)'라는 숙어에서 알 수 있듯이 먹는 것은 상당히 중요한 것이다. 병이 나면 의원을 찾기보다는 우선 식이요법을 통해 병을 치료하고자 했다. 많은 이들이 '약으로 보신함이 음식으로 보신함만 못하다(药补不如食补)', '약이라면 삼 할은 독이다(是药三分毒)'라고 믿었던 것이다. 이러한 양생격언은 어느 정도 중국인의 양생관념을 대표하였다. 예를 들면 '少吃香, 多吃伤', '少吃多得味 , 多吃活受罪' 등은 폭음 폭식을 경계하였다. 하루 세 끼의 장만에 대한 중국인의 관념은 '아침은 잘 먹고, 점심은 배불리 먹고, 저녁은 적게 먹는다(早吃好, 午吃饱, 晚吃少)'인데 이는 중국인의 생활방식과 활동 휴식 시간표와 연결되는 것이다. 중국은 농경사회이어서 '일출하면 일하고 일몰하면 휴식하였다(日出而作, 日入而息)' 그리하여 하루의 힘과 열량은 모두 아침 이 한 끼에 비축하였다. '하루의 계획은 새벽에 있다(一日之计在于晨)'라고 하듯이 아침밥 후에는 힘겨운 신체노동이었다. 점심밥 이 한 끼는 배불리 먹어야 했다. 왜냐하면 오후의 노동도 가볍지 않았기 때문이다. 저녁이 되면 해가 떨어지고 새들도 둥지로 돌아가듯이 하루 종일 노동했던 사람들도 귀가하는데, 저녁에는 어떤 밤문화가 없으니 저녁밥을 먹으면 바로 잤다. 그래서 저녁밥은 짠지에 두 작은 공기의 멀건 죽을 먹는 식으로 적게 먹었다.

일반인들은 모든 과일의 약성과 효능에 대하여 잘 모르나 그래도 민간에는 '桃养人 , 杏伤人 , 李子树下抬死人'와 같은 말이 있는데 근거가 있는지는 불확실하나 사람들은 믿는 경향이 있어서 살구와 오얏을 먹을 때 상당히 절제를 한다.

2. 정욕(情欲)

喜伤心, 怒伤肝, 忧伤脾, 思伤神, 劳伤身(지나친 기쁨은 마음을 상하게 하고, 분노는 간을 상하게 한다. 걱정은 비장에 해롭고 고민을 많이 하면 정신건강에 해로우며 노동을 많이 하면 육체 건강에 해롭다)

多沐浴, 少情欲(목욕을 많이 하고 정욕을 절제하라)

笑一笑, 十年少; 愁一愁, 白了头(한번 웃으면 10년은 젊어지고 한번 찡그리면 머리가 세게한다)

중국어 성어에 '칠정육욕(七情六欲)'의 표현이 있는데 과연 무엇이 '칠정(七情)'이고 , 무엇이 '육욕(六欲)'인가? 유파에 따라 견해의 차이가 있다. 먼저 '칠정(七情)'을 말하면 유가(儒家)에서는 '희(喜), 노(怒), 애(哀), 구(惧), 애(爱), 오(恶), 욕(欲)'을 가리키고, 불가(佛家)에서는 '희(喜), 노(怒), 우(忧), 구(惧), 애(爱), 증(憎), 욕(欲)'을 가리키고, 의가(医家)에서는 '희(喜), 怒(노), 우(忧), 은(恩), 비(悲), 공(恐), 경(惊)'을 가리킨다. 각 유파에서 가리키는 바는 차이가 있음을 알 수 있다. '육욕(六欲)'도 마찬가지로 각 유파의 해석에 차이가 있다. 예를 들면 고유(高诱)가 《吕氏春秋·贵生》을 주석할 때 '육욕(六欲)'을 '생사이목구비지욕(生死耳目口鼻之欲)'이라 이해하였고 , 불가(佛家)의 '육욕(六欲)'은 '色欲, 形貌欲, 威仪姿态欲, 言语音声欲, 细滑欲, 人想欲'을 가리킨다. 오늘날 우리가 말하는 '七情六欲'은 이미 일반화되어 사람들의 각종 정욕(情欲)을 가리킨다. 중국인들은 일찍부터 사람의 지나친 정욕이 건강에 영향을 미친다는 것을 깨달았다. 그래서 양생에 대한 중국인들의 중요한 견해 중 하나가 바로 '多沐浴, 少情欲'이다. 또한 중국인들은 '喜伤心, 怒伤肝, 忧

伤脾, 思伤神, 劳伤身'이라고 생각했기 때문에 할 수 있는 한 '희노우사로(喜怒忧思劳)'를 피해야만 건강 장수할 수 있다고 생각했다. 평소에 정서는 낙관적이어야 하고 비관적이어서는 안된다. '笑一笑, 十年少; 愁一愁, 白了头'라는 숙어가 바로 이런 의미이다.

3. 물리요법(理疗)

洗头洗脚, 强如吃药(머리와 발을 자주 씻으면 약을 먹는 것보다 낫다)

식이 요법에 유의하고 정욕을 절제하는 이외에 물리적 보건도 좋은 방법의 하나이다. 중국의 전통적인 물리보건술로는 안마, 목욕, 침구 등이 있다. 숙어 중의 '洗头洗脚, 强如吃药'의 의미 또한 목욕이 약보다 낫다는 뜻이다.

4. 계절

冬吃罗卜夏吃姜(겨울에는 무우를 여름에는 생강을 먹는다)

春捂秋冻(봄에는 두껍게 입고, 가을에는 얇게 입는 것이 몸에 좋다)

腊七腊八, 冻掉下巴(섣달 7일 8일 추운 날씨에 턱이 얼어버린다)

三九四九, 打骂不走(동지후 세네번째 9일의 추운 날씨에 때리고 욕해도 안 움직인다)

'冬吃罗卜夏吃姜'은 계절에 따른 먹는 것, '春捂秋冻'은 계절에 따른 입는 것을 말하고 '三九四九 , 打骂不走'는 행위를 말한다. 절기의 변화에 주의하는 것 역시 보건양생의 한 중요한 내용이다. 계절에 따라 다른 약선(药膳)으로 기를 보충하고 다양한 과실을 먹고 각각 다른 의복을 입어야 한다는 것이다. 어떤 의사도 좋은 의사라면 일 년 중 사계절의 변화에 따라 처방전을 작성한다는 것을 알고 하루 중에도 시간에 따라 치료방안을 바꾸어야 한다. 중의(中医)를 믿는 중국인이라면 양생활동 중 보신용 약은 계절에 따라 사용하여야 한다.

5. 약용음식(©药饵)

吃药不忌嘴, 大夫跑断腿(약 먹으며 음식을 가리지 않으면 의사가 바쁘게 된다)

十个大夫九当归(열 의사에 아홉은 당귀를 쓴다)

良药苦口利于病(좋은 약은 입에는 쓰나 병에 이롭다)

음식, 물리적 치료 방법, 금욕, 계절 변화에 대한 주의 외에 약용식품 양생 또한 꼭 필요한 것이다. 남방에서 유행하는 '약선(药膳)'이란 것은 바로 약용식품 양생의 두드러진 예이다. 북방에서는 병이 없으면 일반적으로 약을 먹지 않아서 '약보(药补)'에 대한 숙어는 그다지 많지 않다. 다들 '良药苦口利于病'이라는 것을 알고는 있으나 가장 좋은 양생법은 역시 신체단련으로서 사전에 예방하여 병에 걸리지 않기이다.

6. 운동

饭后百步走, 能活九十九(식후에 백보를 걸으면 99세까지 살 수 있다)

冷练三九，热练三伏(겨울 혹한기에 단련하고 여름 혹서기에도 단련한다. 엄동, 폭염 가리지 않고 단련하다)

流水不腐，户枢不蠹(흐르는 물은 썩지 않고 여닫는 문지도리는 좀먹지 않는다)

중국어에 신체단련에 관한 숙어는 많지 않다. 전문적으로 '功夫'를 단련하는 사람들이 '冷练三九，热练三伏'하는 외에 일반인들은 거의 어떤 특별한 운동을 하지 않았다. 유일하게 보편적인 운동은 산보로서 '饭后百步走, 能活九十九'라는 숙어는 현대 의학의 각도에서 볼 때 과학적이지 못하다고 여겨질 수도 있다. 현대 서양 의학에서는 식사 후 적어도 30분 정도는 누워서 위장이 충분히 휴식을 취해야 위액의 분비에 유리하여 위의 운동력을 촉진한다고 한다. 만약 식후 즉시 운동을 한다면 위가 인력의 영향으로 아래로 처져서 기간이 길어지면 위하수를 야기할 것이다. '흐르는 물은 썩지 않고 문지도리는 좀먹지 않는다(流水不腐, 户枢不蠹)'는 옛 격언인데 양생비결을 설명하는데 매우 적합하다. 오늘날 우리가 말하는 '생명은 운동에 달려 있다(生命在于运动)'이라는 말도 이 의미이다.

7. 휴식

早睡早起身体好(일찍 자고 일찍 일어나는 것이 건강에 좋다)

早起早眠, 益寿延年(일찍 일어나고 일찍 자면 장수한다)

睡觉不蒙头, 活到九十九(자며 머리를 뒤집어쓰지 않으면 아흔아홉까지 산다)

食不语, 寝不言(먹으며 말하지 않고 자면서도 말하지 않는다)

활동과 휴식의 합리적인 시간배정 또한 양생의 일부분이다. 앞에서 말했듯이 중국은 농업 위주의 국가로서 '일출하면 일하고 일몰하면 휴식(日出而作, 日入而息)'하기 때문에 일찍 자고 일찍 일어나는 습관을 양성하여, 줄곧 '早睡早起身体好', '早起早眠, 益寿延年'이라 여겼다. 자제력이 있고 근면 성실하여 양생의 도를 깨달은 중국인들은 중국인의 전통 습관에 따라 활동과 휴식 시간을 배정할 줄 알아서 '동이 트면 바로 일어나서 물 뿌리고 마당을 청소(黎明即起, 洒扫庭除)'하였지 결코 해가 중천에 떴는데도 누워있지 않았다. '黎明即起, 洒扫庭除'는 이중의 장점이 있다. 하나는 '早起早眠, 益寿延年'의 옛교훈에 부합되고 하나는 근육과 골격을 움직이고 신선한 공기를 마시어 건강에는 의심의 여지없이 매우 큰 도움이 된다.

활동과 휴식 시간을 잘 배정하는 것 외에 수면에도 주의사항이 있는데, '睡觉不蒙头 , 活到九十九', '食不语 , 寝不言'가 말하는 바 역시 건강에 도움이 되는 것이다.

제 3절 숙어에 나타난 가치관

중국 봉건사회의 역사는 매우 길다. 비록 여러 차례 왕조가 바뀌었으나 봉건 사회의 가치관은 변하지 않았으며 이것이 바로 중국 봉건사회가 지극히 안정적으로 완만하게 전진할 수 있었던 원인 중의 하나이다. 신해혁명 당시 중국의 마지막 봉건왕조가 무너졌고 자산계급공화국을 세웠다. 그러나 어떤 의미에서 볼 때 이는 여전히 왕조가 바뀐 것일 뿐 봉건사회의 심층구조는 결코 크게 변하지 않았다. 1949년 중화인민공화국이 탄생되었고 중국 사회는 완전히 새로운 면모로 세상 사람들 앞에 나타났고 50, 60, 70년대의 여러 차례 정치적 운동의 폭풍우 같은 격변의 세례를 거치면서 중국 사회는 엄청난 변화를 겪었고 중국의 사회구조에는 천지가 뒤집히는 변화가 발생하였다. 사람들의 사상의식에도 세상이 뒤집히는 변화가 발생하였다. 그러나 감추지 않고 얘기하면 사람들의 뇌리에 뿌리 깊게 박혀있는 것은 일조일석에 변화시킬 수 없는 것이다.

숙어는 정보 및 문화 전달 매체로서 대중들의 마음 속 사전 중에 자리잡고 있다. 숙어는 때로 사람들에게 인생의 도로표지나 나침반 역할을 하므로 숙어는 완전히 어느 한 측면에서 대중들의 심리를 반영하고 또 어느 한 측면에서 전 사회의 가치관을 반영하고 있다고 볼 수 있다. 사회의 가치관념은 대중의 심리와 부합하기 때문이다.

사회적 가치관념은 역사성이 있으므로 영원불변한 개념이 아니다. 동시에 그것은 연속성을 가지고 있어서 계승과 발전을 병행하는 것이다. 그러나 숙어가 반영하고 있는 사회적 가치관념은 대부분 전통적 의미를 갖는 것이다. 왜냐하면 숙어 자체가 전통에서 떼어낼 수 없는 일부분이기 때문이다.

一. 육친(六亲)

'六亲不认(육친도 마다하다)'이라는 성어가 있다. 그 뜻은 어떤 일을 함에 있어서 의지가 결연하여 친분을 따지지 않음을 형용하는데, 이 말은 때로는 긍정적 의미이어서 공평무사함에 대한 찬양이고, 때로는 부정적 의미이어서 무정함에 대한 책망과 원망이다. 포청천(包青天)이 조카 포면(包勉)을 작두형에 처했는데 백성들은 그가 육친도 마다하였음을 칭송하였고 그의 형수는 그가 육친도 마다하였다고 욕하였다.

소위 육친(六亲)이란 부모형제처자(父母兄弟妻子)를 가리킨다. 그러나 오늘날에는 그냥 친척의 개념으로 많이 쓰이며 심지어는 친구까지도 포함시키기도 한다. 중국적 가치기준으로 볼 때 친척, 옛 친구의 무게는 매우 무거운 것이다. 중국은 개인의 정이 풍부한 사회이어서 좋은 점은 개인은 언제나 사회집단과 연결되어 있어서 개인은 언제나 하나의 커다란 가족적인 분위기가 농후한 가운데 생활하여 어떤 의미에서 보면 사람들은 다소의 안전감을 느낄 것이란 점이다. 나쁜 점은 인정이 인치를 야기하여 심지어는 인정(人情)이 법규보다 상위에 있게 되어 사람들의 법제 관념이 희박해져서 국가 법률을 관장하는 사람이 정실에 얽매여 법을 곡해하는 일이 빈번히 발생하여 법치 확립이 어렵다는 점이다. 가치관을 논할 때 결코 사회, 역사라는 이러한 큰 배경을 떠날 수 없다.

1. 가족과 친지의 정(©亲情)

亲不亲，故乡人(친하건 친하지 않건 고향사람이다)

远亲不如近邻(가까운 이웃이 먼 친척보다 낫다)

姑表亲，是真亲，打断骨头连着筋(고종사촌은 참 친척이고, 뼈는 부러져도 힘줄이 붙어 있다)

兄弟如手足(형제는 수족과 같다)

亲不过父母，近不过夫妻(친하기는 부모가 제일이고 가깝기는 부부간이다)

'가족과 친지의 정(©亲情)'이라는 것은 혈연관계가 있는 사람들끼리의 감정을 가리킨다. 그러나 넓게 보면 지연관계에 의해 결정된 사람과 사람과의 감정 또한 여기에 포함시킬 수 있다. '兄弟如手足', '姑表亲，是真亲，打断骨头连着筋' 두 문장이 말하는 것은 혈연관계이고, '亲不亲，故乡人', '远亲不如近邻'이 말하는 것은 지연관계이다. 혈연관계로 결정된 사람과 사람간의 감정은 '피는 물보다 진하다(血浓于水)'는 감정으로 일종의 천연의 친한 정이다. 이런 정은 인력으로 끊을 수 없는 것으로 일단 파열되면 당사자에게는 커다란 정신적 상해가 되고 관계가 가까울수록 피해가 크다. 중국인들은 조심스럽게 이런 관계를 유지하며 매우 중시한다. 지연 관계는 한 지역을 중심으로 하는 사람과 사람 사이의 관계를 나타내는 것이다. '동향인을 만나면 두 눈에 눈물이 그렁거린다(老乡见老乡, 两眼漏汪汪)'. 이런 사람들은 공통된 인문 배경을 가지고 있으며, 익숙한 방언과 익숙한 예절은 일종의 친밀감을 주고 사람에게 편하고 안전한 느낌을 준다. 그러므로 중국인들에게 '고향을 등지고 떠난다(离乡背井)'는 것, 익숙한 지역을 떠나 낯선 땅으로 간다는 것은 비참한 일이라 할 것이다. 자기가 익숙한 토지, 익숙한 사람들, 익숙한 자기의 집터를 떠나서 타관을 떠돌게 되면 너무나 많은 미지수 앞에서 초조와 불안을 느낄 것이다. 그러므로 중국인들은 '가난한 집이라도 버리기 어렵고 고향은 떠나기 어렵다(穷家难舍, 热土难离)'라는 정서가 있어서 어쩔 수 없는 상황이 아니면 결코 집시처럼 고향을 떠나 외지를 유랑하지 않았다. 어떤 의미에서 보면 가족과 친지의 정은 나쁜 일이 아니다. 가까운 사람끼리 화목하고 친밀하게 지내는 것이 좋은 일이 아니겠는가? 한 가정에서 부모와 자식 간에 정이 깊고 형제간에 우애가 깊으며 부부간에 화목하다면 행복한 삶을 영위할 수 있을 것이다. 마찬가지로 한 국가에 있어서 신하들이 법을 지키고 관리들이 청렴하며 각자 자기의 분수를 지킨다면 그리고 군신간의 관계가 양호하다면 이 또한 그 나라의 복이라 할 수 있으며 이것이 바로 순리인 것이다.

2. 가족과 친구의 힘(◎亲力)

打仗亲兄弟，上阵父子兵(전쟁에는 친형제요, 전투에 임하면 아버지와 아들의 병력이다. 즉 생사를 걸 때 믿을 것은 부모형제이다)

亲帮亲, 邻帮邻(가족끼리 서로 돕고 이웃끼리 서로 돕다)

亲望亲好，邻望邻好(친척 친지가 보니 친척 친지가 좋고, 이웃이 보니 이웃이 좋다)

亲向亲，故向故(친한 이는 친한 이를 향하고 오랜 관계는 오랜 관계를 향한다)

一人得道, 鸡犬升天(가족 중 한 사람이 출세하면 온 식구가 덕을 본다)

왜 사람들은 이렇게 '가족과 친지의 정(亲情)'을 이렇게 중시하나? 왜냐하면 그것은 일종의 힘이기 때문이다. 이런 힘은 사람의 힘을 한 곳에 단결시켜 일종의 집단의 힘을 형성하여 개인의 힘보다 훨씬 강한 힘이 된다. 어떠한 개인의 힘도 이런 집단의 힘 앞에 머리를 숙여야 하므로 그것은 장엄하고 으리으리하며 당당하여 그것의 존재로 집단을 위해 이익을 취할 수 있다. '打仗亲兄弟，上阵父子兵'의 의미는 전쟁에서는 친형제의 도움을 받아야 하고, 전장에서는 부모자식의 군대에 힘입어 적진을 돌파하고 진지를 무너뜨린다 즉 생사의 고비에 가장 미다운 것은 자신의 가족과 친지(亲人)이다. 중국 과거의 '子弟兵'은 바로 '가족과 친지의 힘(亲力)'에 의존하여 조직한 군대로서 전쟁에서는 용맹하기 짝이 없었다. '亲帮亲, 邻帮邻', '亲望亲好，邻望邻好', '亲向亲，故向故'은 보편적으로 받아들여지는 가치관념이다. '한 사람이 득도하면 개와 닭도 하늘로 오른다(一人得道, 鸡犬升天)'이나 '조정에 아는 사람이 있으면 벼슬하기 쉽다(朝中有人好做官)' 등도 흔히 볼 수 있는 현상이었다. 이는 사실 정당하지 못한 일일 수도 있지만 사람들의 인식 속에서 이는 결코 얼굴을 못들 일이 아니었다. 심지어 이런 부정행위를 자랑스럽게 여기거나 부러워하기도 했다.

3. 친소(亲疎)

> 亲有远近, 亲有内外(가족, 친지간에도 멀고 가까움이 있고 내외 구별이 있다)
>
> 亲者割之不断, 疏者续之不坚(친한 사람은 잘라도 끊어지지 않고 소원한 사람은 이어도 굳지 못하다)
>
> 疏不间亲, 后不僭先(관계가 먼 사람은 친한 사람의 일에 끼이지 않고 뒷사람은 앞사람을 앞지르지 않는다)

가족과 친지의 정(亲情)이 일종의 중요한 인생내용이라면 멀고 가까움, 내외를 구별하는 것은 매우 흥미로운 일이다. 친하고 소원함, 멀고 가까움, 내외에 구분이 있어서 사람에 따라 같지 않은 태도를 취한다. '亲有远近, 亲有内外'에 따라 원근, 친소, 내외를 구분하는 것은 예의의 범주에 속한다.

중국어의 호칭에서 관계의 멀고 가까움, 내외는 분명하게 구분한다. 중국어에서 '内亲'과 '外亲'은 구분하는데 内亲, 外亲의 지위는 다르고 男亲과 女亲의 지위도 다른 것이다. 제 3대의 혈족을 예로 들면, 중국어에서는 친손자는 '孙'이고 외손자는 '外孙'이다. 영어에서는 손자를 모두 grandson이다. 또,

부친의 형제자매에서 남성은 장유를 구분하여 부친보다 연장이면 '伯'라 부르고 부친보다 연하이면 '叔'라 부르는데, 여성은 장유를 구분하지 않고 모두 '姑'라 부른다. 종법사회의 가장 두드러진 표지는 장유유서와 내외유별이다. 개인의 언행은 반드시 종법사회의 예에 적합해야 한다. 그래야만 사회적 공감을 받을 수 있다. 인간 관계의 처리는 곧 친숙하고 소원함, 내외를 구별하는 것에서부터 출발하는 것이다. 중국사회에는 '疏不间亲, 后不僭先'과 같은 약간의 인간관계의 준칙이 있다.

二. 오상(五常)

'삼강오상(三纲五常)'은 유교가 제창했던 봉건 예교(礼教)이다. 삼강(三纲)은 군위신강(君为臣纲), 부위자강(父为子纲), 부위부강(夫为妇纲)이며, 오상(五常)은 다섯 가지 도덕적 기준 즉 '인의예지신(仁义礼智信)'을 말한다. 유가 경전 «十三经»에 '인의예지신'이 매우 자주 등장한다. 또한 많은 유학자는 일찍이 여러 각도에서 '五常'을 연구한 바 있다. 무엇이 '인'이고 무엇이 '의'인지 등 '인의예지신'을 각각 한마디로 정의하기는 매우 어렵다. 그러나 «礼记»에 '인의예지신'이 여러 차례 언급되어 있으므로 이를 연구하기 위해서는 «礼记»를 참고하면 많은 도움이 될 것이다.

«十三经»에 나타난 '인의예지신'의 빈도수를 표로 나타내면 다음과 같다.

十三经/五常	仁	义	礼	智	信
周易	8	31	9	0	15
尚书	5	18	13	2	11
毛诗	5	2	7	1	16
周礼	3	3	77	0	13
仪礼	1	5	112	0	1
礼记	66	117	309	3	51
左传	30	80	321	0	127
公羊传	6	21	39	2	7
穀梁传	8	34	51	1	13
论语	59	20	43	0	32
孝经	0	5	4	0	0
尔雅	1	0	2	3	3
孟子	73	55	39	18	21
总计	265	391	1026	30	310

고대 중국의 지식인들은 모두 «十三经»을 공부했다. 그러므로 그들은 '오상'의 정신적 의미에 대해 잘 알고 있었을 뿐만 아니라 각각의 구절들을 외우고 있었다.

1. 인(仁)

仁者见仁, 智者见智(성자의 눈에는 성자만 보인다)

仁言利博(인자한 말은 이로움이 너르다)

黄金不为贵, 仁义値千金(황금은 귀하지 않고 인의는 천금의 가치가 있다)

杀身成仁(살신성인하다)

当仁不让(옳은 일은 사양하지 않는다)

'인(仁)'이란 무엇인가? '仁이란 것은 사람을 사랑함(仁者爱人)'으로, '인'은 자주 '애(爱)'와 연용되고 '仁爱'의 마음은 자비롭고 선량한 마음이며 인간 세상에 사랑의 마음이 충만함이다. '인(仁)'은 또한 자주 '의(义)'와 연용되는데 '인이란 것은 义의 뿌리이고 顺의 몸이고 얻는 이가 존귀하다(仁者，义之本也，顺之体也，得之者尊(«礼记·礼运第九»)'. '인의(仁义)'는 사람됨이 선을 좋아하고 베푸는 것을 즐기는 것을 가리킨다. '가난을 구제하는 것이 인(仁)이고, 베푸는 것을 좋아하는 것이 의(义)이다(恤贫者仁，乐施者义)'(明·无名氏«冯京三元记·团圆»)。'인(仁)이란 사람이고, 도(道)란 义이다(仁者人也，道者义也)'(«礼记·中庸第三十一»). '인(仁)'이란 사람과 사람 사의의 관계를 말한다. '사람의 군주로서 인(仁)에서 멈추어야 하며 사람의 신하로서 경(敬)에서 멈추어야 하며 사람의 아들로서 효(孝)에서 멈춰야 하며 사람의 아비로서 자(慈)에서 멈춰야 하고 나라의 사람과 교류함에 신(信)에서 멈춰야 한다. (为人君, 止于仁; 为人臣, 止于敬; 为人子, 止于孝; 为人父, 止于慈; 与国人交, 止于信)'(«礼记·大学第四十二»). 여기에서는 여러 가지 관계를 말하였다. 즉 임금으로서는 '인'이 추구의 목표이어야 하고, 신하로서는 임금에 대한 공경이 추구의 목표이어야 하고, 자식으로서는 효도가 추구의 목표이어야 하고, 아비로서는 자비가 추구의 목표이어야 하고, 나라의 사람들과 서로 사귐에 있어서는 신용이 추구의 목표이어야 한다. 이로부터 오상 중의 '인의례지신(仁义礼智信)'은 전체가 하나이며 그중에서도 인은 이 전체의 근본이고 최고의 기준으로서 일반인으로서는 행하기가 어렵다. 그래서 공자는 '인(仁)은 이루기 어려움이 오래 되어 군자만이 할 수 있다(仁之难成久矣，惟君子能之)'고 말했다(«礼记·表记第三十二»). 성어에 '어진 사람은 산을 좋아하고 지혜로운 사람은 물을 좋아한다(仁者乐山，智者乐水)'라는 말이 있는데, 어진 사람은 마음이 선량하여 듬직하고 묵직한 것이 큰 산의 성격을 닮아서 어진 사람은 산을 좋아한다. 그런데 지혜로운 사람은 총명하고 변화가 많아서 '일하기는 민첩하나 언사는 신중하다(敏于事而慎于言).' 이는 물의 성격을 닮아서 지혜로운 사람은 물을 좋아한다. 성어에는 '仁言利博'라는 말도 있는데 인자하고 덕이 있는 언사는 많은 사람에게 이득을 가져다준다. 민간에는 또 '黄金不为贵，仁义值千金'라는 말이 있는데 인의는 대단히 진귀한 것임을 이른다. 자애로우면서고 지조가 있는 사람은 필요한 때에는 '살신성인하고 몸을 던져 의를 취하지(杀身成仁, 舍身取义)' 결코 구차하게 살지 않는다. 인과 의의 힘이 매우 큼을 알 수 있다. 그것은 일종의 이상이고 신앙이어서 이 이상을 실현하고 이 신앙을 지키기 위하여 죽음도 불사하였던 것이다.

비록 몇 개의 숙어만으로 '인'의 본질을 파악할 수는 없지만 이들 숙어를 통해 어느 정도 '인'의 내용을 알 수 있는 것이다.

2. 의(义)

君子重义, 小人重利(군자는 의를 중시하고 소인배는 이익을 중시한다)

捨生取义(목숨을 버려 의를 취하다)

义不辞难(의를 위하여 위난을 마다하지 않다)

义无返顾(의를 행함에 뒤돌아보지 않다)

义不取容(의를 행함에 남의 비위를 맞추지 않다)

무엇이 '의(义)'인가? 유교에는 이른 바 '십의(十义)'가 있다. 즉 부자(父慈), 자효(子孝), 형량(兄良), 제제(弟悌), 부의(夫义), 부청(妇听), 장혜(长惠), 유순(幼顺), 군인(君仁), 신충(臣忠)이 그것이다. 의(义)는 정의(正义), 도의(道义), 협의(侠义), 의무, 의리 등의 의미를 포함한다. 의(义)는 또한 일종의 구속력을 갖는다. 정의로운 일을 위해 행하는 모든 것은 의(义)라고 부를 수 있다. 의(义)는 또한 예(礼)와 떨레야 뗄 수 없는 관계를 가지고 있다. 예(礼)는 의(义)의 구체화된 표현이라 할 수 있다.

숙어에 '君子重义, 小人重利'라는 말이 있는데 '君子喻于义， 小人喻于利'라고도 한다. 군자는 이치를 들어 설득하는 것이 가능하다. 왜냐하면 군자는 대의(大义)가 무엇인지 알기 때문이다. 그러나 소인은 반드시 이해관계를 통해 설득해야만 한다. 왜냐하면 소인은 자기에게 이(利)가 되는 것 밖에 모르기 때문이다. 사람들은 종종 소인은 '이(利)를 위해 의(义)를 져버리기(见利忘义)' 하는 사람 혹은 '은혜를 잊고 의(义)를 져버리기(忘恩负义)' 하는 사람이라고 한다. 그러므로 우리는 소인에게 '의를 위해 용감하게 행동하기(见义勇为)'를 요구할 수 없는 것이다. 소인은 '이익이 되는 일이 없으면 움직이지 않기(无利不起早)' 하는 사람이다. 다시 말해 자기에게 돌아오는 이익이 없으면 결코 아무 것도 하지 않는 사람이다. 그러나 군자는 의(义)를 위해서 용감하게 행동하며 '길을 지나다 불의한 일을 보면 칼을 뽑아 돕기(路见不平, 拔刀相助)' 하는 사람이다. 만약 이런 군자가 적다면 그 사회는 병든 사회라 할 수 있다. 의(义)는 교육을 통해서만 길러질 수 있다. 가르치지 않으면 의(义)를 알 수 없다.

3. 예(礼)

礼多人不怪(예가 많으면 남들이 탓하지 않는다)

礼轻情意重(선물은 보잘 것 없어도 정성은 가득하다)

礼尚往来(오는 정이 있으면 가는 정이 있다)

来而不往非礼也(오는 것이 있는데 가는 것이 없으면 예가 아니다)

非礼勿视, 非礼勿听, 非礼勿言, 非礼勿动(예가 아니면 보지 말고, 듣지 말고, 말하지 말고, 움직이지 말아라)

礼贤下士(현자에게 예의로 대하고 학식 있는 사람을 존경한다)

礼义生于富足, 盗窃起于贫穷(예의는 풍족에서 나오고 도둑질은 빈궁에서 나온다)

인(仁)은 마음이고 의(义)는 이치이며 예는 그 표현이다. 예(礼)는 인(仁)과 의(义)의 구체적 구현이다. 사람이 짐승과 가장 두드러지게 다른 차이는 바로 예에 따라 행동한다는 것이다. 도덕적이고 인자하고 의로우며, 세상을 구제하고, 분쟁을 해결하고, 군신의 상하관계와 부자형제관계를 확정함에 예를 근거로 삼아야 하고, 벼슬, 학문, 정치, 법의 집행, 제사 등 모든 것을 행함에 있어서도 예를 근거로 삼아야 한다. 짐승은 예가 없기 때문에 짐승인 것이다. 만약 사람도 예를 모른다면 짐승과 무슨 다를 바가 있겠는가? 성인들이 예를 제정한 목적 또한 사람에게 예를 알도록 가르치는 것이다.

礼崩乐坏　礼不亲授　礼让为国　礼奢宁俭
礼士亲贤　礼顺人情　礼无不答　礼贤远侵
礼贤下士　礼义廉耻

예(礼)는 사람됨, 처세의 기본 원칙이다. '글을 알고 예를 깨우치기(知书达礼)'는 사람이 야만을 벗어나서 문명화되어가는 표시라 할 수 있다.

고대 사회에서 예는 사회의 도덕규범이자 행동규범이었고 또한 국가 정신문명 형성의 중요한 내용이 되는 것이었으며 국가의 흥망성쇠의 기조이었다. 예의 보편화와 물질문명의 형성은 불가분의 관계를 가지고 있다. 그래서 속담에 '礼仪生于富足, 盗窃起于贫穷'이라는 말도 생겨났다. 사람이 우선 해결해야 하는 삶의 문제는 따뜻하게 입고 배불리 먹는 문제이고 이 문제가 해결된 후에야 삶의 질의 향상을 고려할 수 있었고 예교를 시행하는 문제도 논의할 수 있었다. 윗사람이 '礼贤下士'하여 지식을 중시하고 인재를 존중할 수 있다면 사회는 건전한 방향으로 발전할 것이다.

후세의 예는 형식만 중시할 뿐 예의 실질적인 내용을 중시하지 않아서 예가 사회적 도덕규범과 행동규범에서 사람과 사람의 내왕 중의 물질적 관계(물질의 수수)로 변하였는데 이는 고대의 예에서 이미 매우 큰 거리가 생긴 것이다.

오늘날 사회에서 손님 접대, 선물 증정, 결혼 예단의 전달도 상당부분 물질적 관계로 변화하게 되었는데 이는 전통적인 예의 의미가 사라진 뒤의 필연적인 결과인 것이다.

4. 지(智)

智不诈愚(지혜로운 자는 어리석은 자를 속이지 않는다)

智者千虑, 必有一失(지혜로운 사람의 천 가지 고려 중 반드시 한 번의 실수가 있다)

上智下愚(지극히 지혜로움과 지극히 우둔함)

지(智)는 지혜를 가리키는데 이는 개인의 자질문제이다. 孟子는 '측은히 여기는 마음이 인(仁)이고 수치스럽게 여기고 반성하는 마음이 의(义)이며 공경하는 마음이 예(礼)이고 시비를 가릴 줄 아는 마음이 지(智)이다 (恻隐之心, 仁也, 羞恶之心, 义也, 恭敬之心, 礼也, 是非之心, 智也)'라 했다. 노자(老子)는 '남을 아는 사람은 지혜롭고 자기를 아는 사람은 현명하다(知人者智, 自知者明)'라 했다. 다시 말해 옳고 그름과 곧고 굽음을 알고 철저하게 타인을 이해할 수 있음이 바로 지혜이다. 공자는 '오로지 지극히 지혜로움과 지극히 우둔함만이 변화가 없다(唯上智与下愚不移).'라고 하였다. 그러나 '智者千虑, 必有一失'라는 숙어에서도 알 수 있듯이 아무리 총명한 사람이라도 실수할 때가 있다.

5. 신(信)

信言不美, 美言不信(믿을 만한 말은 듣기 좋지 않고 듣기 좋은 말은 믿을만하지 못하다)

君子言而有信(군자는 말에 있어서 신용이 있어야 한다)

君子一言, 驷马难追(군자의 한 마디는 말 네 필도 쫓아가기 어렵다. 남아일언중천금이다)

仁义忠信은 하늘이 인간에게 내려준 고귀한 품성이다. 그것은 세속 사회의 작위나 봉록보다도 훨씬 더 가치가 있다. 안타깝게도 많은 사람들이 이 이치를 깨닫지 못하고 있다. '신(信)'은 사람으로서 갖추어야 할 필수 조건 중 하나이다. 공자는 '사람이 신용이 없으면 그 쓸모를 모르겠다(人而无信 , 不知其可也)'라 했다. 사람으로서 반드시 말한 바에 신용이 있어야 친구로부터 신뢰를 받을 수 있는 것이다. 그래서 '君子言而有信', '君子一言, 驷马难追'라는 숙어가 있는 것이다.

三. 사람됨

바른 사람됨은 모든 학문 중에서도 가장 어려운 학문이고 이 학문은 평생동안 배워야 할 학문이다. 이는 책을 통해서만 배우는 것이 아니라 실천을 통해서 배워야 한다. 儒家가 제창하는 仁义礼智信은 단지 사람됨의 기본 원칙을 말하였으며 진정으로 바른 사람됨을 갖추기 위해서는 몸소 체험을 통해 힘써서 실천해야 한다. 몸소 체험을 통해 힘써서 실천해야만 사람됨의 심오한 가르침을 알 수 있다. 중국인들은 사람됨의 학문을 매우 중요하게 생각하며 일생 동안 바른 사람됨을 갖기 위해 노력한다. 중국어 숙어 중 매우 많은 것은 사람됨의 이치를 풀이한 숙어이다. 그중에서도 '중용(中庸)의 도'가 가장 보편적으로 중요하게 여기는 바이다. 程子는 '치우치지 않는 것이 中이며 쉽게 바뀌지 않는 것이 庸이다. 中한 자는 천하의 정도를 아는 자이고, 庸한 자는 천하의 정해진 이치를 아는 자이다(不偏之谓中; 不易之谓庸。中者, 天下之正道。庸者, 天下之定理)'라 했다. 모든 일에 치우치지 않는 태도를 갖는다는 것은 매우 어렵다. 그러나 만약 최대 한도로 중용의 도를 지킬 수 있다면 사람됨에 있어서 성공에 가깝다 할 수 있을 것이다.

1. 궁(穷)과 달(达)

穷则独善其身, 达则兼济天下(궁한 자는 자신만을 돌아보나 달한 자는 천하를 두루 구제한다)

贫贱不能移, 富贵不能淫(가난하고 천해도 지조를 버릴 수 없고 부귀로워도 음란할 수 없다)

'궁(穷)'과 '달(达)'은 인생에 있어서 두 가지 상황을 가리킨다. '궁(穷)'은 가난하고 빈곤하고 무력한 상태를 가리키고 '달(达)'은 부유하고 풍요롭고 풍족한 상태를 말한다. 숙어는 '贫贱不能移, 富贵不能淫'라고 사람들을 가르친다. 즉 중용을 지키어 어느 쪽에 치우치지 않아서 가난하고 천하거나 부귀로워도 본성을 바꾸어서는 안된다. 물론 이는 실천하기 매우 어려워서 진실하고 순수한 사람만이 저급한 홍미에서 벗어나 중용을 지킬 수 있는 것이다. 중국의 지식인들은 대다수가 국가에 보답하고자 하는 마음이 있다. 그러나 모두에게 그런 기회가 주어지는 것은 결코 아니다. 그래서 중국인들은 '천하의 근심을 위해 근심하고 천하의 기쁨을 위해 기뻐한다(先天下之忧而忧, 后天下之乐而乐)'라 하였다. 여의치 않을 때에는 스스로의 몸을 바르게 갖고 있으며 뜻을 펼 수 있을 때에는 천하를 두루 구제한다. 이런 책임감과 사명감은 중국의 지식인들의 뇌리에 뿌리 깊게 박혀 있었으며 귀중한 정신적 자산이 되었으며 많은 고난과 생명의 위협에도 굴하지 않는 굳건한 뼈대가 되었다.

2. 선악(善恶)

善有善报, 恶有恶报(선에는 선한 보응이 있고 악에는 악한 보응이 있다)

行善之家有余庆, 积恶之家有余殃(선을 행하면 여유로운 경사가 있고 악을 행하면 넘치는 재앙이 있다)

人善被人欺, 马善被人骑(사람은 착하면 남에게 당하게 되고, 말은 착하면 사람이 올라 탄다)

善必寿长, 恶必早亡(선을 행하면 장수하고 악을 행하면 반드시 일찍 망한다)

善恶不同途, 冰炭不同炉(선과 악은 길이 다르고, 얼음과 숯은 한 화로에 있지 않다)

'선에는 선한 보응이 있고 악에는 악한 보응이 있다. 보응이 없는 것이 아니라 단지 시기가 아직 오지 않았을 뿐이다(善有善报, 恶有恶报. 不是不报, 时机未到)'. 이는 중국인들이 보편적으로 갖고 있는 신념이다. 무엇이 선이고, 무엇이 악인지 이론적으로는 쉽게 구분할 수 있다. 좋은 일을 하는 것이 선이고 나쁜 일을 하는 것이 악이다. 그러나 무엇이 좋은 일이고 무엇이 나쁜 일인지에 대해서는 사람마다 견해가 다를 수 있다. 또한 시대마다 선악에 대한 기준이 다른데, 어떻게 판단하는가는 일반 백성들의 저울에 따를 수밖에 없을 것이다. 어쨌든 사람들은 '나쁜 짓을 많이 하면 반드시 스스로 멸망한다(多行不义必自毙)'라는 말을 믿었고, '行善之家有余庆, 积恶之家有余殃', '善必寿长, 恶必早亡'이라 믿었다. 덕을 쌓고 선을 행하는 것이 불가 수행의 최상의 방법이어서 불가 안팎에 많은 신도가 있었고 그들은 '善男信女(남녀 불교 신자)'라 불리었다. 물론 대부분의 남녀 불교 신자가 선행을 하는 것은 실제로는 내세를 위함인데 비록 내세는 점치기 어려우나, 사람들은 자신의 이생에서의 노력이 내세를 위해 선한 인연을 쌓아서, 윤회과정에서 조금이라도 고통을 덜 받고 내세에서 말이나 소가 되지 않고 사람으로 다시 태어나고 그것도 이왕이면 부유한 집에서 태어나기를 희망했다.

3. 타인과 자신(人己)

先人后己(나보다 남을 먼저 생각하라)

若要人前显贵, 须得背后受罪(남에게 귀하게 보이려면 남이 보지 않는 데서 고생을 해야 한다)

若要人不知, 除非己莫为(못된 짓을 남이 모르게 하려면 자신이 하지 말았어

야 한다)

害人之心不可有, 防人之心不可无(남을 해치는 마음이 있어서는 안되나 경계하는 마음이 없어서는 안된다)

宁可人负我, 切莫我负人(남이 내게 못되게 할지라도 내가 남에게 못되게 해서는 안된다)

责人之心责己, 爱己之心爱人(남을 책망하는 마음으로 자기 자신을 책망하고 자기 자신을 사랑하는 마음으로 남을 사랑하라)

사람됨의 학문은 대부분의 경우 타인과 자신의 관계를 어떻게 처리하는가에서 달려있다. 숙어 중 많은 것들은 타인과 자신의 관계에 관한 것들이다. 예를 들면, '先人后己', '宁可人负我, 切莫我负人', '责人之心责己, 爱己之心爱人' 등등이다. 상대방의 입장에서 타인을 생각하는 마음으로 '자신이 싫어하는 것은 남에게 하지 말아라(己所不欲, 勿施于人)의 자세로 좋은 것은 남에게 양보하고 어려운 것은 나에게 남겨두며, 설사 남이 내게 미안한 일을 하더라도 나는 남에게 미안한 일을 하지 않는다. 이렇게 한다면 타인과 자신의 관계는 잘 처리할 수 있을 것이다. 사람은 인생 중 어쨌든 피치 못 할 비밀이 있지만 절대로 나쁜 짓을 해서는 안된다. '하늘의 이치는 분명하고도 분명하다(天理昭昭)'라고 나쁜 짓을 하면 언제고 보응이 있게 마련이다. 네가 알고 내가 알고, 하늘이 알고 땅이 아는 것 이외에 반드시 제3의 존재가 알게 되어 있다. 밀실에서 계교를 꾸민다 해도 벽에 귀가 있고 창밖에 사람이 있다. 이런 이치가 숙어에 잘 나타나 있다. '若要人不知 , 除非己莫为'. 옛날 군자는 사람됨이 당당하여 결코 뒤가 구린 짓은 하지 않았는데 숙어에서는 '정직한 사람은 뒤 구린 짓을 하지 않는다(明人不做暗事)'라 하였다. '평생 꺼림칙한 일을 하지 않으면 한밤중에 문을 두드려도 놀라지 않는다(平生不做亏心事，半夜敲门心不惊)'라는 숙어가 말하는 바는 정직한 사람이 되는 것이 편안함을 나타낸다. 군자로서 살면 자주 손해를 보는 것은 어쩔 수 없고 심지어는 남의 흉계에 넘어가기도 하여 '사람을 해치려는 마음은 있어서 안 되고, 남을 경계하는 마음은 없어서는 안 된다(害人之心不可有，防人之心不可无)'라는 숙어의 말처럼 사람들에게 경종을 울린다. 사람을 경계하는 것은 이미 사람됨의 난제이라서 어떤 사람은 일생동안 '책은 내가 일찍이 읽지 못한 것이 있어도 일은 내가 타인에게 말 못할 것이 없다(书有未曾经我读，事无不可对人言)'라는 경지에 이르기를 희망하고, 어떤 사람은 당신에게 '사람을 만나면 삼 할만 말하고, 속내를 다 털어놓아서는 안 된다(见人只说三分话，不可全抛一片心)'라고 경계할 것이다. 타인과 자신 사이의 관계를 어떻게 처리해야 사람 노릇을 할 줄 아는 것일까? 각자의 깨달음이 다르니 결론도 자연히 다를 것이다.

四. 취사선택

인생철학 중에서 한 가지 일은 피할 도리가 없는데 생활 중에서 무엇을 취하고 무엇을 버릴 것인가이다. 우리가 취하는 것은 모두 우리가 가치 있다고 생각하는 것이고 버리는 것은 모두 가치 없다고 여기는 것이다. 중국어 숙어 중 어떤 것은 중국인이 인생의 가치에 있어서 무엇을 중시하고 무엇을 중시하지 않는 지를 알려준다. 이것이 바로 숙어 중에 포함된 가치 관념으로서 그것은 한 측면에서 어떠한 일에 대한 중국인의 가치적 경향을 반영한다.

1. 광음(光阴)

一寸光阴一寸金, 寸金难买寸光阴(시간은 황금과 같으나 황금으로도 시간을 사기 어렵다)

光阴似箭, 岁月如梭(시간은 화살과 같고, 세월은 베틀의 북과 같다. 시간은 눈 깜짝할 사이에 지나간다)

'一寸光阴一寸金, 寸金难买寸光阴'라고 하듯이 사람들은 시간을 황금에 비유하는 것은 조금도 지나치지 않다. 왜냐하면 황금은 값이 있으나 시간은 값이 없기 때문이다. 시간 앞에서 모든 사람들은 평등하다. 왜냐하면 내가 원하든 원하지 않든 시간은 소리 없이 멈추지 않고 흘러가기 때문이다. 인생은 매우 짧고 시간은 매우 빠르게 지나가서 우리는 이 짧은 인생을 귀하게 여겨야 한다. 어떤 이들은 세월을 흐르는 물에 비유하기도 한다. 밤낮 없이 쉬지 않고 끊임이 없어서 부지불식간에 슬그머니 그리고 영원히 흘러가버린다. 그리고 어떤 이는 세월을 화살에 비유하기도 한다. 그만큼 빨리 지나간다는 의미이다. 숙어에 '시간은 화살과 같고 세월은 베틀의 북과 같다(光阴似箭, 岁月如梭)'라는 말이 있다. 사람들은 빨리 흘러가는 시간 앞에 자연스레 '시간은 나를 기다려주지 않는다(时不我待)'라고 느끼게 되는 것이다.

2. 생명(生命)

好死不如赖活(잘 죽는 것이 억지로 버티며 사는 것 보다 못하다)

留得青山在，不怕没柴烧(푸른 산을 남겨두면 땔나무 걱정이 없다)

生死事小, 失节事大(살고 죽는 것은 일이 작으나 절개를 잃는 것은 일이 크다)

생명은 하나의 과정이다. 우리가 태어나는 그 순간부터 우리는 죽음을 향해 걸어가고 있는 것이다. 생명이 끝날 때 우리는 또 새로운 여정을 시작하게 된다. 종교적 각도에서 볼 때 이를 윤회라고 부른다. 과학적인 각도에서 보면 모든 물질은 결코 소멸되지 않는다. 사람으로서 몸에 여러 가지의 무수한 생명이 기생하고 있는데 그들과 사람의 공생관계 중 매일 어떤 것들은 죽고 어떤 것들은 태어난다. 한 사람의 생명이 끝날 때 그들 중 일부는 계속해서 살아남게 된다. 사람으로서 죽어가는 부분 중 어떤 것은 다른 생명형식으로 변한다. 현대 생명과학의 연구는 '막 태어난 것은 막 죽은 것이고 막 죽은 것은 막 태어난 것이다(方生方死，方死方生)'의 관점을 증명하였다. 사람에게 있어서 생명은 매우 귀중한 것이다. 첫째, 인생은 매우 짧다. 사람은 이 세상에서 총총히 지나가는 과객이다. 이 짧은 인생 여정동안 어떻게 이 세상에 가치 있는 것을 남길 것인가? 이것은 우리 모두가 만나게 될 문제인 것이다. 둘째, 생명은 우리에게 한 번 밖에 없는 것이다. 그러므로 우리는 더욱 중요하게 여기는 것이다. 중국인들은 더욱이 생명을 중시하여 '好死不如赖活'라고 여기나 중국인들은 또한 필요하다면 생명을 초개처럼 버려야 한다고 여긴다. '生死事小, 失节事大'라는 숙어가 지조가 생명보다 중요함을 잘 보여준다. 살기 위해 죽음을 두려워하고 구차하게 목숨을 구걸하거나 취생몽사하는 사람은 코웃음의 대상으로 멸시당한다. 오늘날 중국인들은 헝가리 시인 페도피(Petofi)의 시를 좋아한다.

> 생명은 정말로 귀하나 애정은 가치가 더욱 높다. 만약 자유를 위해서라면 두 가지 다 버릴 수 있다. (중문번역 : 生命诚可贵，爱情价更高。若为自由故，二者皆可抛)

이 시는 중국인들의 생명에 대한 태도를 대표할 수 있는데 한 사람이 생사 선택의 기로에 설 때 이 시는 취사선택의 나침반이 될 것이다.

3. 직업(职业)

> 家有三斗粮, 不当孩子王(집안에 쌀 서 말만 있어도 훈장은 하지 말아야 한다)
> 好铁不碾钉, 好儿不当兵(좋은 쇠는 못을 만들지 않고 좋은 사내는 군인이 되지 않는다)
> 男怕入错行, 女怕嫁错郎(남자는 업종을 잘 골라야 하고 여자는 시집을 잘 가야 한다)
> 日进斗金不如薄技在身(하루에 금 한 말이 들어오는 것은 몸에 기술을 지님만 못하다)

직업은 한 사람의 사회적 생활의 근거 이며 정신적 귀속의 기초이다. 그러므로 우리는 직업을 선택할 때 대단히 신중해야 한다. 숙어에서 '男怕入错

行, 女怕嫁错郎'이라 하였다. 과거 남자의 직업 선택과 여자의 남편 선택은 모두 일생의 대사이었다. 직업을 잘못 선택하여 중간에 바꾸거나 전업을 하려면 그에 상응하는 대가를 치러야 한다. 여자가 남자를 선택하는 경우는 그보다 더욱 심각하였다. 왜냐하면 남편은 바꿀 수 없었고 여자는 반드시 일부종사해야 하였기 때문이었다. 그러나 오늘날 직업을 바꾸는 것은 이미 대수롭지 않은 일이고 남편(아내)을 바꾸는 것도 다반사가 되었는데 그야말로 시대가 정말 달라졌다. 숙어에 '삼백육십 개 업종에 업종마다 장원이 나온다(三百六十行, 行行出状元)'라고 하는데 이 말은 틀린 말이 아니다. 어떤 직업에 종사하든지 각자 자기의 자리에서 사회를 위해 봉사할 수 있다. 이론상으로는 그렇지만 사람들의 인식 속에서 직업에 따라 여전히 차이가 있다. 오늘날 사람들은 직업을 택할 때 주로 돈, 권력, 여가시간 이 세 가지 조건의 요소를 고려한다. 만약 자기가 택한 직업이 이 세 가지 중 한 가지도 만족시키지 못한다면 이는 문제가 있는 것이다. 예를 들어 중학교 선생님이 이론적으로는 매우 신성하고 중요한 직업이므로 이치상 전 사회의 존경을 받아야 할 것이다. 왜냐하면 그들은 미래사회를 빚어내는 예술가이고 그들이 없으면 미래도 없기 때문이다. 그러나 그들은 사실상 권력(설사 권력이 있다 해도 지극히 제한적일 뿐이다)도 돈(교사의 임금은 매우 낮은 상황이며 일부 지역에서는 이미 몇 개월 째 체불되고 있다고 한다)도 여가시간(교사들은 업무량이 매우 많다)도 없다. 그러므로 이에 비추어 중국인들은 '家有三斗粮, 不当孩子王'라고 여겼던 것이다. 중국인들은 직업을 선택할 때 기술을 매우 중시했다. 일가를 부양하기 위해서는 반드시 한 가지 특기가 있어야 했다. '日进斗金, 不如薄技在身'은 바로 이를 이른다.

제3장

중국어 성어와 고대 중국

중국어 성어는 매우 방대하다. 상해사서출판서(上海辞书出版社)에서 1987년 출판한 <中国成语大词典>에는 도합 18,000여 개의 성어가 수록되어 있으며 그중 자주 사용되는 성어는3,000개 남짓이다. 그러나 18,000개의 성어를 수록하고 있는 성어사전조차 중국어의 모든 성어를 다 망라할 수는 없다. 성어의 전고까지 포함하면 그 범위는 더욱 넓어진다. 중국어 성어의 온상은 바로 길고 험난했던 중국의 역사와 찬란한 고대문명, 끝없는 문화서적이 있기 때문이다. 기나긴 역사에는 헤아릴 수 없이 무수한 역사적 사건과 인물 및 그들의 이야기가 담겨 있다. 시간이 지남에 따라 그들은 이미 역사의 뒤안길에 사라져버렸고 찬란한 고대 문명도 문화의 변천과 고난 속에서 고대문명이라는 신비감만을 남긴 채 산산이 부서져버렸다. 무수한 문화서적들 가운데 경전, 역사서, 제자백가서, 문집 등은 우리에게 가장 가까운 읽을거리이다. 중국 고대 사회를 이해하고 발굴하며 이미 사라져 버린 도시와 촌락과 길을 찾고 싶다면, 또 퇴색돼버린 옷과 그림, 산수와 논밭, 오늘날에는 보기 드문 소년의 웃음, 무사의 호방함, 시인의 풍류와 농부의 소박함을 찾고 싶은 사람이라면 성어의 창고에서 그 흔적을 찾아보아라. 일련의 흔적을 찾을 지도 모르니 말이다.

제 1절 중국어 성어의 고전적 풍격

중국어 성어는 중국어권에서 특이한 매력을 가진다. 이는 성어가 가지고 있는 고전적인 풍격 때문일 것이다.

앞에서 밝혔듯이, 일부 언어권에서는 일상적인 성어는 창의력이 없고 언어의 풍격이 떨어진다고 취급받는다. 그러나 중국어권에서 성어는 화자와 작가의 고상한 언어적 풍격과 교양, 지식과 학문을 대변한다. 중국 시인은 일상 대화나 글을 쓸 때 무의식적으로 성어를 사용한다. 성어를 사용해야 하지만 문장이 정갈하고 고상하다고 생각하기 때문이다. 이런 완전히 상반된 평가를 통해 우리는 다른 가치체계와 다른 언어 속에서 성어가 차지하는 상이한 위치를 알 수 있다.

중국어 성어는 기나긴 역사를 가지고 있다. 그러므로 성어마다 모두 나름의 문명의 흔적을 담고 있다. 성어 속에서는 무수히 많은 감동적인 이야기가 담겨져 있으며 이 이야기는 짧은 4자의 격식 속에 농축되어 있는 것이다. 다시 말해, 성어 하나를 배우기 위해서 성어와 관련된 배경지식을 반드시 배워야 하는 것이다. 이런 이유로 많은 사람들은 성어와 언어적 수준이 밀접한 연관이 있다고 생각하는 것이다.

구조면에서 성어의 고전적 풍격은 4자 격식을 통해 나타난다. 이는 중국어 문언문 중 변려문의 풍격과 일치하는 것이다. 중국 고대의 시, 산문, 공문과 논문은 대구와 리듬을 매우 중시한다. 고대 중국은 어릴 때부터 초등교육을 통해 대구를 연습시킨다. 이런 훈련을 통해 대구를 이루는 것은 시인들의 자연스런 습관으로 형성이 된다. 그들에게 백화문으로 문장을 쓰라고 한다면 아마 당시 시인들은 상당한 혼란에 빠질 것이다.

중국어 성어는 구조뿐만 아니라 단어의 의미에서도 고전적인 풍격이 농후하다. 몇 가지 예를 들어보자.

杯水车薪: 출처 <孟子告子上>: '今之为任者,犹以一杯水救一车薪之火也'

물 한잔으로 수레에 실린 장작더미에 붙은 불을 끈다는 의미이다. (고대 중국어에서 '薪'은 '柴'- '장작'의 의미이다)

锲而不舍: «荀子·劝学»: 锲而不舍,朽木不折;锲而不舍,金石可镂。

한 물건을 조각하는데 있어 조각이 완전히 끝나기 전까지는 그만두지 않겠다는 의미이다. (고대 중국어에서 '锲'는 '雕刻'라는 의미이다)

朝秦暮楚: 전국시대, 秦国과 楚国의 두 제후들이 서로 대립하고 전쟁을 벌였다. 당시 일부 소국의 제후들은 자신의 이익을 위해서 秦国과 楚国을 왔다갔다하며 태도를 수시로 바꾸었다. (고대 중국어에서 朝는 현재의 早晨-아침이고 暮는 晚上-저녁의 의미이다)

爱莫能助: 출처 «诗经·大雅»: '爱莫能助' 마음은 도와주고 싶으나 능력이 안

된다는 의미이다.(고대 중국어에서 '爱'는 현대 중국어에서는 '怜惜,同情- 연민, 동정'라는 뜻이고, '莫'은 '没有什么- 아무 것도, 아무도'의 의미이다)

현대 중국어는 중국어 발전 역사의 한 단계로서 발음, 어법, 의미, 표현방식과 풍격 등에 있어서 고대 중국어와의 많은 연관성을 가지고 있다. 성어는 현대 중국어가운데 고대 중국어의 성분을 가장 많이 가지고 있는 언어형태이다. 중국어 성어는 고대음, 고대의미, 고대어법을 가장 많이 가지고 있다. 예를 들면,

一暴十寒: 출처«孟子 告子上»

('暴'는 '曝'라고도 쓰며, 음은 bào로 읽지 않고 pù로 읽는다. 마찬가지로 目不暇给 '给'를 gěi 로 읽지 않고 jǐ로 읽는다. '博闻强识'에서 '识'도 shí가 아니라 zhì로 읽으며, '度德量力'의 '度'도 dù가 아닌 dúo로 읽는다. '暴虎冯河'에서 '冯'도 féng이 아닌 píng으로 읽으며, '自怨自艾'의 '艾'도 ài가 아닌 yì로 읽는다)

怒发冲冠: 출처«庄子·盗跖»

(여기에서 冠은 帽子-모자의 옛 명칭이다. '不速之客'에서 '速'는 요청이라는 고대의미를 가지며 여기에서는 고대의미로 사용되었다. '不经之谈'에서 '经'은 '常, 常者, 常规 - 일상, 상식을 가진 사람, 상식'이라는 의미이며 '不经'은 '상식적이지 않은' 심지어는 황당무계하고 근거없다는 뜻으로 해석될 수 있다.)

人莫予毒: «左传· 宣公十二年»: '及楚杀子玉, 公喜而后可知也'

천하에 누구도 나를 위협하거나 나를 해하지 못한다는 뜻이다. ('人莫予毒'의 구조를 살펴보면 S-P(s-o-v)를 이루고 있다. 목적어가 동사 앞에 오는 이런

구조는 고대 중국어 문법이다. '唯利是图'나 '时不我待'역시 구조적으로 고대 중국어의 문법을 따르고 있다)

중국어 성어는 음운, 의미, 문법에서뿐만 아니라 단어 형식이나 구조방식에서도 고대 풍격을 가지고 있다. 예를 들어 고대 중국어에서는 단음절이 절대다수를 이루고 있는데 성어에서도 그러하다. 또, 고대 중국어는 표현방식에 있어서 대구를 자주 사용하는데 성어도 그렇다. 성어를 학습하기 위해서는 반드시 이런 고전적인 풍격을 익히고 애호해야만 한다. 이를 통해 자연스럽게 고풍스런 풍격을 지닌 문장을 쓸 수 있을 것이다.

중국어 성어의 고전적 풍격은 수사에서도 드러난다. 고대 중국 문인들은 문장을 쓸 때 수사를 매우 중시하였다. 리듬에 있어서 균형미와 대칭을 중시하였으며 표현방식을 다듬는 데에도 멋을 중시하였다. '言之无文, 行之不远(말이 기재되지 않으면 널리 알려지지 않는다)'라는 말까지 나올 정도였다. 고인들이 문장을 쓸 때 가장 힘을 기울이는 수사방식은 비유를 많이 사용하는 것이었다. 우리가 사용하는 성어 가운데 비유의 수사법을 사용하는 성어는 너무나 많다. 아래 예를 보자.

抱薪救火: 장작을 들고 불을 끈다. 이는 환란을 수습하는 방법이 잘못되어 오히려 화를 더 크게 일으킴을 비유한 것이다.

缘木求鱼: 나무 위에 올라가 고기를 찾는다. 이는 방법이 잘못되어 헛수고를 한다는 것을 비유한 것이다.

掩耳盗铃: 귀를 막고 종을 훔치다. 어리석음을 비유.

水中捞月: 물 속에서 달을 건진다. 이는 헛수고한다는 것을 비유한 것이다.

飞蛾扑火: 불나방이 불꽃을 향해 날아간다. 이는 스스로 멸망을 자초하는 일을 함을 비유한 것이다.

揠苗助长: 손으로 싹을 뽑아 싹이 크는 것을 돕는다. 이는 사물의 이치를 그르면서 성급하게 일을 함으로써 일을 망치는 것을 비유한 것이다.

竭泽而渔: 물을 뽑아 내어 고기를 잡다. 이는 눈앞의 이익에 급급하며 미래를 내다보지 못하는 행동을 비유한 것이다 .

아래의 성어는 모두 우화적 성격을 가지고 있다. 중국의 고사는 거의 대부분이 성어의 형식으로 전해져 내려오고 있다. 또 모든 우화 고사는 일종의 비유이다.

예를 들면,

守株待兔: 나무 그루터기에서 토끼가 오기만을 기다린다.

叶公好龙: 겉으로는 좋아하는 듯 하나 실제로는 두려워하다. 춘추시대 초나라 섭공이 용을 매우 좋아하였는데 어느 날 진짜 용을 만나자 놀라 도망쳤다고 하는 고사에서 나옴.

刻舟求剑: 각주구검. 미련해서 사태의 변화를 무시하는 어리석은 행동을 하다. 융통성이 없어 사태의 변화를 모르다. 옛날 초나라 사람이 강을 건너다 물 속에 칼을 빠뜨리자 칼을 빠뜨린 자리를 기억하려고 배에다 표시를 하고 나서 배가 정박한 뒤에 칼을 찾으려 했다는 고사에서 유래함.

杯弓蛇影: 자라보고 놀란 가슴 솥뚜껑보고 놀라다. 진대 악광이 손님을 청하여 주연을 베풀었는데, 그중 한 사람이 벽에 걸린 활 그림자가 술잔에 비친 것을 뱀으로 잘못 알고 뱀을 삼켰다고 생각하여 병이 난 고사에서 온 말.

南辕北辙: 행동과 목적이 맞지 않거나 의의 결과와 의도가 반대로 진행됨을 의미한다. 어떤 사람이 남쪽 초나라로 갈려고 하나 오히려 마차를 북쪽으로 끌고 갔다는 고사에서 유래된 것이다.

坐井观天: 좌정관천. 우물안 개구리.

掩耳盗铃: 귀를 막고 종을 훔치다. 어리석음을 비유.

东施效颦: 중국 미인 西施가 눈을 찌푸리는 모습이 아름다워 이웃의 못생긴 东施가 이를 따라하여 추한 얼굴이 더 추해 보였다는 이야기에서 유래한다. 자신의 분수도 모르고 무조건 따라하는 어리석음을 풍자한 것이다.

盲人瞎马: 장님이 눈먼 말을 타고 벼랑을 가다. 매우 위험한 일이나 무모한 행동을 하는 것을 비유한 것이다.

老马识途: 늙은 말은 길을 알다. 경험이 많으면 그 일에 능숙하다는 의미.

亡羊补牢: 양을 잃고 우리를 고치다. 실수를 저지르고 난 후에 같은 실수를 반복하지 않기 위해 노력해야 함을 비유.

火中取栗: 남의 꾐에 넘어가 위험을 무릅쓰고 불속에 있는 밤을 줍다. 아무런 이익도 보지 못하고 남에게 이용당함을 비유. 죽 쑤어 개 좋은 일 하다.

削足适履: 발을 깎아 신발에 맞추다. 불합리한 방법을 억지로 적용하다.

중국어 성어에서 비유는 매우 풍부하다. 그중 대부분이 동물, 식물 혹은 자연 현상을 비유한 것이다. 이 또한 중국어 성어의 특징이다.

예를 들면:

1. 동물 비유대상

叶公好龙: 겉으로는 좋아하는 듯하나 실제로는 두려워하다. 춘추시대 초나라 섭공이 용을 매우 좋아하였는데 어느 날 진짜 용을 만나자 놀라 도망쳤다고 하는 고사에서 나옴.

杯弓蛇影: 자라보고 놀란 가슴 솥뚜껑 보고 놀라다.

狗仗人势: 남의 세력을 등에 입고, 남을 업신여기다.

狗苟蝇营: 공명을 위해 개처럼 꼬리치고 파리처럼 달라붙다. 아첨하며 매달리다.

盲人瞎马: 장님이 눈 먼 말 타고 벼랑가기. 매우 위험하고 무모한 짓을 하다.

孤鸾寡鹤: 짝잃은 외기러기 신세.

兔死狐悲: 토끼가 죽자 여우가 슬퍼한다. 남의 처지를 보고 자신의 신세를 헤아려 슬퍼하다.

管中窥豹: 대롱 구멍을 통해 표범을 보다. 좁은 식견을 뜻함.

纵虎归山: 호랑이를 풀어놓아 산으로 가게 하다. 적을 놓아주어 화근을 남기다.

纵虎归威: 남의 권세를 빌어 위세를 부리다.

牛头马面: 염라대왕의 두 옥졸인 우두 귀신과 마두 귀신. 흉악한 사람을 비유.

鬼哭狼号: 처절하게 통곡하다.

釜中之鱼: 솥 안의 물고기(독안에 든 쥐)

惊弓之鸟: 화살에 놀란 새. 한번 크게 놀라서 조그만 일에도 겁을 내는 사람.

井底之蛙: 우물 안 개구리.

为虎作伥: 호랑이를 위하여 창귀가 되다. 나쁜 사람의 앞장이가 되어 나쁜 짓을 하다.

凤毛麟角: 봉황의 털과 기린의 뿔. 매우 드물과 진귀한 인재나 사물.

虎头蛇尾: 호랑이 머리와 뱀 꼬리. 처음은 좋으나 끝이 좋지 못하다. 용두사미

与虎谋皮: 호랑이한테 가죽을 벗기자고 의논하다. 나쁜 놈을 보고 그의 이익을 희생할 것을 요구하는 어리석음을 비유.

焚琴煮鹤: 좋은 것을 못쓰게 만들다.

瓮中之鳖: 독안에 든 쥐.

蜂目豺声: 벌같은 예리한 눈과 승냥이 같은 날카로운 소리; 흉악한 모습과 무서운 목소리.

虎背熊腰: 범의 등과 곰의 허리. 크고 튼튼한 몸집. 장대한 기골.

狼吞虎咽: 게걸스럽게 먹다.

鸡鸣狗盗: 보잘 것 없는 재능을 가진 사람. 어중이 떠중이.

一丘之貉: 한 언덕에 사는 담비; 한통속의 나쁜 놈.

一龙一蛇: 때로 용처럼 나타나고 때로는 뱀처럼 숨다. 시세에 따라 나가고 물러나다.

2.식물 비유대상

焚芝锄蕙: 선인이나 현자가 화를 입다.

人面桃花: 한번 떠난 님을 그리워하다.

刀山剑树: 혹독한 형벌. 매우 심각한 상황.

门墙桃李: 门墙은 타인의 문하를, 桃李는 후배, 학생을 뜻함. 이는 다른 사람이 양성한 후배나 학생을 비유한다.

沧海一粟: 큰 바다에 던져진 작은 좁쌀. 창해일속.

天女散花: 선녀가 꽃을 뿌리다. 눈발이 내리는 모습

寻花问柳: 봄하늘의 경치를 비유한 말. 花와 柳는 기녀를 뜻하기도 함.

不毛之地: 불모지. 황무지.

望梅止渴: 매실을 보며 갈증을 달래다. 공상으로 자신을 위안하다.

豆蔻年华: 13,14세의 여자를 가르킴.

火树银花: 촛불과 불꽃이 밝은 밤의 풍경.

花容月貌: 꽃과 달같이 아름다운 용모.

风木之悲: 부모가 이미 돌아가시고 봉양할 길이 없는 슬픔

水流花谢: 물이 흐르고 꽃이 진다. 청춘이 이미 지나갔음을 비유.

石枯松老: 갈라진 돌과 늙은 소나무는 시간이 오래 지남을 비유한 것이다.

风吹草动: 바람이 불면 풀이 흔들린다. 어떤 일에 영향을 받는다.

金枝玉叶: 원래는 가지와 잎이 부드럽고 아름답다는 의미이나 후에 황제의 친적이나 높은 신분의 사람을 비유하는 말로 변천.

出类拔萃: 인물이 출중함. 뛰어남.

兰心蕙性: 兰과 蕙은 향기로운 풀을 뜻함. 이는 총명하고 우아한 여성의 품격

을 비유한 것.

兰熏桂馥: 熏과 馥은 모두 향기를 뜻함. 사람의 덕은 오래도록 사라지지 않고 남는다 의미.

枯木逢春: 고목이 봄을 맞으면 생기가 돋듯, 절망 속에 희망을 찾음을 비유.

兰桂齐芳: 자자손손 모두 번영함을 비유.

良莠淆杂: 호인과 악인을 구별하지 못하게 뒤섞여 있음.

岁寒松柏: 어려움 속에서도 절개를 지키는 사람을 뜻함.

春华秋实: 봄에는 꽃이 피고, 가을에는 수확한다. 春华는 재능과 덕을 비유하며, 재능과 덕이 있었기 때문에 결실을 맺을 수 있었다는 의미.

杀人如麻: 닥치는 대로 살상하다.

视如草芥: 잡초보듯이 하다. 경시, 경멸하다.

明日黄花: 明日는 중양절 다음 날을, 黄花는 국화를 의미하며, 한물간 사물, 소식

3. 자연현상 비유대상

白云苍狗: 세상 변화가 무상함을 비유.

风卷残云: 큰 바람이 불어 작은 구름들을 몰아가다. 순식간에 적을 완전히 소탕하다.

风雨飘摇: 원래는 나뭇가지의 새둥지가 비바람에 흔들거림을 뜻하나 후에 매우 상황이 불안하고, 위태함을 비유.

一衣带水: 강 하나를 두고 있는 국가. 이웃나라.

天翻地覆: 천지가 뒤집히다. 아주 큰 변화.

风调雨顺: 바람과 비가 적절하다. 평안한 상태를 비유.

风驰电掣: 바람과 번개처럼 빠름을 비유.

过眼云烟: 흔적도 없이 순식간에 지나감.

风流云散: 바람이 불어 구름이 모두 흩어지듯, 흔적을 남기지 않고 사라짐을 비유.

风起云涌: 날씨가 궂거나 신세가 처량함을 비유.

风月无边: 시원한 바람과 밝은 달. 아름다운 경치를 비유.

乌烟瘴气: 온통 뒤죽박죽이 되다. 사회가 암담하다.

海市蜃楼: 신기루.

刀山火海: 매우 위험하고 곤란한 상황.

白云孤飞: 흰 구름은 사랑하는 사람을 뜻함. 사랑하는 사람이 있는 곳은 하늘럼 아득한 곳이라 만나지 못함을 비유.

阳春白雪: «阳春»과«白雪»는 전국 시기 초나라의 歌曲이다. 후에 이는 고상한 문학예술을 통칭하는 말로 사용되었다.

捕风捉影: 뜬 구름 잡다. 말이나 일이 진실한 근거가 없는 것을 가리킴.

星移斗转: 斗는 북두칠성을 가리킴. 북두칠성은 매일 밤 위치를 꾸준히 바꾸어 일년 뒤에는 방향이 완전히 바뀐다. 시간과 계절이 계속해서 변화한다는 의미.

转死沟壑: 산골짜기로 굴러떨어져 죽다.

凄风苦雨: 찬바람과 궂은 날씨. 날씨가 나쁨. 괴롭고 쓸쓸한 마음상태나 처지.

青云直上: 빠르게 승진함을 비유.

拨云见日: 구름과 안개가 걷히고 태양이 보인다. 갑자기 깨달음을 얻거나 생각이 트이다. 혹은 희망이 보이다. 서광이 비친다라는 의미.

和风细雨: 和风은 봄바람을 말함. 일처리 방식이 거칠지 않고 부드럽다는 의미.

饱经风霜: 온갖 풍파를 겪다.

波澜壮阔: 기세가 크고 규모가 웅장하다.

风平浪静: 바람과 물결이 잔잔함. 평안하고 평화로움을 비유.

风雨如磐: 磐은 큰돌을 의미. 바람과 비가 거세다. 혹은 암흑 세력이 큼을 비유.

流水行云: 떠가는 구름처럼, 흐르는 물처럼 구속없이 자유로움을 뜻함.

风云际会: 재능 있는 인재가 좋은 기회를 만나다.

风雨同舟: 한 배를 탄 운명이다.

雷历风行: 정사나 법률의 집행이 엄격하고 신속하다는 의미.

惊涛骇浪: 거칠고 사나운 파도; 매우 위험한 처지.

清风明月: 시원한 바람과 밝은 달. 자연의 아름다운 경관을 비유.

餐风吸露: 풍찬노숙하다. 고생스러운 여로를 비유.

气冲斗牛: 기세가 하늘을 찌를 듯하다.

옛 사람들은 비유를 좋아했다. 이는 직설적이지 않고 우회적인 것을 좋아하는(喜曲不喜直) 미학관을 반영하고 있다. 비유를 들 때 고인들은 주로 일상생활과 밀접한 관련이 있는 동식물이나 비, 바람, 해, 달, 별 등의 자연현상을 비유로 들었다. 이는 자연과 융합하여 조화롭게 살던 고인들의 생활 태도를 보여준다.

비유는 일종의 우회적인 표현방식으로 매우 재미있는 현상이다. 그렇다면 왜 고대인들은 이런 우회적인 표현법을 사용한 것일까?

첫째, 우회법이 직설법보다 더 생동감이 있다. 둘째, 사상을 담은 내용을 직설법으로 표현하기란 힘들다. 셋째, 고인들은 우회적으로 사상을 표현하는데 더 익숙한 사고방식을 가졌다. 이는 성어가 고전적 풍격을 가질 수 있게 된 이유이기도 하다.

제 2절 성어 중의 고대 사회 인물 백태

언어기호는 정보의 운반체이다. 오랜 시간의 긴 강 속에서 언어기호는 끊임없이 도도히 흐르는 강물은 많은 시냇물이 합류되어 고대부터 지금에 이르는 이 과정 속에서 많은 암초에 부딪히고, 풍찬노숙하며 무수한 고산준령을 넘고 무수한 황야와 사막을 건너왔다. 무수히 많은 봄, 여름, 가을, 겨울을 보냈으며, 매우 많은 화약연기를 맡았고, 왕조가 바뀌는 것을 수 없이 목격하였고 귀신이 야밤에 곡하는 것을 듣고 우박도 겪었다. 이러한 변천의 역사를 몸소 겪은 언어는 우리에게 실로 많은 것을 알려준다. 성어는 언어 중에서 특수한 위치에 처해 있다. 왜냐하면 성어는 역사의 기나긴 강 속에서 발생되었고 전해져 내려왔기 때문에 많은 역사적 내용과 선명한 역사의 기억을 몸에 지니고 있기 때문이다. 우리는 성어를 통해 중국 고대 사회의 인물과 사회의 모습, 자연현상, 의식주, 종교, 诗文书画, 군신, 충효, 원수, 산천풍물, 세월 등을 발견할 수 있다. 성어는 실로 많은 것을 내포하고 있다 . 그러므로 그중 일부만을 들어 성어를 논하니 분명히 많은 것이 빠져있을 것이다.

고대 사회의 역사적 면모를 이야기하려면 먼저, 다양한 인물들과 만나게 된다. 그들은 사회 각계각층에 속한 인물로서 각각 그들이 속한 사회에서 다양한 역할을 하였기에 그들을 한 마디로 말하기란 매우 힘들다. 더구나 천지개벽, 삼황오제에서부터 지금까지 무수히 많은 왕조가 있었고, 수없이 많은 영웅과 충신, 인재, 미녀, 승려, 도인이 등장하였으며 또 셀 수 없이 많은 간신과 소인배가 등장했다. 이들을 하나하나 열거하기란 불가능하기 때문에 여기서는 예를 들어 설명하고자 한다. 그러나 이런 열거 성격의 서술이 모호한 느낌을 줄 수 있음은 어쩔 수 없는 일이다.

一. '三教九流'와 '五花八门'

우리가 흔히 말하는 '三教九流'는 각종 직업의 사람을 가리키는 말이다. 그러나 고대에 '三教'는 유교, 도교, 불교를 가리켰다. 이 三教는 중국에 많은 신도를 거느리고 있었다. '九流'는 봉건사회의 인물 분류를 나타낸다. 九流에는 上九流, 中九流, 下九流가 있다.

上九流: 황제(帝王), 성현(圣贤), 은사(隐士), 동선(童仙), 문인(文人), 무사(武士), 농부(农), 수공업자(工), 상인(商)

中九流: 과거 응시생(举子), 의사(医生), 점술가(相命), 서생(书生), 금기(琴棋), 승려(僧), 도인(道), 비구니(尼)

下九流: 비장(师爷), 관청하급관리(衙差), 升称, 매파(媒婆), 심부름꾼(走卒),

(时妖), 도둑(盗), (窃), 창기(娼)

현재 흔히 말하는 '五花八门'은 원래 고대 병법 중의 두 가지 진법, 즉 五花阵과 八门阵을 일컫는 말이었다. 이 진법은 변화가 매우 많으므로 후에 '매우 다양하다'는 뜻으로 쓰이게 되었다. 그러나 1세기 전에는 '五花八门'이 각종 직업을 가리키는 말로 사용되기도 했다.

五花: 金菊花(차 파는 여자), 木棉花(행랑객), 水仙花(술집여자), 火辣花(기예 공연자), 土牛花(짐꾼)

八门: 一门巾(점장이), 二门皮(약파는 사람), 三门彩(마술사), 四门挂(떠돌이 장사꾼), 五门平(이야기꾼), 六门团(노래꾼), 七门调(집 짓는 사람), 八门聊(노래부르는 사람)

'三教九流'와 '五花八门'은 사회 각계각층의 직업을 가리키는 말이지만 사실 직업의 특징별로 분류한 것이지 고대 사회의 모든 직업을 다 포괄한 것은 아니다. 고대 사회의 '三教'가운데 일부 직업은 지금은 이미 사라져서 역사 교과서나 고대 소설 혹은 전통극에서만 존재한다. 오늘날 '三教九流'와 '五花八门'이라는 어휘를 사용할 때 우리는 대부분 원래의 의미를 알지 못하며 이것이 가리키는 직업도 알지 못한다. 성어는 고대 사회의 다양한 모습과 사물을 포괄하고 있다. 즉, 성어는 과거와 현재를 이어주는 다리 역할을 하고 있다.

二. '道貌岸然'과 일반 서민의 모습

'道貌岸然'은 원래 엄숙하고 장중하여 아무도 침범할 수 없는 모양을 가리키는 말이다.

원래는 좋은 의미로 쓰였으나 변천을 거쳐 후에는 일부러 엄숙한 체 하는 위선적인 군자를 가리키는 나쁜 의미로 바뀌었다. 중국어 성어는 인류중생의 모습을 묘사하고 있는 것이 많다. 이런 묘사는 너무나 정확하고 생생하여 선조의 창의력에 감탄하고 자부심을 느끼지 않을 수가 없다.

고대 중국에서는 儒, 佛, 仙 3교가 고루 발전하였다. 이 3교의 수련 방식은 서로 다르다. 비록 종파마다 차이가 있긴 했지만 대체적으로 보면, 유가는 수신제가치국평천하의 수련방법으로 현세의 명리를 추구하며, 불가는 만법이 모두 헛된 것이라는 기본철학으로 10년 세상을 등지고 명상하며, 인생 팔고에서 벗어나 서방 극락세계를 추구한다. 반면, 도가는 기공수련을 하고 단약을 만들어 날개를 달고 신선이 되는 것을 추구하며 한 사람이 득도하면 주변의 개나 닭도 따라서 덕을 볼 수 있기를 바란다. 세인들의 눈에 비친 유생은 풍류를 알고 호방하며, 팔자걸음으로 걷고, 글을 알며 입만 열면 문왕성현이요 치국이요 우국우민이요. 하지만, 글을 지으면 시샘하고 시비를 일으키니, 존경스럽기도 하고 우습기도 하다. 한편, 스님은 자비심을 가지고, 늘 자애롭고 선한 눈빛을 띠며, 짚신에 누더기 가사 차림으로, 아미타불을 읊는데, 사람을 볼 때 눈에 지혜가 배어나온다. 도사는 노숙하며 학같이 흰머리에 동안을 하고, 신선의 풍모와 기이함을 가지고 있는데, 그들이 상용하는 도구는 깃털 부채와 푸른 두건 그리고 악귀를 쫓는 호리병과 보검이다. 이러한 승려와 도사, 유생의 전형적인 이미지는 그대로 성어에 나타난다. 도를 추구하는 그들을 속세의 눈으로 보면 말 대체로 어느 정도 '범접할 수 없는 초탈한 자태'인 것이다. '风流蕴籍(풍류있는 함축미)', '方领矩步(곧은 옷깃과 바른 걸음)'는 유생의 모습을 묘사한 것이고, '飘飘欲仙(풍진세계를 초탈하여 신선이 되려하다)', '奔逸绝尘(걸음걸이에 먼지가 일지 않다)'은 도가의 모습을, '青灯黄卷(등불 빛으로 공부하다)', '菩萨低眉(보살의 눈썹을 드리운 부드러운 눈길)'는 석가의 모습을 묘사한 것이다. 그렇다면 저자거리 서민은 어떻게 묘사될까?

소위 저자거리 서민이란 소박한 일반 백성, 즉 보통의 뭇사람을 가리키는 말이다. 이들은 사회 다수층을 이루며 다양하기 때문에 천편일률적인 통일된 성격을 가지고 있지 않고 다채로운 면모를 지니고 있다. 혹자는 그들을 '초개'라 부르기도 하고 혹자는 이들을 배를 띄울 수도 전복시킬 수도 있는 큰 물이라고 부르기도 한다. 또 혹자는 그들이 衣食住의 주인이며 '民为重,君为轻(백성이 무거우며 임금은 가볍다)'이라 여긴다. 그렇다면 이들은 과연 어떤 무리일까? 이들 중에는 군자도 있을 수 있고, 소인배도 있을 수 있다. 열사도 있고, 좀도둑 무리도 있다. 촌부와 속물도 있고, 은거하는 은사도 있고, 정직하고 강직한 사람도 있고, 두루춘풍인 사람도 있다. 와신상담하며 기회를 노리는 사람도 있고, 기거하고 먹는데 아무런 바라는 바 없이 훗날 출세하여 높은 자리에 오르기를 기대하는 사람도 있고, 때맞춰 즐기고 놀며 되는 대로 살아가는 전형적인 술취한 밥벌레도 있다. 그들 중에는 말 한 마디가 천금인 사람, 식언하는 사람, 은혜를 은혜로 갚는 사람, 자신은 볼일 다 보고 타인을 방해하는 소행을 하는 사람, 심지어는 은혜를 원수로 갚는 배은망덕한 사람이 있다. 어떤 이는 즐거이 자선을 베풀고, 어떤 이는 구두쇠이다. 어떤 이는 교양 있고 어떤 이는 거칠고 무례하다. 어떤 이는 안분지족하고, 어떤 이는 하나를 얻으면 둘, 셋을 바라는 한없는 탐욕쟁이이다.

이런 거의 모든 종류의 사람과 모든 행동, 모든 소행, 모든 특징들이 상응하는 성어에 생생히 묘사되어 있다. 우리는 성어를 통해 이런 각양각색의 모습, 각양각색의 몰골, 각양각색의 심성, 각양각색의 행동거지를 접할 수 있는 것이다. 성어는 거울과 같이 세상의 모든 선악을 비추며, 또 하나의 커다란 무대로서 모든 사람이 그 무대에서 자신에게 맞는 위치와 역할을 찾을 수 있다. 아래에 약간의 예를 더 제시하니 스스로 어디에 해당되는 지 짝지어보기 바란다.

성어가 묘사하고 있는 사람은 매우 다양하다. 좋은 사람도 있고 나쁜 사람도 있다. 그들은 고대 중국 사회의 한 풍속도 구성한다. 각개 성어는 한 종류의 인간을 표현하고 있으며 모든 종류의 사람은 성어를 통해 각종 유형의 꼬리표를 달게 되는 것이다. 예를 들면,

贩夫走卒: 장사를 업으로 하는 하층민.

散兵游勇: 원래는 청대의 지방 임시모집 병졸이었으나 후에 단체에 소속되지 않고 단독으로 행동하는 사람을 가리킴.

地痞流氓: 건달, 불량배

牛鬼蛇神: 불교에서 "牛鬼"와 "蛇神"은 지옥문을 지키는 옥졸을 뜻했다. 후에는 악인의 범칭이 되었다.

仁人志士: 지사, 의인

村夫村妇: 농촌의 남자와 아낙네

城狐社鼠: 다른 사람의 권세를 등에 업고 나쁜 짓을 하는 사람

害群之马: 전체에 해가 되는 사람

善男信女: 불교 용어로 신앙심이 깊은 남녀를 일컫는 말

梁上君子: 양상군자, 도둑

三姑六婆: 온당한 일을 하지 않는 여자.

孝子贤孙: 부모를 공경하는 자손.

优孟衣冠: 고대의 음악연주, 극예술 등의 연기자

天涯浪子: 방랑자.

忠孝节烈: 충열지사.

谦谦君子: 행동거지가 겸손하고 단정한 인격자.

大智大勇: 지혜롭고 용감한 사람.

사람은 직업이나 특징으로 분류하기도 하지만, 개성에 따라 분류하기도 한다. 아래는 개성적 특징에 따라 분류한 성어이다.

긍정적 의미

精明强干: 총명하고 능력이 있다.

游刃有余: 솜씨 있게 힘들이지 않고 일을 처리하다.

神通广大: 신통력 혹은 능력이 대단하다.

满腹经纶: 뛰어난 학식과 경륜을 가지고 있다.

多才多能: 재능이 많다.

学富五车: 학식이 많은 사람을 비유.

老成持重: 숙련되고 신중하게 일을 처리한다.

炉火纯青: 학문, 기술, 품덕 혹은 일을 처리하는 방식이 숙련된 경지에 오름을 비유.

眼明手快: 눈치빠르고 손이 재다. 동작이 재빠르다.

玲珑剔透: 정교한 예술품이나 뛰어난 시와 글을 가리킴.

足智多谋: 책략에 뛰어남을 비유.

明察秋毫: 예리한 안목으로 가을날 새 깃털이 새로 나는 것 까지 관찰 할 수 있다. 통찰력을 비유.

临危不惧: 위기에 직면해도 두려워하지 않고 침착하다.

奋不顾身: 자신의 생명을 돌보지 않고 용감하게 전투하다. 자신을 헌신하다.

视死如归: 정의를 위해 죽음을 두려워하지 않다.

赴汤蹈火: 끓는 물과 타는 불에 들어가다. 죽음을 두려워하지 않다.

绵里藏针: 외유내강.

百折不挠: 백절불굴의 정신.

大义凛然: 정의로움이 존경받을 만하다.

披肝沥胆: 진심과 성의로써 사람을 대하다.

四平八稳: 매사에 정확을 기하며 안정적인 사람을 비유.

循规蹈矩: 규율을 잘 지키다.

安贫乐道: 안빈낙도

洁身自好: 자신을 존중하고 나쁜 무리와 어울리지 않는다.

废寝忘食: 침식을 잊고 어떤 일에 전력을 다하다.

乐天知命: 하늘의 뜻에 순응하여 살아가다.

克勤克俭: 근검절약하다.

脚踏实地: 착실하게 일하다.

文质彬彬: 우아하면서도 질박하다. 외관과 내용이 잘 조화를 이루다.

温文尔雅: 태도가 온화하고 거동이 우아하다.

古道热肠: 인정이 두텁고 정의감이 강하다.

虚怀若谷: 겸허함이 골짜기처럼 깊다. 매우 겸손하다.

忠孝节烈: 충성심, 효심, 절개가 있다.

通情达理: 사리에 밝다.

부정적 의미

刁钻古怪: 교활하고 간사하다.

口蜜腹剑: 겉으로는 좋은 척하나 속으로 칼을 품고 있다.

狼心狗肺: 양심이 없는 사람을 비유.

阳奉阴讳: 겉으로는 복종하는 척하면서 속으로는 따르지 않다.

厚颜无耻: 뻔뻔스러워 부끄러운 줄 모른다.

奴颜婢膝: 환심을 사려고 비굴하게 굴다.

胡搅蛮缠: 생트집을 잡고 훼방 놓다.

俯首贴耳: 고개를 숙이고 귀를 늘어뜨리다. 비굴하게 굽실거리다.

刚愎自用: 고집불통으로 남의 의견을 듣지 않다.

油腔滑调: 입에서 나오는 대로 경박하게 말하다.

志大才疏: 뜻은 크지만 재능은 적다.

鼠目寸光: 좁은 식견

苟且偷安: 눈앞의 안일만을 탐하며 되는 대로 살아가다.

游手好闲: 빈둥거리며 게으름만 피우다.

朝三暮四: 조삼모사. 변덕스러워 갈피를 잡을 수 없다.

醉生梦死: 술에 취해 살다.

好大喜功: 공명욕만 내세우다. 허풍을 떨며 자기의 능력을 과시하다.

自作聪明: 똑똑한 척하다.

目空一切: 안하무인

趾高气扬: 우쭐거리고 잘난 척 하다.

随波逐流: 주관 없이 휩쓸려 다니다.

飞扬跋扈: 방종하고 야만적이다.

得寸进尺: 말 타면 견마 잡히고 싶다.

利欲熏心: 사리사욕에 정신이 팔리다.

男盗女娼: 남자는 도적, 여자는 창녀가 되다. 남녀가 모두 정당하지 않은 일을 하다.

心劳日拙: 갖은 잔꾀를 부려도 점점 궁지에 빠지다.

损公肥私: 공공의 이익을 해치고 자신의 잇속만 채우다.

沐猴而冠: 원숭이가 모자 쓰고 사람인 척 하다. 외관만 훌륭하고 속은 엉터리이다.

狼子野心: 천성이 흉악하여 바꾸기 힘들다. 흉악한 야심을 가진 사람.

朋党比周: 같은 무리의 사람들이 함께 어울려 나쁜 짓을 하다는 의미. 붕당을 지어 다른 무리를 배척하고 사리사욕을 채우다.

위의 성어들은 모두 저자거리 서민들의 다양한 모습, 유형, 자태, 몰골을 묘사하고 있는데, 이 중에는 긍정적인 것도 있고 부정적인 것도 있다. 이 역시 중국인들이 세상을 살아가는 가치 성향을 알 수 있다. 성어마다 모두 어떠한 한 부류의 사람들의 평어가 된다. 우리는 성어에서 중국 고대 사회의 다양한 인물들과 그들의 각종 가면, 각종 연기를 볼 수 있다. 이는 도덕이라는 현미경으로 사람을 보는 것인데 그 사이 심미의 문제는 포함하지 않았다. 다음으로 우리가 논의할 것은 중국 고대 심미적 홍미와 관련이 있는 것이다.

三. '沉鱼落雁'과 '闭月羞花'

이 두 성어를 통해 우리는 고대 미인의 기준을 자연스레 생각할 수 있게 된다. «장자·제물론(庄子·齐物论)»에서는 '毛嫱、丽姬, 人之所美也;鱼见之深入, 鸟见之高飞, 麋鹿见之决骤, 四者孰知天下之正色哉？(모장,여희는 사람의 아름다운 바이다. 물고기가 보면 깊이 들어가고 새가 보면 높이 날고 사슴이 보면 결연히 달아나니 넷 중 누가 천하의 제대로 된 미모를 아는가)'라고 하였고 또, 송·고항재인(宋·古杭才人) «와문자제립신(卧门子弟立身)»에서는 '이 부인을 보니 실로 달이 숨고, 꽃이 부끄러워 할 미모이다'라고 전한다. 물고기를 물 속 깊이 숨게 하고, 기러기가 떨어지며, 달이 숨고, 꽃이 부끄러워 할 정도의 미모라면 과연 어떤 미인이겠는가? 이런 미녀는 상상 속에서만 존재할 것이다. 만약 이를 사실적으로 묘사한다면 필히 그 만에 하나도 비슷하지 않을 것이다. 상상 중의 미인이야말로 가장 아름다운 것이다.

고대 미인에 관한 성어는 매우 많은데, 이중 사실적인 것도 있고 허구인적인 것도 있으나, 모두 고대 미인에 대한 심미적 흥미를 보여주고 있으며 이런 성어들을 통해 우리 선조들의 눈에 비친 미인의 모습을 그려볼 수 있다.

사실적으로 묘사한 성어는 직설적으로 표현하고 있으며 비유나 대체의 수사법을 사용하지 않는다. 허구적 묘사는 비유나 대체의 수사법을 사용하여 완곡하게 표현하고 있다. 예를 들면, 눈썹과 치아를 묘사할 때 사실적으로 묘사한 성어는 眉清目秀(눈썹과 눈이 맑고 빼어나다), 明眸皓齿(빛나는 눈동자와 흰 이), 眉目如画(눈썹과 눈이 그림과 같이 아름답다) 등과 같으며, 허구적으로 묘사한 성어는 春山八字(봄 속의 산과 같은 눈썹), 蛾眉皓齿(아미산처럼 긴 눈썹과 백옥 같은 치아), 星眸皓齿(별처럼 빛나는 눈동자와 백옥 같은 치아), 柳眉花明(푸른 버들가지와 같은 눈썹과 꽃이 활짝 핀 것 같은 얼굴) 등과 같다. 또 얼굴을 묘사한다면 사식적 묘사는 朱唇粉面(붉은 입술과 분홍빛 얼굴)과 같고 허구적 묘사는 花容月貌(꽃 같은 얼굴과 달 같은 용모)와 같다. 표현 효과라는 측면을 살펴보면, 실제묘사가 허구 묘사를 따라가지는 못한다. 왜냐하면 사실적 묘사는 상상의 여지가 없는 반면, 허구적 묘사는 상상의 여지가 풍부하기 때문이다. 그러므로 아래에서는 주로 허구적 묘사를 하는 성어를 예를 들어, 고인의 미인에 대한 묘사를 알아보고자 한다.

고인들이 관찰하는 각도에서 보면, 고인들은 미인에 대해 위에서 아래로, 안에서 밖으로 웃는 소리에서 웃는 모양까지, 성품에서 품행에 이르기까지 전방위적이고 구체적으로 묘사하였고 또한 심미적 기준을 구현하였음을 알 수 있다. 고인들에게 있어서 미녀의 미는 많은 측면에서 드러난다. 내적 미는 '兰心蕙质(우아하고 지혜로운 성품)', 외적 미는 '仙姿玉色(선녀 같은 자태 옥 같은 자색)', 구체적 미는 '粉妆玉琢(분으로 치장하고 옥으로 장식한 모습)', 추상적 미는 '天香国色(하늘의 향기와 나라를 대표하는 자색, 원래는 향기가 좋은 꽃을 형용하는 말이었으나 후에 미인을 가리키는 말로 변천)', 자태에 관한 미는 '仪态万方(몸가짐이 아름답다) ',심정적인 미는 '风姿绰约(자태가 단아하고 맵시있다)', 신체의 미는 '亭亭玉立(날씬한 몸매)', 피부에 관한 미는 '玉骨冰肌(백옥같은 피부)', 농염한 미는 '丰姿冶丽(자태가 요염하다)', 장중한 미는 '烟视眉行(여자가 수줍어하는 자태)', 연약한 미는 '小鸟依人(작은 새가 사람에 기댄 듯한 사랑스러운 모양)', 건강미는 '飒爽英姿(시원스럽고 씩씩한 모양)', 장식미는 '风鬟雾鬓(바람과 같은 머리묶음과 안개 같은 드리워진 옆머리)', 자연미는 '婀娜多姿(유연하고 아름다운 모양)', 포근한 미는 '红袖添香(붉은 소매에 향을 더하다)', 향기가 있는 미는 '软玉温香

(무른 옥 따뜻한 향), 정결미는 '冰清玉洁(얼음처럼 맑고 옥처럼 정갈하다)'이다. ......미인의 웃음은 '嫣然一笑(예쁘게 웃음)', 미인의 음성은 '燕语莺声(제비 소리 꾀꼬리 소리)', 미인의 노랫소리는 '珠圆玉润(구슬처럼 둥글고 옥처럼 광택이 있다)', 미인의 주취는 玉山倾倒(옥산이 기울어지다), 미인의 불행은 红颜薄命(발간 얼굴은 박명하다), 미인의 슬픔은 楚楚可怜(처량하게 가엽다), 미인의 요절은 香消玉殒(향이 사라지고 옥이 떨어지다)이다.

옛사람의 수사 방법을 살펴보면 미인에 대한 묘사는 대개가 풀, 꽃, 옥, 빙설과 각양각색의 색깔들이었다. 풀, 꽃과 색깔은 선명하고 화사함을 드러내고, 옥과 눈은 순결을 나타낸다. 이는 고인들의 여성미에 대한 관념이 크게 자색과 순결이라는 것을 알 수 있다. 색을 좋아하는 사람에게 미인은 탐낼만한 여색으로 나타나며, 도덕적인 사람들에게 미인은 옥과 같이 순결을 지키는 모습으로 나타난다.

미인의 신분을 보면 일반 백성 출신의 미인은 '小家碧玉(여염집의 벽옥)'라 하고, 대갓집 출신의 미인은 '大家闺秀(대가의 규수)'라고 한다. 기방의 미인은 '妖姬艳后(요사스럽고 요염한 여자)', 양가집 규수는 '窈窕淑女(요조숙녀)', 글재주가 있는 미녀는 '秀外慧中(예쁘고 지혜롭다)', 총명한 미녀는 '姑射神人(본래는 姑叶산의 도사이었으나 후에 미인을 가리킴)'이라고 한다.

미인의 능력은 매우 크다. 미인은 경국지색이라 하여 한 국가를 멸망시킬 수도 있다. 미인의 매력 또한 크다. 미인은 한무제를 '作金屋贮之(주: 한무제는 阿骄를 총애하여 그녀를 위해 金屋을 지어 살게하려 했다)'할 수도 있다. 미인의 역사적 공적 또한 두드러진다. 西施는 미인계로 越王 勾践의 卧薪尝胆을 도와 吴나라를 멸망하게 했다. 王昭君은 북의 사막으로 가서 오랑캐와 화친하여 국경의 안녕을 보장하였다. 미인은 재능도 훌륭하다. «汉书»를 이어

쓴 班昭와 «后汉书»를 이어 쓴 蔡文姬가 있다. 미와 재능을 고루 갖춘 이로는 谢道韫이 있고 ,그리고 명성이 자자한 시인 薛涛, 사(词)작가 李清照 등이 있다.

심미적 홍미를 가진 사람들에게 있어서 전형적인 미인은 '柳眉如烟(버들같이 수려한 눈썹)', '肤若凝脂(윤기있는 피부)', '脸似出水芙蓉(물 위에 떠 있는 연꽃 같은 얼굴)', '静如处子(얌전한 행동거지)', '动如脱兔(토끼와 같이 발랄한 모습)', '回眸一笑(눈동자를 움직이며 웃다)', '秋波荡漾(요염한 눈길을 보내다)'이다. 이는 고전적인 미로 현대의 '玉腿酥胸(흰 다리에 부드러운 젖가슴)', '大嘴高臀(큰 입에 볼록한 엉덩이)'과는 완연히 다르다. 우리는 성어를 통해 선조들의 미의 기준을 알 수 있는 것이다. 미녀의 모습을 묘사하는 이런 무수한 성어가 뜻하는 것이 무엇인지를 우리는 유추를 통해 알 수 있다. 문자가 표현하는 것은 때로는 그려낼 수 없는 것으로서 진정한 의미는 상상과 유추를 통해서 알 수 있다.

四. 帝王将相,文武百官

중국 봉건 사회의 역사는 매우 길다. «二十四史»는 대체로 제왕과 장상의 역사이다. 문무백관과 서민 백성은 봉건사회라는 이 행성계에서 모두 황제를 중심으로 하여 돌고 있었고, 황제는 하늘을 받들어 운을 얻고 하늘이 군주의 권한을 부여한 용의 천자이다. 왕후장상과 문무백관의 모든 것은 황제 한 사람의 환심을 사기 위해 일하며, 사직 강산도 황제의 것이으로 서민 백성은 황제의 백성이다. 황제는 황제의 성업을 위해 공을 세운 사람에게 토지와 재산과 백성을 나누어 줄 권력을 가지고 있으며, 또한 언제든지 이들의 봉록과 지위를 박탈할 수도 있다. 권력은 중국 봉건체제에서 가장 매력적인 추구 대상이었으므로 문무백관에게 있어서 권력은 생명이며, 권력을 위해 재산도 아끼지 않고, 자신의 아내를 죽이는 일도 서슴지 않았다. «史记·孙子吴起列传»에 '齐나라 사람이 鲁나라를 공격하려 하자 鲁나라는 吴起를 장군으로 임명하려 하는데 吴起는 齐나라 여자를 저로 삼았기에 鲁나라는 그를 의심하였다. 吴起는 공명을 이루고 싶은 마음에 그 처를 살해함으로써 齐나라와 무관함을 보여주었다. 鲁나라는 마침내 그를 장군으로 삼았다. '라는 대목이 있다. 후에 '杀妻求将' 이 성어는 몹쓸 짓을 저질러 공명과 이득을 취함을 비유하게 되었다.

황제, 장상과 관련된 성어는 매우 많다. 예를 들면,

제왕: 称孤道寡(왕노릇하다. 자기가 최고라고 우쭐대다.)

万寿无疆(만수무강)

至高无上(지고무상. 더할 수 없이 높은 자리, 권력)

垂帘听政(수렴청정)

龙颜大悦(천자의 얼굴의 큰 기쁨)

皇恩浩荡(황제의 은혜가 바다와 같다)

龙冠凤冕(황제의 면류관)

簧袍加身(천자의 황포를 몸에 걸치다. 천자의 뜻을 받들다)

高山仰止(황제를 우러러 사모하다)

제왕의 일: 斩蛇逐鹿(군웅이 권력을 차지하기 위해 쟁탈전을 벌이다)

创业垂统(공적을 세워 자손에게 물려주다)

胜者为王 , 败者为寇(이기면 왕이 되고, 지면 역적이 된다)

问鼎中原(중원에 이름을 날리다)

현왕(贤王): 尧舜禹汤(요순임금의 태평성대)

与民同乐(백성과 즐거움을 같이 하다)

甘棠遗爱(관리의 인애를 칭송하는 말)

爱民如子(백성을 자식같이 여기다)

폭군: 夏桀商纣(하나라의 걸왕 상나라의 주왕)

荒淫无道(음탕하고 부패하기 짝이 없다)

暴戾恣睢(폭력적이고 잔인하다)

망국의 군주: 乘舆播越(乘舆:제왕이 타난 마차, 播越:도망가다)

卧薪尝胆(와신상담)

현군: 秦皇汉武(진시황 한무제)

与民休息(백성과 같이 쉬다)

内圣外王(나라 안에서는 현군이요, 밖에서는 위엄 있는 왕이다)

励精图治(통치에 힘을 쓰다)

충신: 鞠躬尽瘁 (몸을 낮추고 충성을 다하다)

忠君报国(군주에 충성하고 나라에 보답하다)

克己奉公(자신의 욕망을 억제하고 공사를 위해 힘쓰다)

孤臣孽子(고립무원의 신하)

유능한 신하: 文经武略(문무에 모두 통달하다)

安邦定国(변경지역을 잘 다스려 나라를 평안히 하다)

拔山扛鼎(힘이 뛰어나다)

공신: 拜将封侯(공을 세워 높은 관직에 오르다)

封妻荫子(아내가 봉호를 받고, 자손이 대대손손 녹을 먹고 살다)

加官进爵(관직과 작위가 높아지다)

권신: 位极人臣(최고의 관직에 오르다)

钦差大臣(전권을 위임받은 고위직의 신하)

아첨배 신하: 犯上作乱(나라를 어지럽히다)

逆臣贼子(역적과 도적)

卖官鬻爵(관직을 이용하여 뇌물을 받고 송사를 보다)

간신: 助纣为虐(걸왕을 도와 잔학한 짓을 하다)

卖国求荣(나라를 팔아 영화를 꾀하다)

认贼作父(도적을 애비로 삼다, 이익을 위해 적에게 기대다)

황제, 장상과 관련된 성어는 이외에도 매우 많다. 예를 들면, '飞熊入梦'은 제왕이 현신을 얻는 징조이고, '诚惶诚恐'는 신하가 군주를 따름이 마치 호랑이를 따르는 것과 같음을 이름이고, '日理万机'는 군신의 치적을 칭송한 말이며, 服冕乘轩,钟鸣鼎食는 왕과 제후 집의 으리으리한 겉치레를 형용하고, 머리에 쓰고 덮은 것은 구름 같고(冠盖如云), 왕실의 복식과 제도는 위엄 있다(汉官威仪)는 말은 왕과 제후가 의식을 갖추어 외출하여 정사를 돌볼 때 갖춘 의관장식을 말한다.

문무백관과 관련된 성어도 매우 많다. 예를 들면,

达官显宦: 직위와 명성이 높은 관리

达官贵人: 고관과 귀인

公子王孙: 공자와 왕손

贪官污吏: 탐관오리

관리 중에는 청렴결백한 관리도 있는 반면 탐관오리도 있다. 공평무사한 관리가 있는 반면 사리사욕에 갖은 폐악을 저지르는 관리도 있다. 인재를 등용에 현명함만을 기준으로 삼는 좋은 관리가 있는 반면, 친인척만을 발탁해 쓰는 나쁜 관리도 있다. 악과 부패를 뿌리뽑아 훌륭한 이름을 백세에 전하는 관리가 있는 반면, 백성을 괴롭히며 만년 동안 더러운 이름을 전하는 관리도 있다. 조정에서 이름을 날리는 관리가 있는 반면 저자거리에서 이름을 날리는 관리도 있다. 나라와 백성을 걱정하는 관리가 있는 반면, 헛되이 자리만 차지하고 직분을 돌보지 않는 관리도 있다. 백성에 인자하고 물자를 아끼는 관리가 있는 반면 아랫사람을 괴롭히고 웃사람을 기만하는 관리도 있다. 아랫관원을 예의로써 현명하게 대하는 관리가 있는 반면 교만, 사치, 음란, 안일만 일삼는 관리도 있다. 공을 세우고 물러나는 관리가 있는 반면 공이 있다 하여 거만한 관리도 있다. 백성들이 보기에 좋은 관리는 드물고 탐관오리는 도처에 널려 있으며 백성들을 착취하여 영화를 추구하는 관리들이 훨씬 많다. 그래서 '一任淸知府, 十万雪花银(청렴한 관리도 한 임기의 수입은 적어도 은 십만 냥)'이라는 말까지 생겼다.

봉건사회의 관계는 더러운 곳이고 권력투쟁의 장이었다. 이와 관련된 성어는 매우 많다. 예를 들면,

结党营私: 당파를 형성하여 사리사욕을 채우다.

党同伐異: 자신과 다른 당파를 배척하다.

官情如纸: 관가의 인정은 종이처럼 얇다.

营私舞弊: 자신의 사리사욕만을 챙기다.

沆瀣一气: 성향이 비슷한 사람끼리 결탁하는 것.

狼狈为奸: 나쁜 무리끼리 서로 결탁하다.

知法犯法: 법을 알면서도 어기다.

祸国殃民: 나라와 백성에 해가 되는 행동을 하는 것.

祸起萧墙: 화는 내부에서 일어난다.

득세를 하면 매일같이 사람들이 끊임없이 밀려들어 흥성거리지만 권세를 잃으면 주변이 썰렁해지고 문앞에 사람 그림자도 비치지 않아 벽만 바라보며 세상 인정이 매정함을 한탄하게 된다. 권세를 얻어 높은 자리에 있을 때는 호의호식하여 자신이 권세를 잃어 위풍당당한 관리의 옷에서 일반 삼베옷으로 갈아입고 앞뒤로 행차를 호위하던 행렬이 사라진 외톨이 신세로 전락하게 될 것이라는 것은 생각지도 못한다. 만약 잘못해서 군주의 노여움을 사게 되면, 극히 일상적인 행위도 할 수 없는 처지가 된다. '东门黄犬'은 관리가 화를 입어 물러나려 해도 이미 때가 늦었다고 신세를 한탄하는 말로 쓰인다.

五. 영웅호걸, 협객, 악한

중국인은 평화를 사랑하는 민족이며 폭력을 멀리해왔다. 일반 백성들도 모두 안분지족하며 평화롭게 살아왔다. 특히 강남 일대는 문화적 분위기가 농후하였으며, 무예보다는 학문을 가까이 하는 분위기가 형성돼 있었다. 그렇다고 해서 영웅호걸과 비분강개의 지사들의 명예가 가려지게 하지는 않았다. 중국인은 여전히 영옹호걸과 협객 및 악한의 이야기를 즐겨하며, 시와 노래, 희극, 역사서 등의 다양한 형태로 남겨두어 자손후대에 선대의 영웅주의의 전통을 이어받게 하였다.

협객은 중국에서 특수한 지위를 차지하고 있다. 중국의 협객정신은 서양의 돈키호테식의 기사도 정신과 다르고, 중국협객의 행위는 로빈훗과 그다지 같지 않으며 정신적으로는 조로에 가깝다. 侠과 义는 한 쌍의 쌍둥이 형제와 같아서 «三侠五义», «七侠五义» 같은 이야기가 민간에 널리 전해지고 있다.

협객은 모두 무예가 강하고 희생을 무릅쓰고 남을 돕는 사람들이다. 그러나 협객 중에 무예가 뛰어나지만 세력을 등에 업고 약한 자를 괴롭히는 강자나, 살생과 노략질을 일삼는 무리들도 있다. 중국어 성어에서는 영웅호걸과 협객에 관한 성어도 많지만 악한에 관한 성어도 많다. 일상생활에서 흔히 마주치는 인물들은 아니지만 중국인들은 식사후 여가시간에 영웅호걸을 이야기하기를 좋아한다. 文康의《儿女英雄传》과 같은 고대 무협소설, 金庸의《射雕英雄传》,《雪山孤狐》와 같은 현대 무협소설, 무협 영화나 드라마들은 중국인들 사이에 매우 시장성이 있다. 그러므로 영웅, 협객은 이미 중국 인문세계에 없어서는 안될 중요한 역할이 되었다.

1. 영웅호걸

叱咤风云: 큰 소리 한번으로 바람과 구름을 일으킨다. 위세 당당하다.

暴虎冯河: 맨손으로 호랑이를 때려잡고 황하를 걸어서 건너다.

中流砥柱: 황하 가운데의 지주산. 역경에 굴하지 않는 튼튼한 기둥

拔山扛鼎: 산과 솥을 들어 올릴 정도로 엄청난 힘

一世之雄: 한 시대의 영웅

济困扶危: 위기에서 구하다.

临危不惧: 위기 상황에서도 당황하지 않다.

赴汤蹈火: 끓는 불과 타는 불에 들어가다.

视死如归: 죽음을 두려워하지 않다.

气吞山河: 산과 강을 삼킬 정도의 기백

气冲霄汉: 기세가 하늘을 찌를 듯 하다.

纵横天下: 천하를 누비다.

威武不屈: 위세와 힘에 굽히지 않다

济世安邦: 세상을 구제하다.

呼风唤雨: 비바람을 일으키다. 자연을 지배하다.

替天行道: 하늘을 대신하여 도를 행하다.

영웅호걸은 숭상과 경모의 대상이기 때문에 영웅호걸에 대한 성어는 모두 긍정적 의미이다. 영웅호걸은 강하고 위풍당당하며, 산을 뽑고 기개는 세상을 덮을 수 있고(力拔山兮气盖世) , 바람과 구름을 일으키고(叱咤风云), 산을 뽑고 바다를 건넌다(拔山超海). 영웅은 용맹하다. 위험 앞에서도 얼굴색도 변하지 않고, 심장도 뛰지 않는다.(脸不变色,心不跳), 위험 앞에서 두려워하지 않고(临危不惧), 죽음 앞에서도 의당 돌아가야 할 곳으로 가듯 침착하며(视死如归), 맨손으로 호랑이를 잡고, 걸어서 황하를 건넌다(暴虎冯河). 영웅은 굳건하고 흔들림이 없다. 자신의 믿음과 정의, 친구와 이상을 위해서는 끓는 물이나 불 속이라도 뛰어들고(赴汤蹈火), 가시덤불을 헤치고 나아간다(披荆斩棘). 영웅은 올바르다. 재난이 발생할 때 위험과 곤란에서 구해주고(扶危济困), 사회가 혼란할 때 세상을 구제하고 나라를 안정시시키고(济世安邦), 나쁜 무리가 세도를 가질 때 하늘을 대신하여 도를 행한다(替天行道). 영웅은 기백이 넘친다. 바람과 비를 부리고(呼风唤雨), 기백은 산과 강을 삼킬 정도이다(气吞山河). 결론적으로, 영웅호걸은 많은 뛰어난 인품을 갖추고 있어야 한다. 중국에는 '시대가 영웅을 만든다'는 말이 있다. 만약 때를 잘 만나지 못한다면 영웅도 무예를 쓸 터전이 없다.

2. 협객

轻财任侠: 재물을 가볍게 여기고 의를 행하다.

劫富济贫: 부자의 돈을 빼앗아 사람을 구제하다.

五陵豪气: 귀족의 호방한 기개

仗义疏财 : 의를 중시하고 재물을 경시하다.

见义勇为: 정의를 수호하기 위해 용감히 행동하다.

一掷千金: 거액의 돈을 쾌척하다.

锄强扶弱: 강자를 무찌르고 약자를 돕다.

慷慨捐生: 분연히 목숨을 버리다.

济苦怜贫: 고통스러워하는 사람을 구제하고 가난한 이를 동정하다.

抱打不平: 공평하지 못한 것을 보고 분연히 돕다.

路见不平, 拔刀相助: 공평하지 못한 것을 보고 칼을 뽑아 힘껏 남을 돕다.

협객은 중국 고대의 특수한 인물상이다. 협객이란 다음과 같은 사람을 가리키는 말이다.

즉, 의롭고, 말을 삼가며, 말을 하면 꼭 실행에 옮기고, 한번 행하면 반드시 결과를 보며, 재물을 중시하지 않으며, 여자와 사사로운 정에 연연해하지 않는다. 협객은 공평하고 정의를 추구하며, 불공평한 일을 보면 칼을 뽑고 나서서 돕는다(路见不平, 拔刀相助). 어느 측면에서 본다면 협객은 영웅주의의 산물이라고도 할 수 있다. 협객을 유협(游侠)이라고도 한다. «사기·유협열전서(史记·游侠列传书)»를 보면, '今游侠, 其行虽不轨于正义, 然其言必信, 其行必果, 已诺必诚, 不爱其躯, 赴士之困厄(지금 협객이라 함은 행동은 정의롭지 않을 수 있으나 말은 반듯이 신의가 있고, 행동에는 결과가 있으며 약속을 지키고, 위난에서의 구조를 위해 몸을 아끼지 않는다)'라고 전한다. 협객은 무예가 출중하고 혼자서 행동하는 인물로서, 역사에 '儒以文乱法, 侠以武犯禁(유생은 글로써 법을 어지럽히고, 협객은 무예로써 금기를 깨뜨린다)'라는 말이 있다. 그러나 일반 백성들은 '劫富济贫(부자의 돈을 빼앗아 가난한 사람을 도와주고)', '仗义疏财(의를 중시하고 재물을 경시하며)', '锄强扶弱(강자를 무찌르고 약자를 돕는)' 협객을 진심으로 존경하고 환영한다. 통치계급에게 있어서도 협객은 환영의 인물로, 그들을 자기편으로 끌어들이려 노력한다. 그래서 일부 협객은 자유롭고 정의로운 영웅호걸에서 권세자가 거느리는 앞잡이가 되어 억압의 방조자나 도구로 전락하기도 한다.

3. 악한

明火执仗: 공공연히 나쁜 짓을 하다.

欺男霸女: 남자를 괴롭히고 여자를 차지하다.

飞扬跋扈: 제멋대로 횡포를 부리다.

趁火打劫: 불이 난 틈을 타 약탈을 하다.

饿虎饥鹰: 굶주린 호랑이와 매(재빠르게 물건을 낚아채어 차지하다)

暴内凌外: 안으로는 백성을, 밖으로는 약소국을 괴롭히다.

亡命之徒: 목숨을 걸고 악행을 저지르는 사람

巧取豪夺: 교묘한 수단과 폭력으로 재물이나 권력을 빼앗다.

江洋大盗: 천하에 악명을 떨치는 해적

戴鸡佩豚: 수탉 모양의 모자를 쓰고, 멧돼지 모양의 장식물을 허리에 차다. 산적의 모습을 형용한 것. 용맹을 비유하기도 한다.

滥杀无辜: 무고한 생명을 함부로 살상하다.

谋财害命: 재산을 약탈하고 생명을 해치다.

混世魔王: 난세의 왕, 도적, 약탈의 왕

峰目豺声: 얼굴과 목소리가 험악하다.

敲骨吸髓: 잔혹하게 억압하고 약탈함을 형용함.

杀人如麻: 닥치는 대로 사람을 죽인다.

不可一世: 안하무인 격이다.

鸡鸣狗盗: 보잘 것 없는 재능이나 특기를 가진 사람. 어중이 떠중이.

鸠占鹊巢: 산비둘기가 까치집을 차지하다, 남의 것을 빼앗다.

杀人越货: 사람을 죽이고 물건을 빼앗다.

협객은 의협심을 가진 강자다. 그러다 모든 강자가 의협심을 가진 것은 아니다. 오히려 갖은 나쁜 짓을 다 저지르는 자도 있다. 우리는 이런 자들을 악한 혹은 불한당이라고 부른다. 이들은 폭력으로 '남자를 괴롭히고 여자를 욕보이며(欺男霸女)', '무고한 생명을 함부로 살상한다(滥杀无辜)'. 이들은 '횃불을 밝히고 무기를 들고 다니며 나쁜 짓을 하고(明火执仗)', '사람을 죽이고 물건을 빼앗는다(杀人越货)'. 또 '사람들을 짓밟고(鱼肉乡里)', '닥치는 대로 나쁜 짓을 한다(为非作歹)'. 위의 성어는 모두 이런 사람을 묘사한 것이다.

영웅호걸은 국가의 기둥이고 시대의 총아이며 극히 소수의 인물이다. 반면 협객은 시대의 산물이며 협객은 바로 당시 사회의 풍토를 보여준다. 불한당은 사실 생활고에 시달려 어쩔 수 없이 내몰려서 불한당이 된 일반 백성들이 많다. '가난한 삶이 간악한 사람을 만든다(穷山恶水出刁民)'는 속담이 이를 대변하고 있다. 악한이 생겨나고 악한이 강도가 되는 것은 사회의 부패도와 관련이 있다. 도가 있음은 '도적 역시 도가 있다(盗亦有道)'이다 라는 말이 있는데, 군주를 기만하고 나라를 망치는 간신배가 조정에 들끓지 않는다면, 군주가 뛰어난 인재를 고루 등용한다면 불한당은 착한 백성으로 돌아올 것이다.

六. 나그네

고대 중국은 교통이 불편하여 자신의 고향을 떠나려 하지 않았다. 그러나 '만 권의 책을 읽고 만리의 길을 다닌다(读万卷书,行万里路)'의 이상을 실현하기 위해, 더 넓은 곳으로 나아가 삶의 의미를 찾기 위해 혹은 병역을 피하기 위해서나 무역을 위해서 자신의 정치적인 주장을 펼치기 위해, 그것도 아니면 다른 부득이한 사정으로 인해 고향을 떠나 긴긴 여정을 시작하고 언제 고향으로 돌아갈 수 있을지 기약하기 어려울 때도 있다. 고향에 돌아올 때쯤이면 '고향의 말투는 변한 것이 없는 데 이미 머리는 하얗게 쉬어버렸고, 아이들은 나를 알아보지 못하네(乡音无改鬓毛衰,儿童相见不相识)'가 되어 버렸을 것이다. 이를 통해 알 수 있듯이 고대 나그네들은 모두 처량한 심정을 가지고 있었고, 이들을 떠나보낸 친구와 친척들의 슬픔과 고향에 대한 그리움이 항상 녹아있다. 우리들은 오늘날 성어를 통해 고대 나그네의 애수와 고독 같은 복잡한 정서를 엿볼 수 있다. 唐代의 시인 许浑의《秋日阙题潼关驿楼》시는 나그네의 이러한 심경을 분명히 보여준다.

红叶晚萧萧, 长亭酒一瓢
残云归太华, 疏雨过中条
树色随山迥, 河声入海遥
帝乡明日到, 犹自梦渔樵

1. 송별

옛사람들은 '정이 많은 것도 병이다(情多是病)'라고 말했다. 이별은 사람의 감정을 가장 잘 움직인다. 이별은 인생에서 가장 가슴 아픈 순간이며, 많은 문인들은 술과 시를 통해 이별의 슬픔을 떨치곤 했다. 보통 사람이라 할지라도, 이별할 때에는 '아득히 먼 곳으로 쓸쓸히 떠도네(天涯孤旅)', '님이 떠나고 누각이 텅 비었네(人去楼空)'등으로 '인생에 만남은 짧고 헤어짐은 길다(人生聚少离多)'의 감정을 표현하곤 했다. 이별 후에 사람들은 각기 다른 길로 헤어지는데 이는 중국인이 모이는 것을 좋아하고 헤어지는 것을 싫어하는 심리와 배치된다. 이별과 관련된 것은 이별 한 후의 그리움이다. 이별은 사람의 감정을 복받치게 하는 계기가 되는 것이다. 중국인은 감정을 잘 표현하지 않기로 유명하지만 이별의 아픔을 그리는 시를 접하면 자신도 모르게 눈물을 흘리게 된다. 이러한 것들은 세월이 지나면서 이별의 상징이 되었다. 이별과 관련된 성어는 이러한 상징 의미를 나타낸다. 예를 들면,

长亭短亭: 고대의 정자는 모두 휴식을 위해 마련된 것이며 길가에 있는 정자는 여행객들의 휴식 공간으로 제공되었다. 배웅과 이별은 대개 길가의 정자에서 이루어 졌기 때문에 길고 짧은 정자는 모두 상징적 의미를 가지게 되었다. 정자만 생각하면 이별을 떠올리게 되는 것이다. 이백의«菩萨蛮»이라는 사에 '何处是归程？长亭连短亭'라는 글귀가 이를 대표한다. 고인들이 배웅을 주제로 쓴 시와 사에는 长亭短亭이라는 구절이 상당히 많다. 예를 들면, 송나라 林逋의 «点绛唇»사에는 아래와 같은 구절이 있다.

'金谷年年,乱生春色谁为主。余花落处,满地和烟雨。又是离歌,一阕长亭幕。王孙去,萋萋无数,南北东西路'

현대 李叔同이 쓴 시 '长亭外, 古道边, 芳草碧连天, 晚风拂柳笛声残, 夕阳山外山' 역시 이별의 정경을 묘사한 것이다.

灞桥折柳: 灞河는 섬서성 중부에 잇는 강으로 장안을 거쳐 위수(渭水)로 흘러들어간다. 灞桥는 灞河에 있는 다리인데, 선조들이 장안을 떠나 灞桥에서 친구와 이별을 하고 친구들은 버들가지를 꺾어 선물로 주었다. 이것에서 유래되어 灞桥折柳는 이별을 상징하는 표현이 되었다.

一曲阳关: «阳关三疊»은 고대 가곡인데, 배웅할 때 阳关을 불러 슬픔을 표현

했다. 王维가 쓴 «渭城曲»에는 '劝君更尽一杯酒,西出阳关无故人'이 라는 구절이 있다. 원나라 무명씨가 쓴 «端正好»에도 '三杯别酒肝肠断,一曲阳关离恨添'이라는 구절이 있다.

"长亭","灞桥","阳关"은 모두 중국 성어에서 매우 특수한 위치를 차지하고 있으며 이 성어들이 내포하는 사회문화적 정보들은 특수한 인문현상이다.

2. 여정

중국 고대에는 교통이 불편했기 때문에 여행은 매우 힘든 일이었다. 여정도 길었고, 많은 위험이 도사리고 있었다. 이 때문에 집을 떠나 여행을 하는 사람들은 감회가 더욱 더 깊을 수 밖에 없을 것이다. 아래 성어를 통해 우리는 당시 여정의 고달픔을 알 수 있다.

跋山涉水: 跋山은 산을 건너다, 涉水은 강을 건너다는 의미로써 긴 여정의 고달픔을 표현하고 있다. '跋山涉川'이라고도 하며, '长途跋涉'와 의미가 비슷하다. 지금 이미 기차, 비행기 등의 편리한 교통수단이 생겼어도 아직까지 먼 여정을 떠나는 것을 跋山涉水이라고 표현한다.

风尘仆仆: 风尘은 여정의 고단함을 仆仆는 피곤한 모양을 나타낸다.

千里迢迢: 迢迢는 멀다라는 의미로써 여정이 아득히 멀다라는 뜻.

晓行夜宿: 새벽녘에 일어나서 길에 오르고, 저녁에서야 잠자리를 찾아 쉬는 매우 고단한 여정을 형용한 말. 고대 선조들은 여행을 할 때, 도보로 가거나 말을 타거나, 수레를 탔는데 모두 낮에는 여정에 오르다가 밤이 되면 휴식을 취하였다. 오늘날에는 밤에도 차를 타고 가기 때문에 고대인들처럼 그렇게 시간에 구애를 받지 않는다.

乘风破浪: 배가 바람을 타고 파도를 가르며 전진하다. 여정의 어려움을 무릅쓰고 용감하게 나아가는 것을 형용한 말이다.

颠沛流离: 颠沛는 비틀거리는 모양을 流离는 타향을 떠도는 것을 말함. 이 말은 생활이 궁핍하여 이리저리 떠돌아 다는 것을 형용한 말이다.

天涯海角: 아득히 먼 곳을 형용한 말. '天涯地角'라고도 한다.

鸡声茅店: 茅店은 길 옆의 주막을 말한다. 닭울음 소리는 시골에서만 들을 수 있다. 그러므로 鸡声茅店이 가리키는 말은 시골 벽지의 작은 주막을 말한다.

3. 감회

길을 나서면, 집생각, 가까운 사람들 생각이 더욱 많아지게 되고 감회가 풍부해진다. 여행객의 감회는 어느 정도 괴로운 심정을 띠고 있다.

萍踪浪迹: 부평초는 뿌리가 없기 때문에 물 속에 이리저리 떠밀려 다닌다. 그러므로 이를 통해 도처를 유랑하고 다니며 갈 길이 정해지지 않음을 비유한 것이다. '萍踪浪影'도 같은 뜻이다.

萍漂蓬转: 부평초처럼 수면을 떠다니며 바람에 따라 이리 저리 떠돌아다님.

유랑생활을 비유한다.

书剑飘零: 书剑은 책과 보검을 의미한다. 즉, 독서를 통해 학문을 성취하고, 검으로 군을 지휘하는 것은 모두 매우 어려운 일로써 이를 위해 고향을 등지고 세상을 표류하였다.

白云孤飞: 하늘의 구름은 멀리 떨어져 닿을 수 없어서 이는 혈육이나 지인이 있는 곳을 비유한 것이고, 이를 통해 멀리 떨어져 있는 님을 그리워하는 마음을 묘사하였다.

길을 떠난 나그네는 온 세상을 내 집으로 하여 이리저리 떠돌아다니니 고향을 그리워하는 마음이 생기는 것은 당연한 것이다. 특히 날이 저물고, 노정이 피곤할 때 고개를 들어 고향이 어디 있는지 살펴보면 고독과 적막함, 상실감, 무력감이 밀려든다.

길을 떠나 밖을 떠돌면 모든 것이 불편하다. 특히 교통이 불편하고 경제가 발달되지 않았던 고대에 여행객들은 정신적인 고통뿐만 아니라 물질적인 고통까지 감수해야 한다. 길에서 호랑이 같은 맹수를 만날 수도 있고, 도적을 만날 수도 있으며 산길을 가다 길이 끊어져 찬이슬을 맞으며 노숙을 하기도 하는 등 그 불편함과 괴로움은 이루 말할 수가 없다. 그러므로 바람과 비, 낮과 밤, 달과 일몰 이런 모든 것들이 여행객들에게 처량한 신세와 고향에 대한 향수를 불러일으키는 것이다.

七. 한가로운 구름과 들의 학(闲云野□) --- 은사(隐士)

중국 고대 사회에는 벼슬길에 오르려는 孔孟之道가 있었을 뿐만 아니라 유유자적, 아무 것도 탐하지 않는 老庄思想도 있었다. 중국 고대 지식인들은 권세를 얻을 때는 공자, 맹자 사상으로 기울고, 실의할 때는 노장사상으로 기우는 경향이 있었다. 중국 역사를 살펴보면 한 때 산 속에 은거해 사는 것이 세상에 나아가 출세하는 지름길이 되기도 한다는 것을 알 수 있다.

'终南捷径- 관리가 되는 지름길'이라는 성어의 출처는 «新唐书·卢藏用传»이다. 终南은 终南山을 말하는데 오늘날 섬서성 서안시 부근에 있는 산이다. 卢藏用은 관리가 되고자 하는 뜻을 품고 거짓으로 잠시 장안 근처의 종남산에서 은거생활을 하다 후에 관리로 등용되었다. 이 성어는 관직을 얻고 명예를 도모하고자 하는 첩경을 비유한 것이다.

그렇다면 중국 고대에 과연 진짜 은사는 없었는가? 이는 매우 어리석은 질문일 것이다.

중국 역사를 보면 수없이 많은 은사가 있다. 유명한 사람으로는 姜太公, 严子陵, 巢父, 许由 등이 있다. 사실, 은사란 이름을 숨기고 세상에 등져 사는 사람인데 어찌 그 명성이 세상에 알려질 수 있겠는가 하는 의문이 생길 수 있다. 이것이 바로 진짜 은사인가 거짓 은사인가의 문제를 해결하는 답이 될 것이다. 당나라 卢藏은 거짓 은사였고, 뒤에 등용되었다. 후대에 '终南捷径'은 관직과 명리를 얻는데 지름길이라는 의미로 비유되었다.

중국에는 은사가 실제로 있어왔고, 중국인들은 은사의 생활을 동경해왔다. 특히 陶渊明의 시속에 등장하는 전원생활에 대한 환상을 가지고 있었다. 그러므로 은사의 생활에 대한 성어가 지금까지 전해져 내려오는 것은 당연한 일일 것이다.

1. 归隐의 꿈

고인들은 관직을 버리고 은거하고자 하는 생각을 '莼鲈之思'라고 불렀다('莼羹鲈脍'). '莼'은 순채(수련과에 딸린 다년생 물풀)를 의미하고, '脍'는 가늘게 찢은 어육을 말한다. «晋书·张翰传»에 '翰因见秋风起, 乃思吴中菰菜、莼羹、鲈鱼脍, 说:"人生贵得适志, 何能羁宦数千里以要名爵乎!'遂命驾而归(张翰이 가을 바람이 부는 것을 보고 吴中의 채소와 순채, 어육을 떠올리며 말하기를, 인생은 귀한 것인데 언제 관직을 얻어 이름을 떨치겠는가 하면서 은거했다)' 후에 莼羹、鲈鱼脍는 관직을 버리고 은거하는 것을 상징하는 대명사로 정착되었다. 일단 모든 것이 부질없다는 생각에 도달하기만 하면 속세에 벗어나서 초월적인 삶을 살고 싶다는 생각이 들게 된다. 사람들은 언제나 世外桃园식의 삶을 살기를 바란다. 아래의 성어들은 은사의 생활에 대한 동경을 나타낸 것이다.

世外桃源: 세외도원.

超然独处: 초월하여 홀로 기거하다.

长林丰草: 늘어선 높은 숲과 풀. 은사의 환경.

卑以自牧: 겸손한 태도로 수양하다.

白驹空谷: 白驹는 현자를 뜻한다. 즉, 현자의 은거를 형용함.

清雅绝俗: 속세에 물들지 않은 청렴함을 비유한 말.

羲皇上人: 伏羲 이전 태고시대의 사람, 즉 아무 걱정 없이 유유히 사는 사람.

超然物外: 물욕에서 초월하다.

超然远引: 속세에 떨어져 살다.

淡泊明志: 공명에 욕심이 없고, 심지가 곧다.

超尘拔俗: 속세에서 벗어나다.

뜰 앞에 꽃과 풀이 자라고 하늘에 구름이 피어 있는 모습은 대자연과 조화롭게 공존하며 살아가는 은사에게 있어서는 최적의 환경이다. 중국의 전통문화를 사랑하는 사람들은 현대 갖가지 도시의 질병들을 대하면서 고인들의 은거생활에 동경을 느끼지 않을 수 없을 것이다.

인간 세상의 투쟁은 끊임없이 일어나고 있으므로 어떤 의미에서 보면 진정한 승리자가 없다. 이에 생각이 미치면, 매일 정신없이 이리저리 쫓아다니며 바쁘게 사는 것은 헛된 것이며 그러기보다는 대자연의 품으로 들어가 자유자적하며 평안히 살아보는 것이 나을 것이라는 생각이 든다. 만약 신선법을 수련하면 더 좋겠지만 이를 수련하여 신선이 되지 못한다 해도 조용히 평안하게 사는 것은 얻으리라.

2. 归隐의 生活

归隐의 생활은 비교적 고달프지만 역대 문인들은 이를 상상 속에서 미화시켰다. 영화를 좇기 위해 많은 것에 속박되어 '몸이 속세에 있으니 몸을 뜻대로 가눌 수 없다(人在江湖, 身不由己)'의 상태에 놓인다. 은거하고 싶다는 유혹이 끊임없이 들것이다. 사람들은 이런 신선의 생활에 대해 낭만적인 환상을 가지고 있다. 중국어 성어에서도 은사의 생활을 묘사한 것이 많다. 그중 대부분은 은사의 생활에 대한 아름다운 이상을 갖고 있다. 예를 들면:

餐风吸露: 바람을 먹고 이슬을 마시다.

餐松啖柏: 송백 과일로 허기를 채우다. 즉, 속세를 떠난 생활을 말함.

安步当车: 수레를 타지 않고 걸어 다니다.

高枕无忧: 높은 베개 베고 걱정이 없다. 걱정 없이 사는 모습.

梅妻鹤子: 매실을 부인 삼고, 학을 아들 삼아 살다.

安贫乐道: 안빈낙도하다.

逍遥自在: 아무런 구속 없이 자유롭다.

闲云野鹤: 한가로운 구름과 들의 학.

孤云野鹤: 외로운 구름과 들의 학.

含脯鼓腹: 음식을 먹으며 배를 두드린다. 태평한 세월을 비유함.

古井无波: 오래된 우물에 물결이 일지 않는다. 절개를 지키다.

山栖谷饮: 산속에 살면서 계곡물을 마시다. 은거의 생활.

樵苏不爨: 樵苏는 땔감을 모으는 것을 말하고, 爨은 불을 지피는 것을 뜻한다. 땔감을 모으나 불을 지펴 밥을 짓지 않는 것은 은사의 청렴한 생활을 말한다.

深居简出: 깊은 곳에 숨어 살며 세상에 나오지 않는다.

자유를 좋아하는 것은 인간의 천성인데 은사의 생활은 확연히 자유롭다. 물론 은사는 안분지족해야 하고 속세에서의 각종 욕망을 버려야 한다. 그래야만 기꺼이 매실을 부인으로 학을 아들로 삼고, 거친 음식을 먹고, 거친 옷을 입어도 태평하고 아무 걱정이 없는 것이다. 물론, 은사가 되는 것도 일정한 사회 환경 및 자연환경을 필요로 한다. 지구가 하나의 마을처럼 되어버린 오늘날 은사가 되기란 그리 가능하지 않다. 수행을 하고자 하는 사람도 속세의 간섭에 시달릴 수밖에 없다. 그러나 시공을 초월하여 은사의 생활을 살펴보고, 비판과 감상의 시각으로 분석해 보는 것도 괜찮을 듯 싶다. 이런 과정을 통해 비록 어렴풋이나마 무엇인가 깨닫는 바가 있을 것이다.

3. 归隐의 심정

은거의 마음이 한낱 꿈에 불과할지라도 이는 아름다운 꿈일 것이다. 그러면 우리는 지체 없이 이 꿈을 실현해야 할 것이다. 그러나 역사를 살펴보면 은사를 자처하는 사람들은 대부분이 진정한 의미의 은사가 아니다. 그들은 갖가지 목적을 가지고 은거한다. 오욕을 씻기 위해서, 관리가 되는 지름길이므로, 와신상담하고 있다가 기회만 주어지면 재기하기 위해서 등 다양하다. 그들 중 순전히 속세에서 벗어나기 위해서 은거하는 사람들도 있을 것이다. 아래의 성어들은 은사의 이런 모습을 묘사해 놓은 것이다.

终南捷径: 관리가 되는 지름길.

高卧东山: 은거하며 재기의 기회를 기다리다.

晦光养晦: 지식과 검술을 숨기고 세상에 나오지 않는다.

避世离俗: 속세를 떠나다.

杜门晦迹: 두문불출하다.

循门匿迹: 속세를 떠나 이름을 숨기다.

深藏远遁: 사람과 떠나 깊은 곳으로 들어가 숨어지내다.

变迹埋名: 종적을 바꾸고 이름을 감추다.

放情丘壑: 뜻 가는 대로 산과 강을 떠돌다.

은사는 원래 자유를 추구하기 위해 멀리 속세를 등지는 사람이다. 만약 자신의 마음에 자유와 평안을 줄 수 있는 곳이라면 은거의 장소는 다양할 수 있다. 그러므로, 향촌의 들에 은거할 수도 있고, 깊은 산에 은거할 수도 있고, 조정에 은거할 수도 있고, 저자에 은거할 수도 있다. 은거는 중국 고대의 생활방식중의 하나이다. 사람들은 자주 은사를 신선으로 비유하기도 하는데 완전히 근거 없는 것은 아니다. 왜냐하면 은사는 일반인들과 분명 다른 점이 있기 때문이다. 속세에서 사람들은 명리에 얽매여 살아간다. 생각이건 신체건 모두 자유롭지 않다. 그러므로 그렇게 많은 사람들이 은거를 동경하고 자유로운 생활을 추구하는 것이다. 그러나 오늘날은 쉽게 은거할 장소를 찾을 수 없음이 안타까울 따름이다.

유교, 불교, 도교 가운데 도교와 불교는 모두 속세 이탈을 강조하며 유교도 '天下有道则见, 无道则隐(천하에 도가 있으면 나타나고, 도가 없으면 숨는다)'이라 가르치고 있다. 드러나고 숨어있고는 세상에 나가느냐, 은거하느냐의 의미이다. 은거와 세상에 나아감은 중국 고대 지식인들의 성격적 모순을 형성하고 있다.

八. 많은 학생(莘莘学子)

중국 고대에 지식인들은 존경의 대상이었다. 이에는 두 가지 각도의 원인이 있다. 첫째, 봉건사회에서 '士'를 중시했기 때문이다. 당시 학자를 '士人'이라 칭했으며 그들은 관료계급과 같이 사대부 계급에 속했다. 통치자는 통치집단의 이익을 위해 현인과 선비를 불러들였으며 지식인들을 예우하였다. 또한, 학자는 출세할 수 있는 기회를 가진다. 학자는 봉건 통치계급의 권력 핵심에 들어갈 수 있는 기회를 가지는 것이다. 둘째, 우수한 지식인들은 박학다식했기 때문이다. 사람들은 학식 있는 사람을 숭배하고, 학문에 대한 열정과 동경을 가지고 있다. 따라서 지식을 추구하고 힘들게 공부하는 학생들에게도 같은 존경을 보였다.

옛날 지식인들은 수신제가치국평천하의 이상을 실현하기 위해 만 권의 책을 읽고, 만리길을 여행하였다. 옛날 지식인들이 책을 읽는 목적은 두 가지였다. 첫째는 공명을 얻기 위해서였고, 둘째는 사물의 이치를 연구하기 위해서였다. 공명을 얻는 길은 조정의 과거시험을 보는 길이 있었다. 일단 급제만 하면 일거에 명성을 얻게 되어 오랜 시일 고생스레 공부한 것이 보람 있게 되는 것이다. 또 다른 길은 자신의 견해를 발표하는 것으로 저술하여 일가설을 이루어 자신의 주장을 펼치고 퍼뜨리는 것이다. 사물의 이치를 깨닫는 방법은 매우 힘든 과정이다. 모든 사물에 대해 깊이 있는 사색을 해야 하고, 벼슬을 도모해서는 안된다. 명예와 이익에도 무심해야 했는데 중국 고대의 많은 과학자들은 바로 이 길을 택했다.

지식인들과 관련 있는 성어는 아래와 같이 몇 가지 분류로 나누어 볼 수 있다.

1. 求学

如饥似渴: 굶주리고 목마른 듯하다. 배움을 갈구하다.

幼学壮行: 유년시절을 학문을 연마하고 장년에 포부를 펼치다.

映雪读书: 형설지공. 눈을 등불 삼아 공부하다.

程门立雪: 스승을 공경하고 가르침을 받다.

凿壁偷光: 벽에 구멍을 뚫어 이웃집의 불빛을 빌어 공부하다.

寻师访友: 친구를 스승으로 삼아 배울 점을 본받다.

笃志好学: 전심으로 학문을 연마하다.

循序渐进: 차분히 단계별로 공부하다. 점진적으로 일을 추진하다.

焚膏繼晷: 밤낮으로 열심히 면학하다.

刺骨悬梁: 들보에 상투를 매달아 잠을 쫓으며 공부에 힘쓰다.

不耻下问: 아랫사람에게 묻는 것을 부끄러워하지 않는다.

好学不倦: 배움에 있어 싫증내지 않는다.

好问则裕: 묻기를 즐기면 (지식이)풍부해진다

见贤思齐: 현명한 사람을 보고 같이 생각하다

燃松读书: 소나무를 태워 책을 읽다

映雪囊萤: 눈빛과 반딧불이(로 책 읽다)

牧豕厅经: 돼지를 치며 경서를 읽는다.

敬业乐群: 열심히 공부하고 벗들과 어울리다

温故知新: 옛것을 익혀 새로운 것을 안다.

2. 治学

皓首穷经: 머리가 세도록 경전을 연구하다.

百家争鸣: 백가쟁명.

博学治闻: 많이 배우고 널리 듣다.

格物穷理: 사물의 도리를 파고들어 이치를 구하다.

力学笃行: 힘써 배우고 진지하게 행하다.

钩玄提要: 섬세하게 탐구하고 줄거리를 정리해 내다.

补苴罅漏: 틈을 메우고 새는 것을 막다. 결점을 보완하다.

钩深致远: 깊이 탐구하고 멀리 이르다.

钩隐抉微: 감춰진 것을 탐구하고 미세한 것을 파내다.

探本穷源: 근본을 탐구하고 근원을 캐다.

学无止境: 배움에는 끝이 없다.

成一家言: 일가언을 이루다.

极深研几: 깊고 세밀하게 연구하다.

书通二酉: 책을 매우 많이 읽다(二酉: 大酉山, 小酉山을 가리킴).

满腹经纶: 재능, 학식, 능력이 많음.

3. 擧业

十年寒窗: 오랜 세월 고생하여 학문에 힘쓰다.

名落孙山: 낙방하다.

榜上无名: 방에 이름이 없다, 불합격.

状元及第: 장원급제하다, 과거에 일등으로 급제하다.

独占鳌头: 일등으로 급제하다, 수석합격.

发策决科: 과거 시험에서 합격하다.

风檐寸晷: 비바람을 막을 수 없는 처마 밑에서 시간을 다투다.

蟾宫折桂: 과거시험에 합격하다.

4. 实用

曲学阿世: 배운 바를 왜곡하여 세속적 요구에 맞추다, 곡학아세.

学以致用: 배워서 쓰임이 있다.

立人达人: 다른 사람을 도와 공을 세워주다.

중국인이 배움을 구함에 있어서 어려움을 잊고 고생하여 힘들게 공부하는 신앙이 있다. 머리카락을 붙들어 매거나 송곳으로 찔러 잠을 깨우며 음식을 먹는 것을 잊고, 형설(萤雪)에 비추어 공부를 하는 등 관련 고사가 매우 많다. 이런 이야기들은 공부를 중시하는 중국같은 나라에서는 현실로 나타나며 이야기의 주인공은 모든 공부하는 사람들의 본보기가 될 수 있었다. 지금까지 '학문의 바다는 끝이 없고 고생이 배이다(学海无涯苦作舟)'는 많은 학생들의 좌우명이다. 힘들게 공부하는 것은 모든 학자의 훌륭한 전통이 되었다. 그러나 판에 박힌 내용을 공부하거나 판에 박힌 공부 방식에 의존하는 현상과 시험을 위해 공부하는 현상이 매우 보편화되었다. 10년 동안 괴로움을 참고 공부를 할 수 있는 가장 큰 이유는 이를 통해 입신양명할 수 있기 때문이다. 이는 중국 교육의 고질병이며 오늘날 대학입시를 치르는 학생들은 아직도 이런 그늘에서 벗어나지 못하고 있다. 허다한 학생이 12년 동안 열심히 공부하는 목적은 대학 입시 사흘을 위해서이다. 대학에 합격하면 12년 동안의 공부는 헛된 것이 아니지만, 불합격하면 심하게 낙담한다. 중국의 옛날과 현재의 공부하는 이들이 공명을 추구하는 과정에 보여준 고집과 편협은 사람을 위축시키기에 족하다. 마치 속담에서 말하는 바와 같다. '왜 하필이면 한 나뭇가지에만 목매달아 죽으려 하느냐?'

옛날 중국의 지식인들은 중국 문명의 창조자이지만 이들의 수는 많지 않았고, 대다수의 사람들은 통치계급의 부속품으로서 독립된 인격과 계급의식을 갖지 못했다. 대다수는 '学而优则仕(공부해서 우수하면 벼슬하기)'에 관심을 가졌고, 소수의 사람만이 몸과 마음을 정갈히 하고 수신하는 길을 걸었다.

九. 시인

'诗言志, 歌咏怀' 중국 고대 사회에는 시가 매우 성행하였다. «诗经»은 중국 첫 번째 시가총집으로 西周초(1100BC)에서 春秋중엽(500BC)까지 약 600여 년 간의 시가를 수록한 책으로서, «风», «雅», «颂» 3부분으로 나뉘어져 있다. 风은 각자의 민가를 雅는 귀족 생활과 사상, 감정을, 颂은 왕이나 제후가 제사나 큰 행사 때 부르던 노래가 수록되어 있다. 고대 중국은 시의 왕국이었으며, 중국 문학의 시조는 시가라 해도 과언이 아닐 것이다. 중국 역사상 유명한 시가 작품, 유명한 시인 및 시화는 매우 많다. 시가와 시인과 관련된 성어 또한 많다.

앞에서도 말했다시피 고대 중국인들과 대자연의 관계는 밀접하였다. 중국 고대 사회와 천지만물의 관계는 모든 사람의 삶에 녹아있고, 그들의 생활은 바람, 꽃, 눈, 달 등 자연과 뗄 수 없는 관계이다.

봄바람 가을비 차가운 별과 달, 황야의 여관, 옛길의 오래된 정자는 모두 시인의 정감을 불러일으키며, 자연의 변화, 계절의 순환, 사회의 변천도 그들의 정서가 크게 움직이게 하여 공감을 불러일으킨다. 시와 시인과 관련된 성어는 아래와 같이 분류해볼 수 있다.

1. 시인에 관하여

郊寒岛瘦: 汉代 시인인 孟郊와 贾岛의 시의 질박하고 빼어난 풍격을 가리키며, 이 두 시인과 비슷한 시 풍격을 가리키기도 한다.

班香宋艳: 원래 班固와 宋玉의 화려한 시를 칭송하는 의미로 쓰였으나 지금은 뛰어난 시를 가르키는 말로 쓰인다.

附庸风雅: 附庸는 따라하다라는 의미를 가지고 있고, 风雅는 «시경(诗经»의 «국풍(国风)»,«대아(大雅)»,«소아(小雅)»를 가리킨다. 이 말은 시와 문학의 총칭이다.

寻章摘句: 독서를 할 때 글자 하나하나에만 주의하고, 전체적인 의미를 파악하거나 생각하지 않는다.

呕心沥血: 피를 짜내듯이 심혈을 기울여 연구하고 사색하는 것을 비유하는 말.

吊古寻幽: 옛 흔적을 따라 깊고 오묘한 경지를 찾는다.

2. 작품에 관하여

哀而不伤: 의미는 슬픈 감동을 주어도 몸을 상하게 할 정도는 아니다라는 뜻으로, 후에 시와 음악이 우아함의 극치를 이루며 감정도 적절하다라는 뜻으로 사용된다.

错彩镂金: 원래는 공예품을 가리키는 말이었으나 후에는 시와 글의 아름다움을 비유하는 말이 되었다.

沉博绝丽: 글의 내용이 심도 깊고, 수식도 화려하다.

大含细入: 원래는 천지부터 모든 작은 사물까지 모든 것을 담고 있는 «太玄经»의 내용이 풍부함을 찬미하는 말이었으나 후에는 문장의 양이 방대하고 내용이 심도 깊음을 뜻하는 말로 변천했다.

开门见山: 말이나 문장이 단도직입적이다.

词华典赡: 수식과 전고가 많은 문장.

3. 내용에 관하여

风云月露: 바람과 구름, 달과 이슬은 시에 가장 자주 등장하는 소재임.

风娇日暖: 산들바람과 따뜻한 날씨.

月黑风高: 달도 없고 바람이 거세게 부는 밤.

离愁别绪: 이별의 정서.

才子佳人: 재능 있는 사람과 미인.

月白风清: 달이 희고 바람이 맑다, 그윽하고 아름다운 밤.

시인은 자신의 감정을 작품에 융화시키고, 자신만의 언어도 작품에 녹여 넣는다. 그러므로 시적 의미를 지닌 성어야말로 시인의 창작품인 것이다. 시인은 시속에 성어를 사용하며, 성어는 시 창작에서 태어났다. 그러므로 시인과 성어는 매우 밀접한 관계에 있다고 할 수 있다. 예를 들어 아래 자주 사용되는 성어들은 모두 시인의 작품에서 나왔거나 시인의 작품을 빌어 알려진 것들이다.

平分秋色: 宋代 李朴의 «中秋»의 한 구절.

风吹雨打: 唐代 陆希声의 «李径»의 한 구절.

人约黄昏: 宋代 欧阳修의 «生查子»의 한 구절.

淡妆浓抹: 宋代 苏轼의 «饮湖上初晴后雨»의 한 구절.

翻云覆雨: 唐代 杜甫의 «贫交行»의 한 구절.

제 3절 성어와 고대 사회의 풍습

제2절에서 우리는 성어와 중국 고대 인물상에 대해 논했다. 여기서는 성어와 중국 고대 사회 풍습과의 관계를 논하기로 한다. 성어는 고대 사회의 인문지식을 어느 정도 보존하고 있다고 할 수 있다. 예를 들면, 고대사회의 의식주, 관혼상제, 교우와 여행, 민속민풍, 종교신앙, 법전제도, 전쟁과 평화, 산수자연, 유흥과 인생, 과학기술 등이 성어에 녹아있다. 인류 사회의 역사는 부단히 변화하고 있으며 많은 것들이 이런 변화 속에서 역사의 뒤안길로 사라져갔다. 어제의 유행이 오늘은 골동품이 되기도 하고 어제의 새로운 조류가 오늘은 시대에 위배되는 것으로 변해 버리기도 한다. 어제의 미덕이 오늘은 구속이 될 수도 있으며 익숙한 생활 방식도 금새 먼 추억이 되어버리기도 한다. 어제 우리가 갈망하던 것들이 오늘은 전혀 가치가 없는 것이 되기도 한다. 어제 민감했던 신경이 오늘은 무덤덤해지기도 한다. 어제의 희로애락이 오늘은 극히 평범한 일이 되기도 한다...... 많은 어제의 이야기들이 역사 속에 잊혀져

간다. 지난날의 일에 대해 성어는 우리에게 실로 많은 것을 알려줄 수 있다.

이 절에서 우리는 고대사회 생활의 몇 가지 측면을 살펴보고, 수많은 성어 속에서 몇 가지 중요한 성어를 뽑아내어 선인의 종적을 찾아보고자 한다.

一. 고대 중국의 의식주행(衣食住行)

인류에게 있어서 의식주행은 필수불가결한 것이며 그것들은 인류 사회의 가장 기본적인 네 가지 행위이다. 중국인에게 먹는 것은 네 가지 중의 최우선 자리를 차지한다. 먹는 것을 가장 중시하였고 이에 대하여 많이 연구하였다. 중국어 성어 중에 의식주에 관한 성어 또한 자연히 많을 수밖에 없다. 衣의 가장 기본적인 기능은 추위를 막아주고 食은 배를 채워준다. 그러나 사회 생산력이 어느 수준까지 높아지면, 衣와 食의 기능은 다소 변하게 된다. 衣는 추위를 막아주는 기능 위에 몸을 장식하고, 부귀와 계급을 나타내는 기능도 하게 되고, 食도 단순히 배를 채워주는 기능에서 발전하여 미식과 장식을 추구하게 된다. 住와 行도 衣食과 같이 인간 생활의 기본 수요이며, 衣食과 마찬가지로, 생활의 기본적인 수요 충족에서 신분과 지위의 상징으로 변천되어 갔다.

1. 衣食

입을 옷과 먹는 음식은 일상생활에서 잠시도 떠날 수 없는 가장 기본적인 두 가지이다. 어떤 사람에게 衣食은 인생의 전부일 수도 있을 것이다. 이언의

'嫁汉嫁汉, 穿衣吃饭'처럼 어떠한 여인에게 최고의 이상은 좋은 남편을 만나서 비단옷과 좋은 음식은 아닐지라도 최소한 자신의 의식주를 보장받는 생활을 하는 것이다. 오늘날에도 어떤 사람들은 여전히 '일을 잘 하는 것보다 시집을 잘 가는 것이 낫다'라고 생각하는 사람이 있다. 사람들은 일이 재미있고 이상적이어서 일을 하는 것이 아니라 가족을 부양하기 위해서 일을 한다. 중국어 중에서 '직업을 구하다'라는 표현을 '밥그릇을 찾다(找到饭碗)'라고 말하기도 한다. 또 고정적인 일자리를 갖는 것을 '쇠밥그릇을 들었다(端上了铁饭碗)'라고 표현하고, '직업을 잃었다'를 '밥그릇을 잃어버렸다(丢了饭碗)' 혹은 '밥그릇을 깼다(砸了饭碗)'이라고 말한다. 무슨 일을 하면 무슨 밥을 먹는다고 한다. 예를 들면, 경찰은 공안 밥을 먹는다(吃公安这碗饭), 변호사는 법률 밥을 먹는다(吃法律这碗饭), 배우는 무대 밥을 먹는다(吃舞台这碗饭), 관리는 정치 밥을 먹는다(吃政治这碗饭)라고 한다. 성어에서 일자리를 줄 수 있는 사람을 우리의 衣食父母라고 표현한다. 예를 들면, 관객은 배우의 衣食父母이고(衣食父母에게 불경한 상황이 존재하기는 한다), 고객은 가게의 衣食父母(현재 외국인의 표현을 빌리면 '上帝: 하느님'임)이며, 국민은 관리의 衣食父母(전통적 표현에 따르면, 지방관리는 해당 지방의 父母官이라 하였는데, 시비가 전도된 상황이다. 현재의 표현에 따르면 관리는 '公仆: 공복'임) 등등이다.

아래의 성어는 모두 衣食과 관련된 것으로서 이 성어를 통해 우리는 고인들이 옷을 입고 모자를 쓸 때의 규칙을 알 수 있다. 옛사람이 오늘날 우리와 어떻게 다르고 어떤 특징이 있는지 알 수 있다.

褒衣博带: 褒衣는 큰 옷이고,博带는 넓은 허리띠이다. 즉, 褒衣博带는 고대 유생들이 있었던 예복이다. '高冠博带', '峨冠博带'라고도 한다.

白衣秀士: 白衣는 공명을 얻지 못한 사람들이 있는 옷이고, 秀士는 书生을 말한다. 즉, 白衣秀士는 아직 공명을 얻지 못한 서생이다.

黄袍加身: 고대에는 의복의 색으로 사회신분과 역할을 구분했었다. 黄袍는 황제만이 있는 옷이다. 그러므로 黄袍加身은 천자로 즉위하다라는 의미이다.

布裙荆钗: 거친 베 치마를 입고 가시나무로 비녀를 하다. 이는 평민 부녀자의 옷차림을 말하는 것으로 옷차림이 소박함을 의미한다.

布衣韦带: 거친 베옷을 입고, 소가죽으로 만든 허리띠를 매다. 이것은 고대 산사람들의 옷차림을 말한다.

披发左衽: 산발을 하고 옷깃을 왼쪽으로 눕히다. 이것은 고대 소수민족의 복장을 의미한다.

披缁削发: 검은 색 옷에 삭발하다. 이것은 승려의 모습을 의미한다.

披褐怀玉: 褐는 고대 가난한 사람들이 입던 의복이며, 옥은 재능과 덕을 의미한다. 비록 낡은 옷을 입었으나 재능과 덕을 겸비하고 있다는 의미.

披甲执兵: 몸에 갑옷을 입고 손에 무기를 들다.

草衣木食: 풀로 옷을 해 입고, 과일로 끼니를 때우다. 궁핍한 생활 형용.

布衣粝食: 거친 베옷을 입고 거친 음식을 먹다. 궁핍한 생활을 묘사.

弊衣箪食: 낡은 옷과 거친 음식. 생활의 궁핍함을 묘사.

绵衣玉食: 화려한 옷과 좋은 음식. 호화로운 생활.

炊金馔玉: 금과 옥처럼 귀한 음식을 먹다. 생활이 사치스러움을 의미.

甘旨肥浓: 향기 좋은 맛있는 음식.

茹毛饮血: 털도 뽑지 않고 피가 떨어지는 동물을 먹다. 원시시대 혹은 미개인들의 음식 습관을 표현한 것.

饮冰食檗: 檗은 나무 이름이고 음은 bò이다. 즉, 얼음을 깨서 마시고, 쓴 음식을 먹는다는 것은 생활이 어려움을 뜻한다.

啜菽饮水: 철숙음수, 가난해도 부모에게 효도함.

箪食瓢饮: 대그릇의 밥과 표주박의 물, 안 좋은 적은 음식.

粗茶淡饭: 간단한 음식. 검소한 생활.

清酌遮羞: 깨끗한 술과 산해진미. 제사 음식.

2. 住

과거 우리 선조들은 동굴에 살기도 했고(北京猿人과 山顶 동굴인), 나무 위에 살기도 했었다. 성어에서 '巢居穴处'는 매우 사실적인 말이다. 오늘날까지 혈거는 여전히 중국 황토 고원의 일부 사람들의 보통의 거주방식이다(예를 들면, 陕北의 동굴, 陕西乾县의 지하굴 및 东北 일부 지방의 지하창고 등). 이런 방식으로 생활하다 나중에서야 집의 개념이 생겼다. 그러나 같은 집이라 해도 초가집도 있고, 나무로 지은 집도 있으며, 벽돌, 기와집도 있다. 가난한 사람들은 집이 추위를 피하기만 하면 족하였고, 부자들은 화려하게 집을 지어 일종의 사치와 권세의 상징으로 삼았다. 아래 성어를 통해 우리는 이런 차이를 알 수 있을 것이다.

巢居穴处: 나무나 동굴에 거주하다. 이는 인류가 집을 짓기 전에 살았던 생활방식이다. 인류가 집을 짓기 시작한 이후에도 나무집이나 동굴

집의 형태는 여전히 존재한다. 이 성어는 원시적인 거주 방식을 지칭한다.

茅室土阶: 짚풀로 지붕을 엮고 진흙으로 계단을 만든 집으로 매우 초라한 거주 형태를 말한다.

蓬荜生辉: 음은 péng이며, 蓬草를 말하고, 荜는 음이 bì고 가시덤불과 대나무로 엮은 울타리를 말한다. 즉, 蓬荜는 蓬草로 만든 문과, 가시덤불 및 대나무로 엮은 울타리로, 가난한 사람이 거주하는 집을 말한다. '蓬荜生辉'는 일종의 겸양어로서 귀한 손님이 오거나 다른 사람의 그림이 자신의 집에 걸려서 초라한 집에 광채가 난다는 뜻이다.

荜门圭窦: 荜门은 가시와 대나무 등으로 엮은 사립문을 말하고, 圭窦은 벽을 뚫어서 낸 문. 가난한 사람들의 거처를 형용함.

瓮牖绳枢: 깨진 독의 구멍을 창문으로 삼고, 끈으로 문 축을 만들다. 매우 궁핍한 처지와 초라한 집을 형용함.

雕梁画栋: 방 기둥과 문주에 그림을 그려 대들보와 기둥을 꾸미다. 화려한 건축물을 형용한 말. 이것은 귀족이나 부자가 거주하던 집을 말한다.

广夏细旃: 높은 처마와 화려한 양탄자. 화려한 집을 말한다.

桂官柏寝: 계수나무와 측백나무로 지은 우아하고 좋은 집.

琼楼玉宇: 옥으로 지은 집. 신선이 거주하는 곳.

碧瓦朱甍: 녹색의 기와와 붉은 색의 용마루. 화려한 건축물의 미관을 형용한 말.

钩心斗角: 중국 건축물의 한 기법으로 후에는 정교하게 설계된 건축물을 형용하는 말로 사용되었다가 사람사이의 암투를 나타내는 말이 되었다.

亭台楼阁: 중국의 4가지 대표적인 원예 건축물.

3. 行

발을 대신 할 수 있는 도구가 나오기 전에는 발이 유일한 교통수단이었다. 후에 말을 길들여 말을 교통수단으로 이용하기 시작했다. 상당기간 동안 말은 사람의 주된 교통수단으로 매우 중요한 동물이었다. 때문에 말의 분류 또한 상당히 세밀하다. 말의 성격, 나이, 색깔, 특징에 따라 몇 십 종류로 분류하고 매 분류마다 그 이름이 있었다. 후에 사람들은 수레를 발명했고, 가마를 발명했다. 수레와 가마도 다양한 분류로 나뉘어졌다. 오늘날에는 자전거, 기차, 배, 비행기 등이 발명되어 말과 가마는 이미 역사 속에 사라져버렸다. 그러나 성어에서는 여러 현대적인 교통수단 대신 전통적인 교통수단을 담고 있다. 예를 들면,

弊车驽马: 수레가 부서지고, 말이 형편없다. 여행의 조건이 아주 열악함을 비유함.

百舍重趼: 백일 밤을 걸어서 발에 굳은 살이 박히다. 오랜 여행의 피로를 나타냄.

草行露宿: 산속을 가며 노숙하다. 여행이 매우 힘들고 촉박함을 비유.

车殆马烦: 殆는 피로함을 나타냄. 여정이 힘들어 말과 수레가 쉬어야 함을 나타냄.

人困马乏: 사람과 말이 매우 피곤하다.

高车驷马: 네 마리 말이 끄는 고급 마차. 귀한 사람이 타고 다니는 마차를 비유함.

前呼后拥: 앞의 사람이 소리치면서 길을 트고 뒤에서 보호한다. 고관의 행차.

八抬大轿: 여덟 사람이 드는 마차. 관리들의 교통수단이다.

轻裘肥马: 얇지만 따듯한 가죽옷을 입고 살찐 말을 타고 가다. 부귀한 사람의 행차.

香车宝马: 장식이 화려한 말과 마차.

风尘仆仆: 온 몸에 먼지를 뒤집어 쓴 여정으로 인해 피곤한 모습을 말함.

四海为家: 세상을 자기 집인 양 돌아다님.

鹅行鸭步: 거위나 오리처럼 느리게 걷는 모양.

步履蹒跚: 느릿느릿 걷는 걸음걸이. 아이나 노인이 걷는 모습을 비유함.

尻轮神马: 자유자재로 돌아다님.

고대 중국의 衣食住行의 상황은 매우 열악했다. 그러나 사회적으로 부의 분배가 불공평하고 소수가 대다수의 재물과 토지를 독점하고 있었기 때문에 이들은 산해진미를 먹고, 대궐같은 집에서 살며, 비단을 걸치고, 네 마리 말이 끄는 마차를 타고 다녔다. 다수의 사람들은 세끼 밥만 먹을 수 있으면 하늘에 감사했다. 그들은 배를 채우기 위해 밥을 먹고, 추위를 피하고 몸을 가리기 위해 옷을 입었으며 비바람을 막기 위해 집을 지었고 말과 수레를 타고 다니는 것은 상상도 하지 못했다. '부잣집에서는 술과 고기 썩는 냄새요, 길에는 얼어 죽은 시체라(朱门酒肉臭, 路有冻死骨)'의 현상은 매우 흔했다.

二. 고대 중국의 흥망성쇠.

중국의 역사는 길고 길다. 그 긴 역사 속에서 중국은 수없이 많은 정권의 교체기를 겪었다. 治는 태평성세를 말하며 백성들이 평안히 자신의 생업의 종사할 수 있는 환경을 말한다. 乱은 곳곳에서 전쟁을 알리는 봉화가 사방에서 올라오고 도적이 들끓는 것을 뜻하며, 兴은 천하가 태평하며 모든 생업이 왕성하게 발전함을 이르고, 废는 예와 도덕이 붕괴되고 주권을 잃는 치욕을 겪는 것을 말한다. 5000년 중국 역사 속에서 병가의 역할은 최우선 순위이었으며, 흥망성쇠 또한 병가와 관련이 깊다. 그러나 일반 백성들이 바라는 것은 태평성대를 누리며 평화롭게 살아가는 것이다. 일반인의 평화에 대한 갈망은 변함이 없었다. 우리는 흥망성쇠와 관련된 많은 성어를 볼 수 있다.

1. 군사

중국인은 평화를 사랑하는 민족이다. 그러나 끊임없이 전쟁의 역사를 겪은 민족이기도 하다. 그러므로 중국인은 전쟁을 잘하는 민족임에도 틀림없다. 중국역사는 전쟁과 평화가 반복되는 과정 속에서 발전한 역사인 것이다. 중국 역사상 전쟁은 대부분 천하 패권의 지위를 빼앗기 위해서 비롯된다. 이런 전쟁을 통해 손해를 보는 것은 백성이다. 매번 전쟁이 날 때마다 인구가 감소하고 생산력이 저하된다.

兵家는 중국 고대 역사에 중요한 비중을 차지한다. 왜냐하면 중국 고대에는 전쟁이 끊이지 않았고 통치자들은 '养兵千日, 用在一朝(하루아침의 전쟁을 위해 천일 동안 병사를 훈련시킨다)'의 이치를 알고 있었기 때문이다. 전쟁에서 배출된 수많은 걸출한 군사 전략가들은 자신의 지혜와 용기로 전쟁을 승리로 이끈다. 그들은 또한 자신의 전쟁 경험을 토대로 전쟁 승패의 원인을 분석하기도 한다. 그 결과물은 전쟁의 작전, 병법뿐 아니라 전쟁과 관련된 성어를 통해 우리에게 전해진다. 오늘날 이런 화약냄새와 피비린내 나는 사자구문을 보며 우리는 중국 고대의 전쟁의 깃발과 봉화의 불빛을 볼 수 있을 것이다. 또한 중국 고대의 호각소리와 고함을 들으며, 장군들이 험악하게 찌푸리고 있는 두 눈썹을 보고 병사들이 함부로 웃고 떠들지 못하는 표정을 볼 수 있을 것이다. 아울러 기아와 추위에 지친 백성들의 신음 소리와 원성을 들을 수 있을 것이다. 장군들이 세운 혁혁한 공은 수많은 일반 병사의 피를 대가로 한 것이다.

그렇다고 병사를 훈련시키지 않을 수도 없다. 하나의 주권국가에 군대가 없다면 국민의 안위를 보장할 수 없을 것이기 때문이다. 그래서 병가는 영원히 사장되지 않는 것이다.

아래 성어를 통해 우리는 고대 병가와 관련된 사회모습을 살펴보자.

(1) 병법(兵法)

중국 고대 전쟁은 전략과 전술을 매우 중시하여 이와 관련된 체계가 이미 형성되었다. 이것이 바로 병법이며 전쟁의 기술이다. 군사 지휘관은 반드시 이런 병법을 익혀야만 한다. 전쟁의 승패가 지휘관이 병법을 얼마나 잘 쓰느냐에 달려있기 때문이다. 고대 전쟁에서는 소수의 군대가 다수의 군대를 약자가 강자를 이기는 예를 흔히 찾아볼 수 있다. 중국의 병법은 지혜의 결정체이다. 두 명의 강자가 만나면 용감한 자가 이기고, 두 명의 강한 자가 만나면 지혜로운 자가 이긴다. 용병의 방법은 매우 기이하고 속임수도 있고 변화가 다양하다. 春秋战国时代의 «孙子兵法»은 중국 역사상 가장 걸출한 병법 저작이다. 지금까지 2000여 년이 흘렀지만 풍부한 내용과 심도 깊은 이론은 결코 다른 저서에 뒤지지 않으며 실천 속에서 끊임없이 변화하여 지금은 가장 높은 응용가치를 지니고 있다. 이 저서의 내용은 인간관계, 국제관계에도 사용할 수 있고 정부행정이나 상업경영에도 사용할 수 있다.

병법은 군사전략가가 전쟁을 승리로 이끈 책략을 모은 보배이며 국가의 대사이다. 손자가 '군사란 국가의 대사이고 삶과 죽음 의 땅이며 존재멸망의 도이니 살피지 않을 수 없다(兵者, 国家之大事, 死生之地, 存亡之道, 不可不察也)'라고 말한 바 있다. 손자병법에서 나온 성어는 매우 많다. 예를 들면,

攻其不备, 出其不意 :적이 방비하지 않는 곳을 공격하고 의외의 책략을 내다.

知己知彼, 百战不殆 :자기를 알고 남을 알면 백전백승이다.

出其不意(出其所不趋, 趋其所不意): 불의에 적을 기습하다.

避实击虚: 적의 허를 찔러 공격하다.

以逸待劳: 휴식을 취하여 힘을 비축해 두었다가 적이 피로할 때 싸우다.

穷寇勿迫: 궁지에 몰린 적은 쫓지 말라.

«孙子兵法»에서는 용병의 여러 방법을 기록해 놓고 있으며 그중 최고의 경지는 바로 '아무 것도 하지 않고 싸우며, 싸우지 않고 이긴다(无为而战,不战而胜)'이다. 아래의 성어는 실전의 총괄이고, 이론이기도 하며 역사이야기이기도 하다. 매 성어는 모두 병법의 책략이며 모든 책략에는 역대 군사가의 지혜가 담겨 있다.

哀兵必胜: 비장함으로 무장한 군대가 반드시 승리한다.

出奇制胜: 기이한 전략으로 승리하다.

先发制人: 선제공격으로 기선을 제압하다.

兵贵神速: 군사행동은 신속함을 중시한다.

(2) 사기(士气)

孙子가 '그러므로 삼군은 사기를 앗을 수 있고 장군은 마음을 앗을 수 있다(故三军可夺气, 将军可夺心).'라고 했듯이 삼군의 사기는 매우 중요하다. 어떻게 병사의 적극성을 불러일으키고 투지를 고취시키는가는 것은 군사가가 반드시 배워야 할 것이었다. 소위 정예부대라는 것은 장비 면에서 정예일 뿐만 아니라 기술 면에서도 정예이어야 하고 가장 중요한 것은 투지 면에서 정예이어야 하는 것이다. 만약 모든 전사가 죽음을 각오하고 몸을 돌보지 않으며 투지와 사기가 왕성하다면 그 부대는 가는 곳마다 적을 궤멸할 것이다. 아래는 병사의 사기를 묘사한 성어이다.

摩拳擦掌: 주먹을 만지고 손바닥을 비빔. 사기가 높은 모습을 형용한 것.

同仇敌忾: 공동의 원수를 맞아 함께 맞서다.

枕戈待旦: 무기를 베개 삼아 누어 하늘이 밝기를 기다리다. 임전의 긴장감 형용함.

灭此朝食: 이 적들을 모두 섬멸한 후에 아침을 먹다. 승리에 대한 투지와 자신감에 가득차 있어 서둘러 나아가 무찌르고 싶어함.

望风披靡: 적에게 사기가 꺾여 전쟁을 시작하기도 전에 뿔뿔이 흩어짐.

师老兵疲: 오랫동안 출정나간 군대가 지치고 피곤해 함.

风声鹤泪, 草木皆兵: 바람소리와 학 울음소리만 들어도 겁을 먹고 나무와 풀이 모두 적군으로 보인다는 것은 적에게 극도의 공포감을 느끼고 사기가 꺾였음을 말한다.

(2) 전쟁 준비

전쟁 준비는 전투 전의 필요한 준비로서 주로 후방지원에 관한 준비를 말한다. 아래 성어는 모두 전쟁준비에 관련된 것이다.

招兵买马: 병사를 소집하고 말을 산다. 부대를 조직하고 군비을 확충한다는 의미.

秣马厉兵: 말 먹이고 병기를 갈다.

大兵未动, 粮草先行: 부대가 행동하기 전에 먼저 양식을 우선 이동한다.

偃旗息鼓: 기를 누이고 북을 그치다, 드러나지 않게 휴식함.

(3) 指挥

지휘는 전쟁을 승리로 이끄는 결정적인 요소이다. 훌륭한 지휘관은 '장막 안에서 계책을 내어 천리 밖 전투의 승패를 결정한다(运筹帷幄之中, 决胜于千里之外)'. 어떻게 병사를 배치하고 장수를 파견할 것인가는 지휘관의 지휘관 용병술의 시험이다. 고위 지휘관은 머리만을 쓰고, 하위 지휘관은 '몸이 병졸의 앞에 서야 한다(身先士卒)'. 가장 성공적인 전투는 '무기 날에 피 한 방울 묻히지 않는(兵不血刃)' 전투이다. 병사를 써서 전쟁을 할 때 항상 승리만 한다면 이는 실로 '신처럼 용병한다(用兵如神)'라 할 수 있을 것이다. 그러나 항상 승리만 하는 장군은 없다. 다시 말해 '胜败乃兵家常事(이기고 지는 것은 병가의 흔한 일)'인 것이다. 지휘관의 한 번의 실수는 전군을 몰살시킬 수도 있다. 군인에게 있어서 명령에 복종하는 것은 천직이다. 즉 '군령은 산과 같다(军令如山)'는 것이 있으며, 명령을 어기면 '군법으로 처리한다(军法从事)'. 군사지휘와 관련된 성어는 다음과 같다.

运筹帷幄, 决胜千里: 장막 안에서 계책을 내어 천리 밖 전투의 승패를 결정한다.

用兵如神: 귀신같이 병사를 잘 부린다.

身先士卒: 몸이 병졸에 앞장선다.

军令如山: 군령은 산과 같다.

兵不血刃: 무기에 피 한 방울 묻히지 않는다. 아무 살상 없이 승리한 전투.

调兵遣将: 병사를 배치하고 장수를 파견하다.

(4) 전장

아래 성어는 모두 전장과 관련된 것이다.

马革裹尸: 말가죽으로 시신을 싸다, 전장에서 싸우다 죽다.

刀光剑影: 칼과 검이 번뜩이다.

金戈铁马: 번쩍이는 창과 철갑 두른 말.

严阵以待: 삼엄하게 대치하다.

短兵相接: 격렬한 전쟁을 하다.

枪林弹雨: 총의 숲과 총탄의 비, 빗발치는 총알.

冲锋陷阵: 적진을 돌파하다.

披袍擐甲: 전투복을 걸치고 갑옷을 입다. 전투 준비하다.

白旄黄钺: 흰 꼬리털과 누런 도끼.

浴血奋战: 피를 뒤집어쓰고 싸우다.

人仰马翻: 사람과 말이 뒤집어지다.

血流成河: 흐르는 피가 강물을 이루다.

丢盔弃甲: 투구와 갑옷을 팽겨치다.

损兵折将: 장군과 병사가 살상되다.

千军万马: 천군만마.

전쟁은 잔혹한 것이다. 이 성어들은 우리에게 장렬한 전쟁의 장면과 일촉즉발의 시기에 쌍방은 '삼엄하게 대치한다(严阵以待)'. 한 차례 '짧은 병기로 격렬하게 접전(短兵相接)을 하면' 전쟁터는 도처에 '칼과 검이 번뜩(刀光劍影)'이고 '총알이 빗발치듯(枪林弹雨)'한데 '천군만마(千军万马)'는 '피를 뒤집어쓰고 전투(浴血奋战)' 한다. 장군과 병사는 '전투복을 걸치고 갑옷을 입고(披袍擐甲)' '적진을 돌파(冲锋陷阵)'하는데 다만 '사람과 말이 나뒹굴어지는(人仰马翻)' 광경이 보이고 '흐르는 피는 강을 이룬다(血流成河)'. 패퇴한 쪽은 '투구와 갑옷을 내팽개치고(丢盔弃甲)' '장수와 병졸이 살상(损兵折将)'되어 한심한 몰골로 도주한다. 승리한 쪽에서는 '궁지에 몰린 적은 쫓지 말라(穷寇勿迫)'는 전쟁규칙을 지켜 징을 울리며 군대를 거둔다. 전사한 군인은 '말가죽으로 시체를 쌀(马革裹尸)' 수 밖에 없다.

(5) 휴전(休战)

아래 4개의 성어는 휴전 상태를 묘사한 것이다.

解甲释兵: 갑옷을 벗고 병기를 내려놓다.

放牛归马: 말과 소를 풀어주다.

干戈载戢: 무기를 모아 모두 창고에 보관하다.

按甲寝兵: 갑옷을 내려놓고, 병기는 잠재우다.

전쟁이 없는 태평성대는 소중히 여겨야 할 것이다. 사람들은 '병기를 창고에 집어놓고 말을 남산으로 풀어주기(刀枪入库, 马放南山)'를 희망하고 군인은 갑옷을 풀고 밭으로 돌아가 농사을 지어 먹고 산다. 칼, 창 등의 병기는 녹여서 쟁기와 가래로 되어 평화로운 생활을 위해 쓰이게 되고 말과 소는 더이상 전쟁의 도구가 아니라 사람의 친구와 농업의 도구로 자신의 역할을 발휘하게 된다. 전원목가적 생활은 아름다운 정취로 충만하고 봄에 파종하고 가을에 추수하며 근면한 노동을 통해 의식이 충족한 보통 사람의 생활을 하게 된다. 말과 돼지는 살이 찌고, 곳곳에 향긋한 풀내음이 퍼진다. 사람들은 영원히 전쟁의 기억을 잊게 될 것이다. 가끔씩 새해를 알리는 기쁨의 폭죽소리만이 삶들의 후각에 어렴풋이 전쟁의 화약연기를 상기시킬 것이다. 이는 사람들이 얼마나 동경하는 아름다운 생활인가. 그러나 평화로운 생활은 언제나 평범한 것과 관련되므로 평화와 관련된 성어는 전쟁과 관련된 성어보다 더 깊은 인상을 남기지 못하는 법이다.

'애석하구나, 무정하 강가의 시신들은 여전히 규방 아녀자들의 꿈속에서 애달프게 기다리는 사람들인걸!(可怜无定河边骨, 犹是深闺梦里人)'. 이 시는 전쟁의 잔혹함을 매우 생동감있게 그려내었다. 전쟁이 인간에게 남긴 잔혹한 상처를 이루 다 언어로 표현해 낼 수는 없을 것이다. 언젠가는 병법과 관련된 성어가 역사적 어휘로만 남고 전쟁이 빚어내는 비극이 다시는 재연되지 않기를 고대한다. 고대 전쟁은 이미 지난 역사가 되어버렸지만 전쟁과 관련된 성어는 아직까지 여전히 오늘날 우리가 살고 있는 무대에서 활약하고 있는데 이는 주의하여야 할 현상이다.

2. 재난

동란의 세월은 많은 재난을 가져다주었고, 사람들은 험난한 세월 속에서 살기 위해 몸부림치고 고통 속에 신음한다. 인재는 왕왕 천재지변과 동시에 다가온다. 이는 이미 추위와 기아로 울부짖는 사람들에게는 설상가상 격이다. 인간의 수명은 백세를 넘기지 못한다. 그러므로 난세에 태어나면 슬픔과 기쁨, 이별과 만남에 대한 감상 및 세상의 상전벽해에 대한 감회는 피할 수 없는 것이다. 옛사람은 이런 경험과 감회에 관한 많은 시를 남겼고 후세에까지 전하고 있다. 그중 많은 글귀는 오늘날의 성어가 되었다.

(1) 변화

변화가 꼭 나쁜 것만은 아니다. 다시 말해 모든 사람에게 변화가 나쁜 것만은 아니다. 그러나 변화는 낡은 것을 바꾸고 새로운 것으로 낡은 것을 대체하는 것을 말한다. 낡은 것에 대하여 말하자면 이는 아마 재난일 것이다. 사람은 변화의 격랑 속에 덮여 햇볕을 보지 못할 수도 있고, 그 격랑의 머리를 뚫고나가 의기양양하기도 하고 잠시의 현기증을 맛보기도 한다. 세상의 변화는 예측할 수 없는 것이어서 얼마 전까지 죄수였던 사람이 귀인이 되기도 하고 어제의 백만장자가 무일푼의 가난뱅이가 되기도 한다. 아래 성어는 이런 변화를 묘사한 것이다.

百衣苍狗: 宋代 张元千의 «瑞鹧鸪»사에 '白衣苍狗变浮云, 千古攻名一聚尘'라는 구절이 있다. 여기서 '百衣苍狗'는 세상사가 변화무상함을 의미한다. '百云苍狗'라고도 한다.

天翻地覆: 급격한 변화를 말한다.

改朝换代: 새로 세운 정권이 구정권을 대체하는 정권 교체를 말한다. 중국 봉건 사회는 새로운 정권이 수립될 때마다 건국연호를 바꾸었다. 그래서 정권의 교체를 改朝换代라고 한다.

东海扬尘: 본의는 동해가 육지가 되어 먼지가 날게 된다인데 세상에 큰 변화를 형용.

朝迁市变: 왕조가 바뀌고 저자거리가 변함. 세상이 바뀜.

变幻莫测: 변화는 예측할 수 없다.

变化无常: 변화가 심해 종잡을 수 없음. 변화무상.

江河日下: 강물은 하루가 다르게 아래로 내려간다. 상황이 날로 나빠짐.

否极泰来: 역경이 극한에 달하면 순조로운 상태로 바뀜.

乐极生悲: 즐거움이 극한에 달하면 슬픔이 생김.

铜驼荆棘: 국가의 멸망을 상징함.

沧海桑田: 푸른 바다가 뽕밭이 됨. 큰 변화.

(6) 난세

중국에는 '태평스런 개가 될지언정, 난리에 헤어지는 사람이 되지 마라(宁做太平犬, 莫做离乱人)'라는 말이 있다. '천하가 떠들썩하고(天下鼎沸)' '바닷물이 일렁이는(海水群飞)' 난세에 백성들은 직접적인 피해자가 된다. 전쟁이 그들의 보금자리를 빼앗고 고향을 등지게 된다. 전쟁이 혈육과 지인을 앗아가서 식구들이 뿔뿔이 흩어진다. 잔혹한 현실이 꿈을 짓밟고 자신의 인생에 대한 자신감을 잃게 된다. 기아와 추위가 신념을 배신하게 하고 사람의 존엄성을 잃게 한다. 그들은 '뼈를 추려 음식을 만들(析骸以爨)'거나 '자식을 바꿔서 먹을(易子而食)' 수도 있었다. 한다. 중국 역사를 살펴보면 난세는 주기적으로 발생하였는데 중국인은 이런 시기를 '다사다난한 시기(多事之秋)'라고 부른다. 이런 난세가 올 때면 중국 천지는 '봉화가 사방에서 일어나고(狼烟四起)' '사슴이 날뛰고 개미가 떼지어있는 듯한(麋沸蚁聚)' 난세이다. 이러한 난세와 관련된 성어들은 모두 비참한 이야기를 담고 있다.

沧海横流: 사회의 동란과 정치적 불안정을 비유함.

兵荒马乱: 병마는 모두 전쟁의 도구이다. 병사와 말이 어지러이 움직인다는 것은 전쟁의 비상상태를 비유함.

狼烟四起: 狼烟은 고대 변경의 경보신호 봉화이다. 전쟁의 불이 사방에서 일어나고 경보신호가 끊이지 않는다 함은 사회의 혼란과 불안을 말함.

麋沸蚁聚: 사슴이 날뛰고 개미가 떼지어 있는 듯한 혼란상.

海水群飞: 바닷물이 여기저기 솟구치듯 혼란하다.

天下汹汹: 세상이 흉흉하다.

析骨易子: 사람의 시신을 해부하여 음식을 만들고 자식을 바꿔 먹는다. 극한

의 기아상.

(7) 재앙(灾祸)

灾는 천재를 祸는 인재를 말한다. 역사상 천재와 인재는 끊이지가 않았다. 그래서 이와 관련된 많은 성어들이 생겼고, 차마 눈뜨고 못 볼 재난을 그려내었다.

哀鸿遍野: 길을 잃고 신음하는 난민들이 도처에 널려있음을 비유.

赤地千里: 붉은 땅이 매우 길게 펼쳐짐. 황량함을 형용함.

生灵涂炭: 涂는 진흙을 炭火는 숯불을 의미한다. 사람들이 진흙탕과 불덩이에 빠진 것처럼 고통스러워한다는 의미. 백성들의 생활이 매우 고통스럽고 비참함을 비유.

家破人亡: 가정이 무너지고 혈육과 식구들이 죽는다. 가정이 파탄이 났음을 비유.

天塌地陷: 하늘이 무너지고 땅이 꺼지다.

饿殍载道: 굶어죽은 시신이 길에 가득하다.

流离失所: 정처없이 떠돌다.

巢毁卵破: 둥지가 망가지고 알이 깨지다. 거처가 없어지고 사람들이 다치다.

沈灶产蛙: 부뚜막에 개구리가 생겨나다. 물난리가 남을 형용함.

膏火自煎: 살에 기름이 타니 자신을 지진다. 자기 재능으로 화를 자초함을 이름.

民不聊生: 백성들의 생활이 매우 곤란함을 형용함.

民不安枕: 백성들이 편안히 잘 수가 없다.

民力凋敝: 백성들의 생활이 궁핍하다.

‘하늘에는 예측할 수 없는 바람과 구름이 있고, 사람에게는 아침저녁으로 재앙과 복이 있다(天有不测风云, 人有旦夕祸福)’. 재앙은 누구도 원치 않는 인간사의 비극으로 그 타격은 심각하다. 그러므로 이런 재앙을 피하기 위해 수재방지용 수리사업을 하고, 역병방재를 위해 위생을 중시하여 병을 막고 평화를 위하여 전쟁을 방지하고자 노력한다.

(8) 감회

전쟁과 천재지변은 사람들에게 심각한 타격을 가져다주는 재난이다. 이런 재난을 입을 때, 인간은 인생에 대한 무한한 감회를 느낀다. 예를 들면,

浮云朝露: 하늘에 떠 있는 구름이 끊임없이 변화하고, 아침 이슬이 순식간에 사라져버리는 것처럼 인생은 짧고 덧없다.

浮生若寄: 인생은 허무한 것이다. 마치 이 세상에 손님으로 잠시 머물다가 다시 돌아가는 것과 같다.

浮生若梦: 인생은 꿈과 같다. 꿈에서 깨어나면 아무 것도 남지 않는 것처럼 허무하다.

红尘客梦: 풍진 세상의 나그네의 꿈. 세상의 허무함을 형용함.

‘인생은 꿈과 같다(人生如梦)’는 생각은 중국인의 유전인자 중 완강한 생명력이 있으며, 인생에 대한 감회는 사람들에게 큰 공명을 불러일으킨다. 삶의 고달픔과 운명의 변화를 겪으며 사람들은 인생이 꿈과 같이 덧없다는 감회에 젖게 되는 것이다.

변화는 모든 사물의 근본 속성이며 변화하지 않는 사물은 없다. 천지만물은

시시때때로 변화한다. '바뀜이 다한 즉 변하고 변한 즉 통하며 통한 즉 오래 간다. 이는 하늘로부터 돕는 것으로 크게 좋은 것이다(易穷则变, 变则通, 通则久。是以自天佑之, 吉无不利(《周易·系辞下传》))'. '천지가 변화하면 초목이 번창하고 천지가 막히면 현자는 숨는다(天地变化, 草木蕃; 天地闭, 贤人隐'(周易·上经))'. 변화는 자연의 발전 규칙이며 인력으로 바꿀 수 있는 것이 아니다. 천하의 대세 역시 오래 합쳐져 있으면 나뉘게 되고 오래 나뉘어 있으면 합쳐지게 되는 것이다. 중국의 성어는 변화에 대한 고대인들의 감회를 표현하고 있다고 해도 과언이 아니다.

3. 盛世

'맑고 평화로운 세계, 맑고 밝은 세상(清平世界, 朗朗乾坤)'이 얼마나 매력적인 말인가! 봉건 황제들도 천하를 오래오래 다스리기를 희망했거늘, 하물며 일반 백성들이야 어찌 태평세월을 보내기 원하지 않았겠는가? 중국 역사에서도 비교적 긴 태평성세가 있었으며 사회 생산력이 비교적 크게 발전하고 백성들도 생활도 비교적 좋은 시절이 있었다. 태평성세에 관한 성어는 사실적인 것도 있고, 사람들의 마음속에 있는 희망도 있고, 그리고 일부 통치자들이 스스로 꾸며 만들어 낸 것도 있다.

百兽率舞: 천하가 태평하니 각종 동물이 기뻐서 춤을 추며 온다.

有凤来仪: 봉황은 길조이다. 이런 봉황이 조정에 와서 절을 하니 이는 정치적 태평성세를 말하는 것이다.

莺歌燕舞: 꾀꼬리가 울고 제비가 춤춘다. 발전하는 세상의 모습을 형용함.

光天化日: 태평성대를 가르킴.

豊亨豫大: 군주의 덕이 크고 국가가 부강함.

风不鸣条: 바람이 불어도 가지에서 소리가 나지 않는다. 현군의 덕으로 태평함을 형용함.

风清弊绝: 풍조가 깨끗하여 폐해가 없어짐.

歌舞升平: 춤과 노래가 펼쳐지어 태평스러움.

国泰民安: 국가가 태평하니 백성들도 평안하다.

海晏河清: 바다가 평온하고 황하가 맑다.

日月重光: 해와 달이 다시 빛난다. 혼란이 정리됨을 비유함.

文修武偃: 국가가 문치에 힘쓰고 군비증강을 중지하다. 천하태평을 형용함.

门不夜关: 밤에 문을 닫지 않다. 치안이 좋음을 형용함.

犬不夜吠: 개가 밤에 짖지 않는다. 치안이 좋아 도둑이 없음을 형용함.

四海升平: 세상이 태평하다.

光风霁月: 비갠 후의 청풍명월.

백성들이 자신의 공덕을 노래하기를 희망하지 않는 통치자는 없어서 태평성세에 관한 성어는 무수히 많다. 이는 또한 중국의 아첨하는 전통은 유래가 오래됨을 설명한다.

영원한 태평성세는 없고 또한 영원히 계속되는 전쟁도 없다. 세상은 언제나 나름의 규칙으로 변화하는 것이다. 옛 것이 가고, 새것이 다시 오며, 변화무상하여 한 개인의 인생은 이세상의 윤회 속에서 전광석화에 불과한 것이다. 우리는 일찍이 '아침에 피어 해가 뜨면 죽는 버섯은 그믐과 초승을 모른다고(朝

菌不知晦朔)' 조소하였는데 사실 우리 인류가 어찌 '아침에 피어 해가 뜨면 죽는 버섯은 그믐과 초승을 모르고 매미가 봄과 가을을 모르는 것'이 아니겠는가(朝菌不知晦朔, 蟪蛄不知春秋)?

孔子는 '위험한 나라에 들어가지 말고 어지러운 나라에 살지 말라(危邦不入, 乱邦不居)'라고 했다. 이는 아마 우리가 반드시 선택할 수 있는 것만은 아닐 것이다.

三 . 고대 중국의 예속

13권의 저명한 중국 경전 저서에서 3권은 예속에 관한 저서로서, «周礼», «仪礼», «礼记»이다. 이 3권의 저서는 중국 서주에서 서주 말까지의 예속에 대해 기록한 것으로서 예속과 관련된 성어는 대부분이 이 저서에서 온 것이 많다. 그 외에도 공자의 정치 이상은 주대의 예의를 회복하는 것이라는 말이 있다. 공자의 언행이 후세에 미친 영향을 결코 과소평가할 수 없다.

무엇이 礼인가? 管子는 '곳간이 차니 예절을 알고, 의식이 족하니 영예와 굴욕을 안다(仓廪实而知礼节, 衣食足而知荣辱(管子·牧民篇))' 예는 인류사회가 야만에서 문명으로 바꾸는 표지이다. 예는 봉건사회에서 사람과 사람 간의 행위준칙이자 도덕규범이다. 최초의 예는 제사 때에 행했던 의식으로서 사람과 하늘땅의 귀신 간의 행위준칙이다. 예를 들면, 사람은 천지를 경배하고 귀신을 섬겨야 한다. 천지 귀신은 당연히 사람을 보우할 책임이 있다. 후에 예의 범위는 더욱더 확대되어 사람사이의 관계로까지 확대되었다. 《礼记·曲礼上第一》에 '무릇 예란 가깝거나 멀거나를 정하는 소이이고, 의심하는 바를 해결하고 같고 다름을 구별하고 시비를 밝힌다. 예는 남을 함부로 말하지 않고 쓸데없는 말을 하지 않는다. 예는 절도를 넘지 않고 침해하여 욕되게 하지 않고 가깝다고 함부로 하지 않는다. 수신을 말로 실천하는 것을 선행이라 이른다(夫礼者所以定亲疏, 决嫌疑, 别同异, 明是非也。礼, 不妄说人 , 不辞费。礼, 不逾节, 不侵侮, 不好押。修身践言, 谓之善行。)'. 예의 중요한 지위에 대해 «礼记»는 명확히 규정해 놓고 있다. 즉, 사람 간의 차이, 지위는 예로써 규범지으며 사람 간의 분쟁과 분규도 예를 통해 조정되고 도덕인의, 군신부자의 관계, 군대와 국가의 통치 모두 예를 통해서 이루어진다는 것이다. 제사를 지내 조상과 신령을 섬길 때도 예가 없으면 진실성이 결핍되고, 엄숙함이 부족하다. 인간에게 예가 없으면 말할 줄 안다는 것 외에 짐승과 무엇이 다르겠는가? 우리는 중국이 예의 나라라고 말한다. 즉, 중국인은 예를 지키고, 인간됨과 세상을 대하는 행위규칙과 도덕규범이 있다는 말이다. 물론, 서주 말엽에 예는 이미 붕괴되기 시작했다. 후대에 와서 예란 것은 사회의 발전에 따라 점차 새로운 행위 규칙과 도덕규범으로 바뀌기 시작했다.

俗이란 무엇인가? 속이란 풍속습관을 말한다. «礼记·曲礼上»에서는 '경계선을 넘으면 금기사항을 묻고 다른 나라에 가면 풍속을 묻고 남의 문을 들어서면 기휘를 묻는다(入境而问禁, 入国而问俗, 入门而问讳)'라고 했다. 우리는 오늘날까지도 다른 나라에 가면 그 나라의 풍습을 묻는 습관이 있다. 한 민족과 지역, 국가는 자신만의 풍습과 습관이 있다. 우리가 만약 다른 나라의 풍속습관을 존중하지 않는다면 많은 번거로움을 겪게 될 것이다. 고대 중국에서 俗은 두 가지 중요한 의미를 가졌다. 첫째는 예와 마찬가지 개념으로 사용되어 礼俗으로 불리어졌고 발전과정을 거쳐 전해진 것이다. 둘째는 流俗으로 사회에 현재 유행하고 있는 습관이다. 우리는 여기서 말하고자 하는 것은 礼

俗이다.

礼俗은 예의제도, 풍속습관, 인간관계, 종교를 포함하는 개념이다.

1. 예의제도

중국의 예의제도는 매우 엄격하며 번잡하다. 그래서 예의 업무를 책임지는 전담자도 있고, 이런 업무 책임자의 지위는 매우 높다. 현재 다만 중국 외교부에 '礼宾司'가 있어서 대외교류의 예의 업무를 전담한다. 아래 성어는 중국 예의제도를 구체적으로 표현하고 있다.

打躬作揖: 두 손을 앞으로 싸서 들며 허리 굽혀 인사함. 이는 고대 중국인이 만날 때 혹은 헤어질 때의 예법이다. 또한 '두 손을 앞으로 싸서 들며 엎드려 절하기(磕头作揖)'도 있다.

三叩六拜: 이는 고대 군주 알현시의 예법으로 여섯 번 엎드려 절함.

三牲之俎: 소, 양, 돼지 육류의 제물을 놓은 제기.

三沐三熏: 세 차례 목욕하고 세 차례 향을 쏘이다. 신체적으로 정성껏 제사 준비하다.

大烹五鼎: 다섯 鼎(고대 제기)의 제물을 조리하다.

素车白马: 흰 색의 차와 말, 장례행렬.

礼奢宁俭: 예절이 번다하기 보다는 간략한 것이 낫다.

繁文缛节: 지나친 의식과 예절.

分庭伉礼: 고대 객과 주인은 뜰에 두 줄로 나란히 서서 서로 예를 표시했다.

礼尚往来: 예의는 오고 가는 것을 중시한다.

礼无不答: 예의는 답하지 않음이 없다. 반드시 답례해야 함.

改步改玉: 발에 신는 신을 바꾸면 패용하는 옥도 바꾼다.

接受不亲: 남녀 간에는 직접 손으로 물건을 주고받지 않는다. 이것은 봉건사회 남녀에 대한 예의였다.

2. 풍속습관

중국은 유구한 역사와 독특한 전통을 지닌 국가로서 긴 역사 속에서 중국특색의 풍속습관이 형성되었다. 이런 풍속습관은 오늘날 중국인에게 있어서는 이미 생소하게 되었으며 외국인에게는 더욱 낯설다. 중국어 성어 중 많은 것들은 중국의 전통 풍속습관과 관련이 있는데 이런 성어들을 통하여 우리는 중국 풍속습관을 이해하고 심도 있게 중국인의 사회생활을 이해할 수 있다. 어떠한 풍속 습관은 이미 역사의 묵은 흔적이 되어버린 것도 있지만 성어는 비록 의미상 변화가 생겼어도 여전히 예전의 표현을 유지하고 있다. 예를 들면:

打退堂鼓: 退堂鼓, 고대 현관이 관아에서 물러날 때 반드시 북을 쳤는데 이 북을 '退堂鼓'라 불렀다. 그러므로 이는 고대 관원의 풍속을 말하는 것이다. '打退堂鼓'는 일을 다 하지 못하고 물러나거나 포기함을 이름.

歃血为誓: 가축의 피를 입가에 바르고 맹세하다. 또한 '歃血为盟'은 고대의 풍속으로 동맹을 맺는 사람이 동맹의 의사로 가축의 피를 입가에 바르거나 마심.

洞房花烛: 洞房은 신혼 첫날밤을 보내는 신방을 의미하며, 花烛은 화려한 촛불을 말한다. 신방에서 촛불을 밝히는 것은 고대 결혼의 풍속이었다.

3. 인륜관계

인륜은 인간관계의 관계 준칙을 이른다. 다시 말해 사람 사이의 상하, 존비, 귀천, 원근 등 모두 인륜관계에 포함된다. 중국은 종법사회라는 특징으로 인해, 인륜관계가 매우 복잡한 체계로 바뀌었다. 아래 성어는 중국 고대 인륜관계의 일부 측면을 반영하였다.

三从四德: 三从은 결혼하지 않은 여자는 아비를 따르고, 시집간 여자는 지아비를 따르고, 지아비가 죽은 여자는 아들을 따른다는 의미이다.

三纲五常 : 인륜은 군신, 부자, 부부, 친척, 친구 관계를 주로 다룬다. 부부와 친구 관계를 예로 들어 고대 중국의 부부 관계와 친구 관계를 알아보자.

结发夫妻: 고대 풍속에서는 남녀를 불문하고 성년이 되면 성년식을 올리고 남녀 모두 머리를 올린다. 结发夫妻는 성년식에 결혼을 한 부부를 말한다.

媒妁之言: 옛날 풍속에 따르면 남녀는 자유연애를 할 수 없고 반드시 중매를 통해 짝을 찾았다. 중매쟁이 남녀 양측에 책임을 져야 한다. 중매쟁이의 말은 과장이 많아 대체로 믿을 수 없다.

月下老人: 중매쟁이의 대명사. 옛날에는 혼인은 하늘이 짝지어주는 것이라 믿었고, 이를 연결해주는 사람을 月下老人이라 했다.

전통 예교는 젊은 남녀의 자유연애를 속박했다. 그러나 자유에 대한 갈망까지 억압하지는 못했다. 성어 중 자유연애에 관한 성어 역시 존재한다.

采兰赠芍: 남녀가 예물을 교환함으로써 사랑을 표시한다.

花前月下: 남녀가 밀월을 나누던 장소.

아래 성어들은 고대 중국 인륜관계의 또 다른 측면인 우정을 보여준다.

옛사람들은 교우관계를 매우 중시했으며 친구는 자신의 또 다른 모습이라 생각했다. 옛사람들의 우정에 대한 무게감은 후세의 현실 사회에서 이른 바 '집에서는 부모에 의지하고 밖에서는 친구에 의지한다(在家靠父母, 出门靠朋友)'라는 말과는 비교할 수가 없는 것이다. 옛사람들이 친구를 택하는 데는 세 가지 기준이 있었다. '바른 이와 벗하고 성실한 이와 벗하고 보고들은 것이 많은 이와 벗하라(友直, 友谅, 友多闻)'. 孔子는 '이로운 것은 세 종류의 벗이고 해로운 것도 세 종류의 벗이다. 바른 이와 벗하고 성실한 이와 벗하고 보고들은 것이 많은 이와 벗하면 이롭고, 삐뚫어진 이와 벗하고 아첨하는 이와 벗하고 겉보기만 그럴 듯한 이와 벗하면 해롭다(益者有三友, 损者有三友: 友直, 友谅, 友多闻, 益矣; 友便辟, 友善柔, 友便佞, 损矣).'라고 말하였다. 친구는 자신을 알아주는 벗이며, 스승이어야 한다. 자신을 규칙적이게 하고 알고 가르칠 수 있어야 한다. 친구는 七教의 하나로서 옛사람들은 친구에 관한 많은 말을 남겼다. 공자는 '자기보다 못한 사람과 벗하지 마라(无友不如己者)'라 했고 또 친구에 대하여 '충심으로 일러주어 잘 인도하되 안되겠으면 그만두어야지 스스로 욕되게 하지 마라(忠告而善道之, 不可则止, 毋自辱也)'라고 했다. 子路는 '수레와 말, 가볍고 좋은 옷을 벗들과 함께 쓰다가 버려도 유감이 없기를 바란다(愿车马, 衣, 轻裘, 与朋友共, 敝之而无憾)'라고 했다. 친구의 최고의 경지는 서로를 잘 알아 서로 보고 웃으면 마음에 거슬리지 않는 것이다. 이것이 바로 친구의 최고 경지이며 인생의 최고의 만족이다.

친구는 각양각색의 유형이 있다.

布衣之交: 가난한 사귐, 가난한 친구

杵臼之交: 절구공이와 절구의 사이 같은 친구

忘年之交: 나이에 구애받지 않고 사귀는 친구

忘形之交: 형식에 구애되지 않는 허물없는 친구

患难之交: 어려움을 같이 겪은 친구

谏诤之交: 서로의 잘못을 지적해줄 수 있는 친구

肺腑之交: 진심을 주고 받는 친구

生死之交: 생사를 같이하는 친구

君子之交: 군자의 사귐. 이해관계에 개의치 않는 친구

车笠之交: 부귀와 빈천에 관계하지 않는 사귐, 그런 친구

金兰之交: 절개가 굳고 곧은 친구

总角之交: 어린 시절의 친구

친구와 관련된 성어는 이외에도 많다. 그중 대부분은 감동적인 이야기와 관련이 있는데 지면의 제한으로 인해 여기서 일일이 열거하지 않겠다. 관심 있

는 독자들은 성어사전에서 이런 이야기들을 찾아보기 바란다.

相见恨晚　高山流水　旧雨今雨　情同骨肉

秋草人情　同袍同泽　八拜之交　白首如新

倾盖如故　班荆道故　高朋满座　肝胆相照

管鲍分金　割席分坐　抵足而眠　促膝谈心

情同鱼水　莫逆之交

4. 종교

중국인의 종교관은 줄곧 실용주의였다. 소수 신도들 외에 대부분의 사람은 '일이 없으면 삼보전에 오르지 않고, 일이 닥쳐야 부처님 발을 껴안으며, 참 부처를 보지 않으면 향을 피우지 않는다(无事不登三宝殿, 临时抱佛脚, 不见真佛不烧香).' 영혼과 귀신을 대하는 태도도 '존경하나 멀리한다(敬而远之)'이다. 종교 귀신과 관련되는 성어는 대부분 불교와 관련이 깊고, 도교와 관련 있는 것도 일부 있다. 예를 들면,

(1) 불교와 관련된 성어

吃斋念佛　不二法门　吹大法螺　大千世界

大显神通　大慈大悲　当头棒喝　天罗地网

甘露法雨　借花献佛　皆大欢喜　天花乱坠

六根清净　六神无主　苦海无边　明心见性

普渡众生　香象渡河　极乐世界　六道轮回

宝山空回　百尺竿头　清规戒律　香火因缘

(2) 도교와 관련된 성어

紫气东来　步里踏斗　洞天福地　炉火纯青

返老还童　鸡犬升天　书符咒水　抽筒禄马

拔宅飞升　金童玉女　玉皇大帝　服气餐霞

(3) 귀신과 관련된 성어

魅魅坦魁　牛鬼蛇神　成精作怪　青面獠牙

神出鬼没　失魂落魄

공자는 '怪, 鬼, 乱, 神'에 관한 이야기를 하지 않았기 때문에 유가의 경전 가운데 종교 귀신과 관련된 성어는 많지 않다.

四. 성어와 옛사람의 정신생활

우리는 역사서적에서 옛사람의 정신생활을 볼 수 있고 그것도 우리들이 묘사하는 것보다 훨씬 더 풍부하고 세밀하다. 그러나 우리가 하고 있는 일도 매우 큰 의미가 있다. 왜냐하면 역사서적은 이미 죽은 것이라서 흥미가 없는 사람들은 보지 않아도 무방하다. 그러나 성어는 살아있는 것으로 오늘날에도 우리는 잠시도 성어를 떠날 수 없다. 그러므로 살아있는 언어 형식 속에 내포된 고대 인문 정보를 연구하는 것은 매우 현실적인 의미를 가지고 있다. 우리의 목적은 두 가지이다. 하나는 성어와 고대 사회생활 간의 관계를 연구함으로써 성어를 더 깊게 이해하는 것이다. 둘째는 성어를 통해 오늘날의 사람들과 옛사람들을 연결하여 중국 고대 사회에 대하여 대략적인 감성 인식을 갖을 수 있다.

1. 诗酒风流

옛사람들의 정신생활은 매우 풍부했다고 할 수 있다. 왜냐하면 물욕에 대한 유혹이 적었기 때문에 정신에 대한 추구를 더 많이 할 수 있었고 더 순수할 수 있었기 때문이다. 옛사람의 정신생활은 술과 여자의 공이 크다 할 수 있다. 만약 술과 여자가 없었다면 이 세계는 재미와 아름다움이 훨씬 적었을 것이며 감동적인 이야기도 나올 수 없었을 것이다. 특히 중국 고대 시인은 술이 없었다면 좋은 시를 읊을 수 없었고, 술이 없었다면 영혼도 없었을 것이다. 그러므로 시, 술, 풍류는 중국 고대 지식인들의 정신생활에 중요한 부분이었다. 아래 성어들이 이 점을 증명한다.

醇酒妇人　酒酣耳热　酩由大醉　对酒当歌

高阳公子　觥筹交错　沽酒当泸　壶里乾坤

壶中日月　借酒浇愁　金和换酒　金谷酒友

花天酒地　灯红酒绿　酒入舌出　酒食地狱

酒有别肠　平原督邮　青州从事　琼浆玉液

恋酒贪花

물론 주색에 빠지는 것 외에도 대자연의 아름다움과 웅장하고 기이함도 정신생활 형성에 중요한 부분을 차지한다. 바람, 구름, 달, 이슬과 산, 강, 숲, 들은 정신생활의 중요한 부분이다. 물질에 오늘날과 같이 풍부하지 못했지만 옛사람들의 정신세계는 상당히 풍부했다. 그들 가슴 속에 산마루와 계곡이 있었기 때문이다. '붉은 소매가 밤에 책읽기에 향을 더한다(红袖添香夜读书)'는 얼마나 흡족하고 상쾌한 생활의 정취인가! 자신을 알아주는 여인이 옆에 있고, 시와 맛있는 술이 흥을 돋우며, 끝없는 대자연과 한없이 즐길 수 있는 청풍명월이 함께 하니 이 얼마나 부러운 생활인가! 물론 옛사람들은 자신들의 발자취를 세계 곳곳에 남길 수 없었고 전 세계적 규모의 스포츠 행사에 참여할 수 없었지만 그들이 상상하는 공간은 우리들보다 훨씬 더 컸었다. 오늘날 이 세계는 우리들의 눈에 신비감이 많이 줄어든 것으로 비친다. 이는 과학기술의 진보의 혜택이지만 동시에 그것은 우리의 정신생활 중에 헤아릴 수 없는 손실이었다. 옛사람의 꽃 한송이는 세상이고 나무 한그루는 큰 깨달음이라고 여기는 정신적 체험을 우리는 맛 볼 수 없는 것이다. 옛사람들의 음주는 늘 시를 짓거나 칼춤을 추거나 꽃을 감상하거나 서예를 하거나 그림을 그리는 우아한 취미와 뗄레야 뗄 수 없었다. 이는 현재 사람들이 모여 폭음하고 취기를 즐기는 것과는 사뭇 다르다. 중국 고대의 시가는 내용이 매우 풍부하고 형식도 정교하였으며 음운도 아름다웠으며 심상도 그윽하였다. 음악은 우아하고 높은 경지를 지녔다. 시, 술, 풍류는 일종의 문화이며 이는 차분하고 여유로운 생활의 리듬이며 또한 자신감 있고 달관한 생활 태도이다.

2. 음악 극예술

중국음악은 유구한 전통을 가지고 있다. 시경시대 风, 雅, 颂이 고정적인 곡의 형식을 띄고 있었는지의 여부는 추론할 길이 없지만 중국 고대 시가와 음악은 분명 밀접한 관계가 있었다. 汉魏의 乐附, 唐诗, 宋词는 모두 노래할 수 있는 것이며, 元曲과 음악의 관계는 더욱더 분명하다. 중국 상고시대의 음악은 어떠하였을까? 우리는 역사 문헌 중 약간의 기록을 볼 수 밖에 없고 구체적인 내용과 양식은 이미 대부분 고증할 수 없다. 중국 고대의 많은 악기들은 이미 소실되어서 성어에서 말하는 이런 악기의 소리를 우리는 상상으로밖에 들을 수 없다. 예를 들어, '锦瑟无端五十弦'의 瑟(현악기의 한 가지)은 고고학적 발굴을 통해 알 수밖에 없다. 大唐의 乐舞와 唐宋의 法曲은 오늘날 볼 수도 들을 수도 없다. 아래 성어들은 모두 고대 음악과 관련된 것들이다.

黄钟大吕: 黄钟은 중국 고대 음악 12율 중의 6가지 阳律의 제 일률이다. 大吕는 여섯 가지 阳律중의 제 4율이다. 현재 이 성어는 음악이 장엄하고 고상한 것을 비유할 때 사용된다.

金声玉振: 金은 종을 말한다. 본래 두 가지의 악기가 내는 청량한 소리를 가리키던 것인데 후에 학문이 정통하여 명성이 자자하다는 뜻으로 사용되었다.

靡靡之音: 퇴폐적인 음악

瓦釜雷鸣: 질솥이 우레와 같은 소리를 내다. 평범한 사람이 높은 관직에 오르다.

变徵之声: 음악의 徵调로의 변화. 매우 비장한 음악이 되다.

穿云裂石: (소리)구름을 뚫고 돌을 깨뜨리다.

绕梁三日: 높고 낭랑한 소리가 오래 맴돌다.

高唱入云: 높은 노래 소리가 구름 높이에 닿다.

悲歌慷慨: 비장한 노래소리로 자신의 감회를 표현하다.

长歌当哭: 길게 읊는 소리로 마음 속의 슬픔을 드러내다.

高山流水: 고상하고 우아한 음악. 알아듣는 이를 만나기 어려움.

急管繁弦: 管, 弦은 모두 중국의 악기인데 모든 악곡을 이른다. 음악 연주의 리듬이 빠르고 음색이 풍부하다.

曲终奏雅: 연주가 종료될 무렵 고상하고 우아한 음악을 연주하다. 문자, 시사, 공연 등이 마무리 부분에 더욱 멋짐을 비유함.

曲高和寡: 악곡의 격조가 높아서 따라 부를 사람이 적다. 작품 혹은 인품, 언행이 뛰어나서 알아줄 사람을 만나기 어려움을 비유함.

阳春白雪: 阳春과 白雪은 전국시기 楚나라의 고상한 음악으로 후에 그러한 문학예술을 이름. 후에 작품이나 언행을 이해하는 이가 매우 적음을 이를 때도 씀.

下里巴人: 下里와 巴人은 본래 초나라의 대중음악을 가리키는데 후에 격조 있는 자리에 낄 수 없는 문학예술을 이름.

亡国之音: 나라가 망하고자 하면 사람들이 고생스러워 슬픈 생각을 표현하는 음악이 많게 된다. 후에 활기 없이 쳐지는 음악을 이름.

铜琵铁板: 铜琵와 铁板은 중국 고대의 악기로서 그 음색이 격앙적이다. 후에 호방하고 격앙적인 문장을 이름.

哀感顽艳: 음악이 슬프고 구성져서 어리석은 사람이나 지혜로운 사람을 모두 감동시킨다.

哀丝豪竹: 丝와 竹은 중국 고대 악기이다. 丝弦의 소리는 구슬프고 竹管의 소리는 호방하다.

음악은 오락일 뿐만 아니라 감정을 전하는 도구이기도 하다. 중국 고대에 음악은 예교와 왕도의 중요한 부분이었다. 우리는 «礼记 ·乐记 제19절»에서 음악과 관련된 서술을 많이 찾아볼 수 있다. 이 책은 음악과 마음의 관계, 음악과 성정의 관계, 음악과 국가 흥망성쇠의 관계, 음악과 왕도, 음악과 교화, 음악과 천지 귀신, 음악과 종묘사직, 음악과 예의, 음악과 존비, 귀천, 동정, 대소 및 남녀, 사계절 사이의 관계 등을 서술하고 있다. 음악의 의의는 매우 커서 포함하지 않는 것, 존재하지 않는 것이 없다고 할 수 있다.

위에서는 음악을 말하였는데 아래의 성어는 중국의 무대극예술(ⓒ戲剧)에 관한 것이다.

优孟衣冠: 등장하여 극을 연기함을 이르거나 옛사람으로 분장하여 연기하거나 타인을 모방함을 비유함. 优孟은 춘추시대 楚나라의 유명한 배우로 해학적인 연기가 뛰어났다함.

粉墨登场: 분장을 한 후 등장함.

逢场作戲: 예전 극예술 연기자는 연기를 해야 하는 장소에 올 때마다 연기를 했다. 후에는 진정으로 감정몰입 없이 연기하는 것을 이른다.

梨园子弟: 唐 玄宗 때 가무와 연극을 하던 사람을 부르던 칭호이다.

중국의 극예술의 역사는 음악보다 훨씬 짧아서 극예술의 지위는 음악의 지위에 훨씬 못 미친다. 극예술과 관련된 성어도 훨씬 적다.

3. 신화와 우언(寓言)

중국 상고신화와 후세의 민간 설화는 사자격식의 형식으로 전해져 내려왔고 이것이 오늘날의 성어가 되었다. 이런 성어들은 모두 생동감 있는 이야기이다. 예를 들면,

精卫填海: 精卫는 전설 속의 작은 새이다. 전설에 따르면 炎帝의 딸이 동해에 빠져 죽었는데 그 영혼이 精卫가 되어 매일 서산 석자수 가지를 가져와 동해를 메운다는 이야기이다. 이는 불굴의 정신을 비유한다.

夸父追日: 山海经·海外北经의 이야기에 夸父라는 인물이 해를 잡으러 쫓아가는데 목이 말라서 黄河와 渭水의 물을 마시고 부족하여 북의 커다란 못의 물을 마시려 하다 이르지 못하고 도중에 죽었다. 지팡이를 놓으니 邓林이 되었다. 이는 할 수 없음을 알면서 도전하는 정신을 일컫는다.

牛郎织女: 견우와 직녀는 중국 신화 속의 인물이다. 그들의 이야기는 하늘의 견우성과 직녀성에서 유래된 것으로써 후에 부부가 헤어져 그리워함을 비유하는 데 사용된다.

广寒仙子: 달나라의 선녀 嫦娥. 신화에 '항아가 달로 가다(嫦娥奔月)'의 이야기가 있다.

八仙过海: 민간 설화 중 여덟 신선이 동해바다를 건너 가는데 각각의 신통력이 다름을 말함.

중국의 우언 이야기는 매우 많다. 그리고 대부분 성어의 형식으로 전해져

내려온다. 우언은 평이한 이야기를 통해 깊은 있는 이치를 이야기한다. 예를 들면:

愚公移山: 列子·汤问에 나오는 이야기로, 북산에 우공이라는 노인이 있었는데 나이는 90살 정도이며 산기슭에 살고 있다. 하루는 집안 사람들을 다 불러모아 두 개의 큰 산을 허물어버리자고 하였다. 부인은 불가능하다고 말했으나 노인은 듣지 않고, 아들과 손자를 시켜 산을 파게 했다. 남들이 이를 비웃자 우공은 내가 죽으면 아들이 있고, 아들이 죽으면 그 손자가 있고, 손자의 손자들이 계속해서 자식을 낳고 이를 파면 아무리 높은 산이라도 결국은 사라질 것이다라고 대답했다. 우공의 이러한 의지는 천제를 감동시켜 두 산을 옮기도록 하였다. 이 이야기가 주는 교훈은 열심히 노력하면 언젠가는 뜻을 이룬다는 것이다.

刻舟求剑: 배를 타고 가다 칼을 떨어뜨리자 칼 떨어진 위치를 뱃전을 깎아 표시했다는 이야기. 어리석음을 형용함.

鹬蚌相争: 도요새와 조개가 서로 다투다 어부에게 모두 잡혔다는 이야기. 제3자만 이롭게 함을 형용함.

塞翁失马: 변방의 사는 노인이 선물받은 말을 잃은 이야기. 길과 흉을 논하기 어려움을 형용함.

이러한 성어는 이외에도 매우 많이 있다.

叶公好龙　盲人摸象　狐假虎威　南辕北辙

缘木求鱼　买楼还珠　一枕黄粱　朝三暮四

掩耳盗铃　抱薪救火　水中捞月　拔苗助长

守株待兔

신화, 우언은 중국인의 정신생활 중 대체할 수 없는 지위를 차지하고 있다. 신화와 우언에서 유래된 중국어 성어는 매우 많다. 우리는 성어를 실마리로 해서 중국의 정신세계를 탐구하는 것도 매우 의미 있을 것이다.

4. 서화(书画)

중국 고대 정신생활에서 시, 술, 풍류, 음악, 극예술, 신화, 우언 외에도 중국인들은 서화를 생활 예술로 보았다. 사람들은 시와 노래의 경지에 살고, 음악과 극의 분위기에 취하며 신화와 우언은 아름다운 환상의 공간을 제시해준다. 사람들은 이런 시, 음악, 극, 이야기로 이루어진 인생의 무대에서 살아간다. 서화는 이런 큰 무대의 작은 부분에 불과하며 소수인에게 풍류를 제공한다. 그러나 고대 중국이라는 큰 무대에서 서화는 빠질 수 없다. 한자의 구조적 특징과 중국 전통 서예라는 형식을 통해 중국의 서예와 회화는 나름의 체계를 이루었다. 이점은 성어에서도 잘 드러나 있다. 예를 들면,

笔走龙蛇: 필체가 웅건하고 소탈하며, 용과 같이 필체가 휘어지고 변화한다.

龙飞凤舞: 붓놀림이 용이 날고 봉황이 춤추는 듯하다.

操觚染翰: 목간을 움직이고 붓에 먹을 묻힌다.

陈雄古逸: 서화의 분위기가 웅건하고 옛스러우며 빼어남.

春蚓秋蛇: 붓이 간 모양이 지렁이와 뱀이 기어간 듯함. 필체가 몹시 희적거림.

挥翰临池: 붓을 휘둘러 글을 쓰다. 일필휘지.

家鸡野雉: 필치가 다름을 이름. 家鸡와 野雉는 각각 庾翼와 王曦之의 필치를 비유함.

鸾漂凤泊: 필치가 휘감고 흩어짐이 대범하고 시원스러움.

鸾翔凤翥: 필치가 난새와 봉황이 날아오르는 듯하다.

双管齐下: 管은 붓을 이야기한다. 본래 의미는 붓 두 개를 동시에 잡고 그림을 그린다라는 의미인데 후에 두 가지 일을 동시에 한다는 의미로 사용된다.

仙露明珠: 서예 회화가 원숙하고 빼어남을 비유함.

五. 성어와 고대 생활신조

중국인에게는 많은 생활신조가 있다. 이런 생활 신조를 속담으로 표현한 것도 있고, 이언으로 표현한 것도 있고, 격언으로 표현한 것도 있으며 성어로 표현한 것도 있다. 성어에서 생활신조를 알 수 있으며 그것은 고대 중국의 사회풍습, 면모와 불가분의 관계임을 알 수 있다. 사람은 사회에서 살아가기 때문에 사람의 생각에도 사회적인 징표가 있을 수 밖에 없다. 사람은 특정 시대에서 살아가기 때문에 사람들의 생각에도 시대의 징표가 찍히지 않을 수 없다. 중국어 성어 속에서의 생활신조는 사회의 산물이며, 시대의 산물이기도 하다. 성어가 반영하고 있는 것은 중국 고대의 사회 면모이며, 성어의 생활신조 또한 고인의 생활신조이다. 그러나 문화는 계승되는 것이므로 옛사람들의 생활신조는 오늘날까지도 따르는 사람이 있다.

1. 장수

중국인은 인생에 五福이 있다고 믿는다. '첫째는 장수, 둘째는 부, 셋째는 강녕, 넷째는 좋아하는 바가 덕임, 다섯째는 천수를 누림이다(一曰寿, 二曰富, 三曰康宁, 四曰攸好德, 五曰考终命)'. 그중 장수는 제일의 복이다. 중국인의 장수 추구에는 가히 불굴의 의지가 있다 하겠다. 단약을 정제하고, 동해로 나아가 불로장생의 약을 찾아 헤매기도 하였다. 이에 맞추어 장수와 관련된 성어도 많다. 예를 들면,

寿比南山　百龄百寿　龟龄鹤寿　万寿无疆
长命百岁　长生不老　长命富贵　福寿康宁
福寿绵长　福寿齐天　福寿双全　乔松之寿
寿山福海　寿满天年　寿终正寝　海屋添筹
长绳系日　天保九如

인간의 수명은 짧아서 귀중하다. 그러므로 장수는 사람마다 갈망하는 바이다. 이런 사자 격식이 표현하는 것은 장수에 대한 인간의 소망이며, 이런 성어를 통해 다른 사람을 축복해주고 듣는 이는 축복에 대해 감사한 마음을 갖는다. 인간의 수명과 관련된 성어는 매우 귀중한 것이며, 사람들은 이런 성어를

다른 사람에게 선사할 수 있는데 아무런 원가가 들지 않는 것이기에 아주 염가로 준다. 물론 '寿比南山', '万寿无疆', '长生不老'와 같은 말들은 백지수표라는 것을 누구나 다 알고 있으나 이런 백지수표를 받는 사람들은 늘상 이를 기쁘게 받아들인 다. 왜냐하면 이런 축복이 자신에게 행운을 가져다 줄 것이라고 알고 있기 때문이다. 미국인들은 이런 것을 선의의 거짓말이라고 한다. 이런 사자격식은 입으로 말하거나 지면에 쓰거나 이제 축복의 말로는 상투어가 되었지만 여전히 중국 사회에 살아 있다. 이는 음미해볼 가치가 있다. 중국인은 모두 장자가 말한 바에 따라 '그것이 어찌 할 수 없기에 운명으로 받아드림을 안다(知其不可如何而安之若命).'라고 하나 유독 불로장생에 있어서는 그것이 할 수 없는 것임을 알면서도 하고자 하니, 설마 이것은 음미해볼 만한 가치가 없는가?

2. 근면 절약

勤은 노력을 아끼지 않고 힘든 것을 두려워하지 않는 것이다. 俭은 겉치레하지 않고 사치하지 않는 것이다. 근검절약은 중국인이 공인하는 전통미덕이다. 중국인의 신념 속에서 고통을 인내하고 열심히 노력하는 것은 매우 존경받을 만한 것이다. 생활가운데 근검절약을 생활의 준칙으로 삼는다. 아래의 성어들은 모두 근검절약과 관련된 것이다.

披星戴月　任劳任怨　吃苦耐劳　晨炊星饭

晨兴夜寐　废寝忘食　摩顶放踵　男耕女织

夜以继日　　节衣缩食　　节用爱人　　节用厚生

节用裕民　　节俭力行　　节俭躬行　　精打细算

居不重席

披星戴月, 晨兴夜寐, 废寝忘食, 夜以继日는 근면을, 吃苦耐劳, 摩顶放踵은 고행을, 节衣缩食, 节用爱人, 节用裕民, 精打细算은 절약을 말한다. 전통관념에서 근검, 절약, 고행은 지금의 행복의 기초가 되며, 자손에게 물려줄 수 있는 정신적, 물질적 유산이 된다. 아울러 자신의 내세를 위해 닦는 공덕이 된다. 자연의 훼손, 약탈적인 자원개발, 겉치레는 모두 죄악이며 천벌을 받는다고 여겼다.

3. 충효

충은 군주, 국가, 친척, 친구에 대하여 몸과 마음을 다하며 정성되고 사심이 없음을 말하며, 효는 부모, 선배에 대한 조건 없는 순종과 삼가 받듦을 말한다. 충과 효는 중국인의 도덕수양의 중요한 부분이다. 불충과 불효는 큰 죄이며, 가볍게는 천인, 만인의 욕을 듣고, 심하게는 죽음의 재앙까지 불러오며, 역사에 그 악명이 길이 남게 된다. 중국의 역대 통치자들은 모두 충효를 숭상하며 불충과 불효를 대역죄로 보았다. 그러므로 중국인의 사상관념에서 충효는 인간됨의 가장 기본적인 도리이다. 충성을 다하기 위해 문관은 간언하다 죽을 수 있고 무관은 전투하다 죽을 수 있었다. 효를 다하기 위해 재상이 관직을 버리고 낙향하여 3년상을 지내기도 한다. 이러한 예는 역사에서 수없이 찾아볼 수 있다. 아래 성어들을 통해 우리는 충이 무엇인지, 효가 무엇인지를 어렴풋이 짐작할 수 있을 것이다.

碧血丹心: 정의를 위해 흘리는 피와 정성스런 마음.

赤胆忠心: 충성이 변치 않음.

忠贯白日: 충성의 마음이 하늘의 해까지 간다. 무한한 충성을 형용한 말.

鞠躬尽瘁: 鞠躬은 사람과 사물에 대한 공경의 태도를 瘁는 노력이 지나쳐 피곤함을 의미. 제갈량은 «出师表»에서 '臣鞠躬尽瘁, 死而后也'라고 했다. 이는 제갈량의 군신에 대한 충성을 표현한 것이다.

匪躬之节: 이해를 따지지 않고 왕실에 충성을 다하는 절개.

위의 성어가 충을 이야기한 것이라면 아래 성어는 효를 이야기한 것이다.

斑衣戱彩: 춘추시대 초나라에 老莱子라는 효자가 있었는데 이미 70이 넘은 나이에도 부모를 기쁘게 하기 위해 색동옷을 입고 아이처럼 행동했다. 후에, 斑衣戱彩는 부모에 대한 지극한 효를 비유한 말로 정착되었다.

昏定晨省: 省은 문안드리다라는 의미. 저녁에 부모가 잠자리에 들기 전에 인사하고 아침에 깨면 문안드린다. 이는 옛날 부모에게 드리는 일상적인 예절이었다.

承欢膝下: 부모님에게 맞추고 즐겁게 해드리다.

慈乌返哺: 까마귀가 자라서 먹이를 물어와 부모를 먹임을 이름.

寸草春晖: 작은 풀이 봄볕이 내리비침을 갚을 길이 없다.

冬温夏清: 겨울은 따뜻하게 하고 여름은 서늘하게 하다. 부모에게 정성을 다함.

风木含悲: 부모님께 잘 하려 해도 계시지 않음을 한탄함.

负土成坟: 흙을 져서 봉분을 만듦.

菽水之欢: 콩 먹고 물 마시는 즐거움, 가난하여도 부모님을 즐겁게 함.

寒泉之思: 어머니의 은혜를 생각함.

이런 성어들은 오늘날에는 이미 자주 사용하지 않는다. 이는 충효사상이 이미 사라져 가고 있음을 보여준다. 충효사상은 사회발전의 산물이지 천성적인 것이 아니다. 그러므로 사회가 변천함에 따라 그 내용과 형식도 변하게 된다.

4. 修身

수신은 매우 중요한 일로써 중국인들은 개인의 인품을 수양하는 것을 매우 중시했다. 이는 단지 개인적인 문제일 뿐 아니라 사회의 문제이기도 하다. 중국어 성어에는 수신에 관한 내용이 풍부하다. 아래 성어는 수신과 관련된 것이다.

不愧屋漏　不欺暗室　坐怀不乱　不忮不求

超凡入圣　成仁取义　刮垢磨光　洗心涤虑

不愧屋漏: 몰래 나쁜 짓을 하지 않는다.

坐怀不乱: (여자를) 품에 앉히고도 어지럽지 않다. 춘추시대 鲁나라 柳下惠

는 한 여자가 추워서 동상이 걸릴까봐 자신의 옷으로 그녀를 품에 싸고 안았다. 당시 이를 본 사람들은 아무도 그가 음탕한 생각으로 그렇게 했다고 생각하지 않았다. 후에 이 말은 남자가 여자를 대할 때의 바른 마음가짐을 뜻하는 말로 사용되었다.

清心寡欲: 잡념과 욕망이 없고 마음이 평온한 상태.

개인의 수양은 지식의 축적, 사리의 깨달음, 성정의 연마, 심신의 수양 등 여러 분야를 포함하고 있다. 여기서 말하는 수신은 주로 도덕과 심성 측면의 수련을 말한다. 구체적으로는 아래와 같다.

不愧屋漏	不欺暗室	坐怀不乱	不忮不求
超凡入圣	成仁取义	刮垢磨光	洗心涤虑
唾面自干	脱胎换骨	吐故纳新	清心寡欲
返朴归真	乐天知命	随遇而安	深藏若虚
韬光养晦	朝乾夕惕	谨小慎微	防微杜渐
砥节砺行	砥行立名	不矜不伐	戒骄戒躁

첫째, 사람됨이 당당하여야 한다. 일은 다른 사람에게 말 못할 것이 없다(事无不可对人言). '不愧屋漏'하고 '不欺暗室'하여야 한다. 즉 몰래 나쁜 짓을 하지 않고 다른 사람이 없다 할지라도 남을 대할 수 없는 짓을 하지 않는다. 사람됨은 마땅히 겉과 속이 동일하고(表里如一), 모든 일을 할 때 양심에 거리낌이 없으며(不愧不怍), 하늘을 우러러도 땅을 대해서도 거리낌이 없고(仰不愧于天, 俯无怍于地), 정정당당하여 '사사로움이 없으면 두려움이 없다(无私

无畏)'. 이런 경지까지 자신을 수련한 사람은 복이 있는 것이다.

둘째는 마음을 수련하고 부단히 자신을 성찰하는 것이다. 매일 거울에 비추고, 세수하는 것처럼 더러움을 씻어내면 성정이 밝아진다. 인간은 사회적 동물이다. 그러므로 천부적으로 동물의 본성을 지니고 있다. 예를 들어, 이기심이든지, 아름다움을 좋아한다든지 등의 각종 욕망을 지니고 있다. 이런 욕망은 모든 번뇌의 근원이며 불가가 말했던 '六根不净'이다. 이런 욕망의 고해에서 벗어나려면 마음을 깨끗하게 하고 욕망을 씻어내야 한다. 즉, 예로써 자신을 구속하는 것이다. 이런 경지에까지 오른 사람은 실로 복이 있는 사람이다.

셋째는 겸허하고 신중하여야 한다. 자만심과 조급함을 경계하고(戒傲戒操), 교만하지 않고(不矜不伐), 자신의 재주를 없는 듯이 숨기지만(深藏若虚) 내실 있는 사람이 되는 것이다. 이런 경지는 매우 도달하기 힘든 것이다. 중국인은 겸손을 미덕으로 여기며, 자신의 재능을 쉽게 드러내지 않는다. 이언에서 말하듯이 '끓는 물은 소리 나지 않고 소리 나는 물은 끓지 않는다(开水不响, 响水不开)'. 진정으로 능력 있는 중국인은 자신의 재능을 '깊이 감추고 쉽게 드러내지 않는다(深藏不漏)'.

넷째, 하늘의 뜻에 순응하고 안분지족 하는 것이다. 공자는 '15세에 학문에 뜻을 두고, 30에 홀로 서고, 40에 不惑의 경지에 달했고, 50에 하늘의 명을 알고, 60에 귀에 거슬림이 없고, 70에 마음이 가는 데로 해도 규범을 벗어나지 않았다'라고 했다. 공자가 우리에게 말하는 인생경력 중에 50이면 하늘의 명을 알 수 있는 나이라고 했다. 이는 다년간의 수련을 거쳐 드디어 경지에 오른 것을 말한다. 하늘의 명을 알 수 있는 나이가 되어야지만, '어떤 상황 속에서도 태연하고 안분지족하며 살아갈 수 있는 것이며(随遇而安)', '세상과 평화롭게 살아갈 수 있다(与世无争)'.

수신은 마음을 다스리고 도덕수준을 높이고 성정을 연마하는 실천과정이며 중국인은 실천 중에 많은 경험과 교훈을 총괄하여 하나 또 하나의 새로운 목표를 제시한다. 그러나 수신은 끊임없는 과정이므로 목표는 멀리 있는 지평선처럼 눈에는 보이나 결코 도달할 수 없는 것이다.

5. 감정

중국인은 감정을 매우 중시한다. 이는 중국고대 시와 사를 통해서도 일부를 볼 수 있다. 중국인이 감정을 의탁하는 방식은 매우 여성적이다. 임어당이 '중국인의 영혼은 여러 면에 있어서 여성에 가깝다'라고 말한 것과 같다. 아래 성어가 묘사한 것은 중국인의 감정 세계의 어떠한 측면들로 그중 일부는 중국인의 신념을 담고 있다.

喜怒哀乐: 희로애락.

缠绵悱恻: 애절하고 구슬프다.

儿女情长: 남녀 간의 정이 끈끈하다.

百无聊赖: 정신적으로 기댈 바가 없어 모든 것이 무의미하다.

愁肠百结: 걱정하는 마음에 많은 작은 혹이 달렸다.

心乱如麻: 감정이 실타래처럼 얽혀있다.

肝肠寸断: 간장이 갈갈이 끊어짐.

咬牙切齿: 어금니를 물고 이를 갈다.

不共戴天: 같은 하늘 아래 살고 싶지 않다. 증오가 극에 달함을 비유.

兔死狐悲: 토끼가 죽으니 여우가 슬퍼하다. 동류가 죽으니 슬퍼한다.

狐死首丘: 여우가 죽으며 머리를 언덕으로 향하다. 고향을 향하는 마음.

叶落归根: 잎이 떨어져 뿌리로 돌아가다. 죽어서 고향으로 돌아가다.

그중, '不共戴天, 狐死首丘, 叶落归根'는 중국인의 복수심과 고향에 대한 감정을 대표하는 성어이다.

원한은 독이 되는 감정으로 한 사람을 해칠 수도 있고 세상에 악이 되기도 한다. 세상의 재앙은 대부분 원한으로 인한 것이다. 원한으로 살해하는 것은 끊임없는 악순환을 불러일으키므로 어떤 사람은 상대방을 '모조리 다 베어 죽여 없애거나(斩尽杀灭)' '뿌리까지 베어내어(斩草除根)' 후환을 없애려고 하기도 한다. '아버지의 원수는 같이 하늘을 떠받치지 않고 형제의 원수는 병기를 거두지 않으며 벗의 원수는 같은 나라에 머물지 않는다(父之讐，弗与共戴天。兄弟之讐不反兵。交游之讐不同国(《礼记·曲礼 上》))'. 不共戴天이 말하는 것은 증오가 극에 달하여 같은 하늘 아래 살고 싶지 않다는 의미이다. 사실 중국인은 도량이 좁은 민족이 아니라 도리어 잘 잊는 민족으로 평화를 사랑하여 창과 방패를 옥과 비단으로 바꾸려는 즉 전쟁을 평화로 변화시키고자 하는(化)干戈为玉帛)' 민족이다. 국가와 가문의 원수는 모두 잊고 대국적 견지에서 미래지향적이다. 우리는 우리의 이런 넓은 도량으로 다른 사람을 감화시키고자 하나, 자신의 인정에 흐르는 인자함으로 자주 타인의 배은망덕한 소행에 당하게 된다.

고향에 뿌리를 잡고 쉽게 떠나지 않는 것은 중국인의 생활관념이므로 고향을 등진다하는 것은 대단히 큰 일이다. 불행히 타향에서 객사라도 하게 되면 그것은 매우 심각한 일이 된다. 그러므로 죽어서라도 자신의 유해가 고향에

묻히기를 희망하는 것이다. '狐死首丘', '叶落归根'이 표현하는 바는 바로 이런 정서이다. 《礼记》에 이르기를 '여우가 죽으매 머리를 바로하여 언덕을 향하니 어질구나(狐死正首丘, 仁也)'라고 하였고, 《淮南子》에 이르기를 '새가 날아도 고향으로 돌아가고 토끼가 달려도 굴로 돌아오고 여우가 죽어도 머리가 언덕을 향하며 寒将새(물새의 한 종류)가 날아올라도 수면에 가까이 하면서 각기 자신이 태어난 곳을 아끼는도다(鸟飞返乡, 兔走归窟, 狐死首丘, 寒将翔水, 各哀其所生).'라고 하였다. 금수조차 자신의 옛고향을 사랑하며 근본을 잊지 않는데 하물며 사람이야 어떠한가!

6. 선행

덕을 쌓고 선을 행함의 관념은 불교의 교의에서 온 것이다. 불교에서 선은 산스크리트어의 Kusala에서 연유된 것으로서 불교 이상과 행위에 부합하는 모든 것은 '善'이며, 그 반대되는 것은 '恶'이라 했다. 이는 광의의 개념의 선이며 협의 개념의 선은 불교의 믿음, 부끄러움, 탐하지 않음, 화내지 않음, 어리석지 않음, 정진, 평안, 안일하지 않음, 베풀기, 해치지 않음을 말한다. 또 불교 신도를 '善男信女라고 지칭한다. 그러나 일반인이 이해하는 善은 좋은 일을 하는 것이다. 일반인들은 선행을 통해 내세와 후대를 위해 공덕을 쌓고 그에 상응하는 보답이 있을 것이라 생각한다. 물론 이것은 공리의 관점에서 선을 바라본 것인데 순수하게 선을 행하고 베풀기를 좋아하는 사람이 있다는 점을 부인할 수는 없다. 아래 성어는 모두 선행에 관한 것이다.

博施济众: 널리 선을 베풀어(보시하여) 중생을 구제하다.

悬壶济世: 약을 걸어두고 세상을 구제하다.

乐善好施: 즐거이 선을 행하고 베푸는 것을 좋아하다.

修桥铺路: 다리를 놓고 길을 깔다.

济困济贫: 어렵고 가난한 사람을 돕다.

济寒赈贫: 추운 사람을 구제하고 가난한 사람을 구휼하다.

为善最乐: 선을 행하는 것이 최고의 즐거움이다.

善有善报: 선을 행하면 선의 보답이 있다.

어떤 사람은 선행이 종교때문이기도 하고, 어떤 사람은 '구세주'로서의 심리적 만족을 위해 선을 행한다. 어떤 이유에서 행하는 선이건 모두 가치 있는 것임에는 틀림이 없다.

7. 향락

중국인은 향락을 타락으로 여기고 '노는 것은 의지를 잃어버리게 한다(玩物丧志)'라고 생각했다. 그래서 올바른 중국인들은 향락을 인생에서 지워버리고 '의지를 연마하고 근육과 뼈를 고되게 하고 몸을 굶주리게 함(苦其心志, 劳其筋骨, 饿其体肤)'을 가장 중요하고 필요한 명예로운 그리고 의미 있는 일이라고 생각했다. 그러므로 성어 가운데 향락과 관련된 성어는 모두 부정적인 의미를 가진다. 예를 들면,

纸醉金迷: 사치스럽고 음란한 향락생활을 비유.

灯红酒楼: 한껏 즐기고 노는 장면. 주로 기생과 노는 것을 말함.

酒池肉林: 사치가 극심함을 비유.

花天酒池: 여색과 술로 흥청거리는 곳.

膏粱锦绣: 기름진 음식과 호화로운 옷.

香车宝马: 화려한 수레와 진귀한 말.

声色犬马: 음악, 여색, 개, 말은 모두 귀인들이 향락을 즐기는 방식을 말한다.

骄奢淫逸: 교만하고 사치하고 음탕하고 방종하다.

酒食征逐: 술과 음식을 쫓음.

玩岁愒日: 세월아 네월아 하며 놂.

锦衣玉食: 화려한 옷에 맛있고 좋은 음식.

吃喝嫖赌: 먹고 마시고 색에 빠지고 노름하다.

즐거움을 누림에 고상과 통속의 구분이 있는데 건전한 향락과 건전하지 않은 향락이 있다. 아래의 성어는 향락을 말하나 부정적 의미가 없다. 이러한 향락은 사회에서 긍정적으로 수용되는 것이므로 건전하다고 인식되는 정상적인 여가취미이다. 주의할 점은 여가취미란 결코 생활의 궁극적인 목적이 아니라는 점이다. 만약 그렇다면 세인의 비웃음을 살 것이다.

抱子弄孙: 손자를 안고 재롱을 보며 즐거워하다.

含饴弄孙 : 엿을 머금고 손자를 놀리다.

秉烛夜遊: 촛불을 들고 밤놀이하다.

游山玩水: 산과 강을 유람하며 즐기다.

琴棋书画: 거문고와 장기, 서예와 그림을 그리며 즐기다.

滋兰树蕙: 훌륭한 인품이 있는 인재를 기르다.

향락은 매우 개인적인 행위다. 그것이 고상한 것이든, 통속적인 것이든지 좋고 나쁘고가 있을 수 없다. 그러나 인간은 또한 사회적인 동물로서 향락 또한 사회적 행위이다. 사회 도덕관념에 따르면 인내하고 노동하는 것이 모범이고, 탐욕스런 향락은 반면교사이다. 나라와 백성을 걱정하는 전통 때문에 중국인은 모두 엄숙하고 진지해졌으며, 향락이란 생각하는 것만으로도 죄를 짓는 것처럼 여겨졌다. 그러므로 중국인은 두 가지 전형적인 이미지가 있다고 할 수 있다. 하나는 술과 여색을 즐기는 것이고, 그렇지 않으면 단정히 앉아 끊임 없이 수련하는 것이다.

8. 自爱

자존, 자애는 사람으로서의 기본적인 원칙이다. 중국인은 자애라는 관념을 종종 정결이나, 자존심 등의 관념과 연관시켜 자애에 특정한 의미가 생기게 하였다. 자애의 본래 의미는 몸과 명예를 비롯한 자신의 모든 것을 사랑하는 것이다. 그러나 후에 이 개념의 의미영역은 축소되어 자신의 명예를 존중하는 것이 자애인 것처럼 바뀌었다. 그래서 성어에 '자신을 깨끗이 하여 더러운 무리들과 어울리지 않는 것(洁身自爱)'이라는 말이 있다. 아래 성어는 여러 측면에서 우리에게 자애란 무엇인가를 알려준다.

玩物丧志: 만약 어떤 오락에 빠져들어 진취적인 정신을 잃는다면 그것은 바로 자신의 의지를 잃는 것이고, 자애가 아니다.

冰壶秋月: 冰壶는 옥 호리병으로써 티끌 없이 깨끗함을 비유한 것이고, 秋月은 가을의 달이 밝고 청명함을 의미한다. 즉, 품격이 고상하고 마음이 깨끗함을 말한다.

冰壶玉尺: 冰壶와 玉尺은 모두 흠결이 없는 깔끔한 물건으로서 고상한 인품을 비유함.

冰魂雪魄: 도덕적 경지가 높고, 청렴함을 비유.

冰清玉洁: 얼음처럼 청명하고, 옥처럼 깨끗하다. 인품이 고결하고 깨끗함을 비유.

不饮盗泉: 盗泉의 물을 마시지 않는다. 청렴을 비유함.

不食周粟: 주나라의 좁쌀도 먹지 않는다. 절개를 상징함.

不因人热: 남에 의존하지 않음을 비유함.

刚直不阿: 강직하고 남에게 영합하지 않다.

宁折不弯: 부러질지언정 굽히지 않겠다.

'옥으로 깨어지더라고 기와로서 온전히 있지 않겠다(宁为玉碎, 不为瓦全)', '닷 되 쌀 때문에 허리를 꺾지 않겠다(不为五斗米折腰)'는 말은 자애의 구현이다. 중국인은 자신의 명예를 매우 중시한다. 그래서 자애는 사람의 도덕 수준을 평가하는 가치척도가 되었다.

六. 성어와 고대 산수풍물, 천문지리

중국은 역사가 유구하고 영토가 넓고 자원이 풍부하며 인구가 많은 나라이다. 광활한 국토와 특수한 역사 지리적 환경 및 특수한 인문환경으로 인해 특이한 문화 심리와 특정한 어휘를 생성하였다. 물론, 특이하다는 것은 외부적 관점이고, 내부적으로 볼 때는 조금도 특이하지 않을 것이다. 중국인은 자고이래 중국은 지극히 당연하게 이러한 면모를 가지고 있다고 여기나 외부인의 입장에서 볼 때 중국은 다른 나라와는 허다한 차이가 있으며 이점이 그들을 매료시키는 바이다. 중국인은 자신의 국가가 세계의 중심에 있는 대국이며 다른 국가는 모두 변방의 작은 나라라고 생각했다. 이런 독특한 인식으로 인해 중국인은 오랫동안 유아독존의 마음을 가지고 있었으며, 심지어 망령되게 오만하기도 했다. 아울러 중국인은 자신의 나라에 대한 자부심으로 가득 차있었으며 중국에 있는 모든 산수 풍물에 대해 각별한 애정이 있었다. 중국인은 이런 심리작용으로 각별히 '재상의 뱃 속에서는 배를 저을 수 있다(宰相的肚里能撑船)'라고 이르는 남다른 큰 도량을 가지게 되었다. 중국인의 자국의 자연경관에 대한 애정은 각별하다. 중국인의 마음속에는 각각의 산, 강, 지명, 식물마다 모두 저마다의 색채와 이야기, 개성을 가지고 있으며, 의인화되어 생명력을 지니고 있었다.

1.산수환경, 지리, 방위

중국인이 보기에 산은 영원히 푸르고, 물은 영원히 쪽빛으로, 소위 '青山绿

水'는 중국의 금수강산을 대표하는 말이다. 사실, 중국은 청산녹수 외에도 白山黑水도 있고, 황색의 강, 붉은 색의 산, 남색의 바다와 녹색의 초원도 있다. 중국의 산수화에서 청록산수가 등장한 시기는 随唐시기이고 清末까지 계속되었다. 화가들이 보기에 청산녹수만이 시적 의미를 가지고 있고, 화폭에 담을만한 가치가 있었다고 생각했기 때문일 것이다. 아래 성어는 모두 산수환경을 묘사한 것이다. 성어중의 산, 강, 호수, 바다는 일반적인 범주의 것이기도 하고 특수한 것을 지칭한 것이기도 하다. 예를 들어 '百川归海'의 '川'은 일반적인 하천을 말하지만, '表里山河'의 '山'은 太行山을 '河'는 황하를 가리킨다. 안에는 강이 있고 밖에는 산이 있는데 지세가 험준함을 나타낸다.

百川归海: 모든 강이 바다로 모이다. 대세. 큰 흐름.

青山绿水: 청산녹수.

表里山河: 산과 강으로 둘러싸인 첩첩산중.

海角天涯: 매우 먼 곳 혹은 서로 멀리 떨어져 있음을 나타냄.

不毛之地: 불모지. 풀 없는 거친 땅.

飞沙走石: 모래가 바람에 날리고 돌이 굴러다니다. 바람이 거세가 부는 모양.

五湖四海: 전 세계 혹은 전국 방방곡곡.

泾渭分明: 泾과 渭는 영하성과 섬서성에 있는 강이다. 옛사람들은 渭水는 깨끗하고, 泾水는 혼탁하며 泾水가 渭水에 흘러들어가도 서로 섞이지 않는다고 생각했다. 이 말은 시비가 분명하다는 의미를 가진다.

山高水长: 산은 높고 강은 길다.

白山黑水: 장백산과 흑룡강.

山盟海誓: 사랑에 대한 영원한 맹세.

山南海北: 머나먼 곳.

天南地北: 서로 남과 북으로 멀리 떨어져 있다.

중국은 지리에 대한 개념이 확실하다. 또한 동서남북은 매우 중요한 의미를 갖는 개념이다. 그래서 중국 성어에 동서남북 방위사는 자주 나온다. 예를 들면'东征西讨(사방으로 정복하고 토벌하다)', '东藏西躲(사방으로 숨다)', '东张西望(사방을 두리번거리다)', '东央西告(사방으로 도와줄 사람을 찾다)', 东倒西歪 东兔西乌 '东食西宿(동쪽 집에서 밥으로 먹고, 서쪽 집에서 잠을 자다. 두 곳 다 신경 쓰다)', '东偷西摸(몰래 부정한 일을 저지르다)'.

'东徙西迁(사방으로 이사다님, 정처 없음)', '东涂西抹(멋대로 쓰고 그리다)', '东劳西燕(서로 헤어짐)', '东邻西舍(이쪽저쪽의 이웃)', '东挪西借(이리저리 돈을 빌려댐)', '东鳞西爪(이쪽저쪽의 작은 조각, 판단의 근거로 부족함)', '东拉西扯(이리저리 둘러대다)', '东奔西跑(동분서주)', '东扶西倒(이리 일으켜 세우면 저리 넘어진다)', '东拼西凑(이리저리 끼워맞추다)', '南征北战(이쪽저쪽으로 정벌하고 전투하다)', '南来北往(이리저리 왕래하다)', '南橘北枳(남쪽의 귤 북쪽의 탱자, 같은 사물로 환경에 따라 달라짐)', '南辕北辙(수레는 남쪽으로 가려하나 수레의 방향은 북쪽임, 행동과 목적이 상반됨)', '南鹞北鹰(남쪽의 매와 북쪽의 수리, 이쪽저쪽의 성격이 엄한 사람)'. 사실, '东…西…'와 '南…北'과 같은 형식은 모두 생산성이 매우 높은 형식이다. 그러나 '东张西望'을 '南张北望'이나 '东倒西歪'를 '南倒西歪'와 같이 바꿀 수는 없다. 반대로, '南来北往'을 '东来西往'으로 할 수도 없고, '南腔北调'를 '东腔西调'로 할 수도 없다.

2. 인문지리

중국 인문 지리에는 많은 역사 문화 지식을 담고 있다. 그래서 중국 고대 역사와 문화에 대한 이해가 부족하면, 중국어 성어 중에 나오는 많은 지명과 여기에 함축되어 있는 문화적 의미를 이해하기 어렵다. 다음에 소개하는 성어에는 여러 개의 중국 고대 지명이 포함되어 있다. 이러한 중국어 성어 속의 이 지명들은 도대체 무엇을 의미하는 것일까?

赤县神州: 중국의 별칭. «史记·孟子荀卿列传»에 : '중국은 적현신주라고 부른다. 적현신주에는 아홉 개의 주가 있다. 우가 정한 구주가 바로 이것이다. 중국 외에 적현신주와 같은 것이 아홉 있는데 구주라 부르는 것이다. 이에 바다가 둘러싸고 있으며 사람, 짐승, 새가 서로 왕래를 할 수 없었으며 한 구역 안은 한 주이다. 이러한 것이 아홉 개이고 구주 밖은 큰 바다에 둘러싸여 있는게 천지의 가장자리이다.(中国名曰赤县神州。赤县神州内有九州, 禹之序九州是也, 不得为州数。中国外如赤县神州者九, 乃所谓九州也。于是有裨海环之, 人民禽兽莫能相通者,如一区中者,乃为一州。如此者九, 乃有大瀛海环其外, 天地之际焉)'라는 기록이 있다.

百越之国: 고대 중국 동남부에는 越国이 있었다. 월국에는 많은 고대 민족이 거주했고 이곳을 '백월지국'이라고 불렀다.

朝梁暮陈: 梁과 陈은 중국 남북조 시기의 나라다. 당시 나라가 자주 바뀌면서 아침에는 梁朝의 관리지만 밤에는 陈朝의 신하가 된다. 따라서 세상이 빠르게 변화하고, 사람도 끊임없이 변화를 쫓아가는 것을 의미한다. '朝梁暮晋'이라 부르기도 한다.

燕赵悲歌: 燕国과 赵国은 용사와 자객으로 유명한 나라이며, 荆轲는 한 예이다. 그래서 중국에는 '自古燕赵多慷慨悲歌之士(연과 조나라에서 온 사람 중에는 비분에 가득찬 용사가 많았다)'라는 말이 있다.

秦楼楚馆: 춘추 시대 秦穆公의 딸 弄玉은 퉁소를 잘 불었다. 秦穆公은 그녀를 위해 '凤楼'를 지어 살게 했고 후대에 와서 사람들이 이를 '秦楼'라고 불렀다. 초나라 楚灵王은 章华宫을 지어 날씬한 미인을 선발해 머물게 하였고, 사람들은 楚馆이라 불렀다. 그러나 후대에 와서는 주로 기녀들 있는 유흥장소를 가리킴.

秦楼谢馆: 도시 유흥가를 가리킨다.

秦晋之好: 춘추 시대에 秦·晋 두 나라가 사돈 관계를 맺었고, 후대에 와서 두 성씨의 혼인을 秦晋之好로 불렀다. '秦晋之缘'이라 부르기도 한다.

得陇望蜀: 陇은 현재 감숙성 동부이며, 蜀은 오늘날 사천성 중부다. 이미 陇을 얻었는데 또 蜀을 얻길 바란다. 다시 말해 지나친 욕심을 비유한다.

楚材晋用: 초나라 인재가 진나라에서 쓰인다. 인재가 외부로 유출됐음을 가리킨다.

齐东野语: 齐东은 제국의 동부(지금의 산동 동북부)를 가리키며, 野语는 야인이 쓰는 속어를 가리킨다. 황당무계함을 비유한다.

齐纨鲁缟: 고대 제나라와 노나라에서 만들었던 백색 견직물.

齐大非偶: 춘추 시대 때 齐国은 대국이고 郑国은 소국이었다. «左转·桓公六年»에 '齐의 제후는 문강을 정나라 태자홀의 처로 보낼 생각을 했다. 그러나 태자홀은 사양하였다. 사람들이 이유를 묻자 말하길, 모두 자기 짝이 있다. 그러나 제나라는 크기 때문에 나의 짝이 아니다라고 하였다(齐侯欲以文姜妻郑太子忽。太子忽辞。人问其故。太子曰:'人各有耦, 齐大, 非吾耦也。)'라는 기록이 있다. 후에는 혼인을 거절할 때 자기 집안이나 지위가 비천하기 때문에 감히 생각할 수 없다고 말할 때 쓰인다.

杞人忧天: 하늘이 무너질까 걱정하는 쓸데없는 걱정. 중국 고대의 智者가 갖고 있었던 天地에 대한 견해를 말해준다.

宋画吴冶: «淮南子·修务»에 '지식 있는 자의 단점은 어리석은 자의 수련한 바만 못하며 현자의 부족함은 여러 사람의 여유만 못하다. 그 까닭을 어찌 알리요? 송나라의 그림과 오나라의 야금술은 그 형상을 새기고 조각하는 방법은 자유롭고 복잡한 무늬를 만들어내어 매우 정교하고 우수하여 尧舜임금과 같은 성인도 이를 수 없는 경지이다(知者之所短,不如愚者之所修;贤者之所不足,不若众人之有余。何以知其然？ 夫宋画吴冶, 刻刑镂法, 乱修曲出, 其为微妙, 尧舜之圣不能及。)'라는 기록이 있다. 후에는 물건이 아주 정교하게 만들어졌음을 가리킨다.

吴市吹箫: «史记·范雎蔡泽列传»에 '伍子胥가 자루에 담겨 昭关을 나가서 밤에는 이동하나 낮에는 엎드려 있었다. 陵水에 이르러 밥을 먹을 수 없어서 무릎으로 기며 머리를 틀어올리고 상체를 드러내놓고 배를 두드리며 피리를 불면서 오나라의 저자거리에서 걸식을 하였다. 마침내 오나라를 진흥시키고 阖闾가 우두머리가 되게 하였다.(伍子胥橐载而出昭关, 夜行昼伏, 至于陵水, 无以糊其口, 膝行蒲伏, 稽首肉袒, 鼓腹吹篪, 乞食于吴市, 卒兴吴国, 阖闾为伯。' 篪又作

萧。“”谓行乞于街头。)라는 기록이 있다. 篪는 또 萧라고 하며, '吴市吹萧'는 후에 거리에서 걸식하는 것을 이르게 되었다.

吴牛喘月: «太平御览»이 «风俗通»의 : '오나라의 소가 달을 보면 헐떡거렸다. 해에 고생스러워하던 소가 달을 보고 두려워 헐떡거리게 하였다.(吴牛望见月则喘, 使之苦于日, 见月怖, 喘也。)'라는 기록을 인용하였다. 吴나라는 매우 더운 지역이다. 그래서 더위를 무서워하는 물소는 달을 태양으로 오인해서 헐떡거렸다. 후에는 의심 때문에 두려워한다는 의미로 쓰인다.

吴越同舟: 원래는 용병술을 가리켰으나, 후에는 서로 협력하려 어려움을 이겨낸다는 의미로 바뀌었다.

松斤鲁削: 斤은 도끼 같은 도구를 가리킨다. 削은 깎는데 쓰는 도구다. «周礼·考工记·国有»에 '정나라의 칼, 송나라의 도끼 노나라의 창칼, 오월의 검은 그 땅을 떠나면 잘 쓸 수 없는데 땅의 기운 때문에 그러한 것이다(郑之刀, 宋之斤, 鲁之削, 吴粤之剑, 迁乎其地而弗能为良, 地气然也。)'라는 기록이 있다. 후에 松斤鲁削는 우수하게 제작된 도구를 가리키는 대명사가 되었다.

고대의 지명로 구성된 성어가 매우 많다. 그중 대다수는 중국 인문 지리와 깊은 관계가 있기 때문에 성어를 공부하기 위해서는 중국 고대 역사 지리와 문화에 대하여 깊이 이해하여야 한다.

3. 천체와 별자리

천체현상은 사람이 자연을 인식하고 우주를 이해하는 진입로였다. 중국인들은 일찍부터 천체에 대한 연구를 하기 시작했고, 日月星晨의 위치·운행 규칙에 대한 자세한 관찰을 하였다. 그래서 중국은 일찍부터 천문학이 발전하였고, 고대사람은 천체변화가 인간의 생활에 큰 영향을 끼친다고 여겼다. 더욱이 통치자의 운명에 영향을 끼친다고 믿었기에 옛사람은 천체를 관찰해서 정치의 앞날을 점칠 수 있다고 생각했다. 사람들은 천체를 가지고 미래를 점쳤고, 길흉이나 한 해의 운수를 예측하고 기후를 관측하였다. 그중 천체현상과 관련된 성어는 자주 신비한 색채와 숙명론적인 색채를 띠고 있다.

白虹贯日: 흰색의 무지개가 태양을 가로지르는 것, 이는 보기 드문 햇무리 현상이다. 옛사람은 머지않아 전쟁이 일어날 크게 불길한 징조로 생각했다.

气冲斗牛: 牛와 斗는 견우성과 북두성을 가리킨다. 그러나 여기에서는 모든 별자리를 가리킨다. 이는 기세가 등등하여 하늘의 별을 찌를 듯함을 비유하는 성어로 그 외에도 '气吞斗牛', '气贯长虹'이 있다.

箕风毕雨: 箕와 毕는 모두 별자리 이름이다. 28수(宿)가운데 두 수로 箕는 바람을, 毕은 비를 좋아한다. 원래는 사람들이 좋아하는 것이 각기 다름을 나타내었으나 후에는 위정자가 백성의 형편을 잘 보살피는 것을 이르게 되었다.

南箕北斗: 小雅에 이르기를 '维의 남쪽에 키가 있는데 까불 수 없고, 维의 북쪽에 국자가 있는 데 술을 뜰 수 없다(维南有箕, 不可以簸扬; 维北

有斗, 不可以挹酒浆。)'라는 구절이 있다. 하늘에 箕와 斗라는 두 별이 있는데 그 모습이 키와 국자와 같아 이렇게 명명되었다. 그러나 둘 다 실제로 사용할 수 없는 키와 술을 뜰 수 없는 국자이기 때문에 유명무실한 것을 가리킬 때 이 성어를 사용한다.

扪参历井: 参과 井은 모두 별자리를 가리킨다. 参은 属나라에, 井은 秦나라에 위치했다. 행인들이 秦나라에서 属나라로 들어가는 길은 산이 높아서 하늘의 별 参과 井을 만질 수 있을 정도였다고 한다. 후에는 属나라 길이 험준하고 산이 높다는 것을 비유한다.

星移斗转: 북두칠성은 1년 365일 늘 방위를 바꾼다. 그래서, 사람들은 시간이 흐르거나 계절의 변화를 비유할 때 이 성어를 사용한다. 그리고 '物换星移'도 같은 의미다.

星罗棋布: 하늘의 별과 바둑판 위의 바둑알은 모두 촘촘하게 밀집되어 있다. 이는 수량이 많고 널리 분포되어 있음을 비유한다.

日月参辰: 参은 参별자리를, 辰은 辰별자리를 가리킨다. 이 두 별자리는 하나가 떠오르면 다른 하나는 지기 때문에 서로 볼 수 없다. 그래서 이는 서로 이별하여 만날 수 없거나 또는 원수가 되어 서로 등지고 만나지 못하는 것을 비유한다.

日月合壁: 해와 달이 동시에 떠오르는 현상은 자주 볼 수 있는 것이 아니다. 어떤 이는 나라에 상서로운 일이 생길 징조라 했다.

祥云瑞气: 고대 사람은 하늘의 채색 구름을 상서로운 징조라고 생각하여 '祥云瑞气'라고 불렀다.

중국인은 모든 사람이 하늘의 별과 서로 대응된다는 신앙을 가지고 있다.

다시 말해, 사람은 각자 자기 머리 위에 별 하나를 받들고 있다. 그래서 그 사람의 운이 좋고 나쁨은 자신 머리 위에 있는 별을 보고 알 수 있다고 여겼다. 국가 전체 안에서 하늘의 별자리의 배열과 지상의 지역 분할은 상호대응 관계를 가지고 있다. 이런 천인합일의 사상은 오늘날까지 사람들의 마음속에 뿌리 깊은 신념으로 남아 있다.

4. 자연 경관

자연은 다채로운 경관을 가지고 있기에 보는 사람의 각도에 따라서도 차이가 있다. 아름다움을 나타내는 '春华秋月' '小桥流水', 험준한 지형의 '崇山峻岭', 어렴풋한 허상을 가진 '海市蜃楼', 광활하게 펼쳐진 사막을 가리키는 '荒沙大漠', 들판을 가리키는 '林海雪原'이 있다. 중국어 고사 성어 중에서 경치를 묘사한 사자 격식은 매우 많다. 예를 들면,

春花秋月: 봄꽃, 가을달.

风花雪月: 바람, 꽃, 눈, 달.

风清云净: 바람은 시원하고, 구름은 엷다.

月百风清: 달이 밝고, 바람이 시원하다.

风清月朗: 바람이 시원하고 달이 밝다.

柳媚花明: 버들잎이 아름답고, 꽃이 눈부시게 피어있다.

曲经通幽: 굽이지고 조용한 곳.

风平浪静: 바람이 가라앉고, 파도가 잔잔하다.

亭台楼阁: 정자, 누대, 누각 등.

山明水秀: 산이 푸르고 물이 좋다.

韶光淑气: 아름다운 빛과 맑은 공기.

水壁山青: 물이 맑고 산이 푸르다.

云淡风清: 구름이 엷고 바람이 시원하다.

夭桃艳李: 아름답고 소담한 복숭아와 오얏나무.

月明星稀: 달이 밝고 별이 드문드문 떠 있다.

花前月下: 달 아래 꽃이 있는 정경.

汪洋大海: 드넓은 바다.

桑榆暮影: 저녁 해가 서쪽 뽕나무와 느릅나무 위에 걸린 정경, 황혼을 이름.

상술한 것은 정적인 것이고 다음은 동적인 것이다.

惊涛骇浪: 파도와 물결이 거세다.

狂风暴雨: 거센 비바람.

飞沙走石: 나는 모래와 굴러다니는 돌.

草长鹰飞: 초목이 자라고 매가 날다.

风起云涌: 바람이 일고 구름이 피어오르다.

落花流水: 초기에는 늦봄의 정경을 형용하였는데 후에는 참패한 모습을 이름.

云蒸霞蔚: 구름이 피어나고 노을빛이 아름답다.

鸡飞狗跳: 닭이 날고 개가 뛴다.

月落星沉: 달이 지고 별이 떨어진다.

风吹草动: 바람이 불고 초목이 흔들린다.

风卷残云: 바람이 남은 구름을 휩쓸어 가다

사람들의 자연경관에 대한 관찰은 다양한 시각이 있어서 고개가 되고 봉우리가 되는 되는 등 각기 다르다. 자연의 경치, 사물과 사람의 심경은 상호 조응되어 성어중의 자연경관의 묘사는 자주 감정적 분위기가 혼재된다. 성어의 운용 중에도 자주 문자적 의미를 벗어난다. 예를 들면, '风花雪月'의 본의는 네 가지 자연현상이나 이를 빌어서 사계절의 풍경을 가리킨다(참조: 元의 무명씨의 鱼篮记 중 한 구절 '春夏秋冬四季天, 风花雪月紧相连。长江不见回头。水, 人老何曾再少年' - 춘하추동 사계절에 바람, 꽃, 눈, 달이 꼭 붙어 이어지는구나. 장강의 물은 다시 돌아오지 않고 사람이 늙어 어찌 다시 소년이 되는가). 후에는 공허한 문구로서 실제적인 내용이 없는 시문을 가리키다가 더 이후에는 남녀가 음풍농월하는 분위기 중의 남녀상열지사의 낭만적 생활을 비유하게 되었다. 그러므로 결코 글자만 보고 대강 뜻을 짐작해서는 안된다.

ㄷ. 성어와 고대인들의 시간법칙

'천지는 만물의 유숙처이고 광음은 백대의 과객이다(夫天地者, 万物之逆旅; 光阴者, 百代之过客)'. 시간은 끊임없이 지속되는 연속체이다. 비록 현대 우주학에서 추론해 본다면 빅뱅의 순간이 바로 시간의 시초이다. 그러나, 이는 시간의 축선 상에서 총총히 지나가는 과객에 대해서 아무런 영향이 없다고 하겠다. 시간의 시초의 문제를 논의하는 것은 국가의 大计, 민생과 직접 관련이 없는 철학 문제지만, 사람들은 이 세상 끝에 대한 관심은 오래도록 지속 되어왔다. 그래서 고대인의 시간관념을 알아보는 것은 아주 흥미로운 일이다. 고대인들은 시간을 '광음' 이라고 불렀는데, 이는 매우 일리가 있다. 왜냐하면 시간은 볼 수 없고 만질 수도 없는 것이기 때문에, 태양과 달이 동에서 뜨고 서쪽으로 지는 것을 근거로 시간을 계산할 수밖에 없다. 그래서 중국인들은 중국어 속에서 이를 '日月'이나 '日子'라고 불렀다. 태양이 매번 동에서 떠서 서쪽으로 지는 것은 한 날(一日)이고, 달이 매번 차고 기우는 것은 한 달(一月)이다. 그리고 매번 추위와 더위가 교체가 일 년(一年)이다. 이 점에서 시간 개념과 태양과 달의 관계는 여기에서 그 일단을 볼 수 있다. 이 부분의 내용 중에서 우리는 옛사람의 시간에 대한 인식은 모두 형상적이고 모호하며 부정확하다는 것을 발견할 수 있다. 그래서 옛사람의 시간 계산은 대부분 부정확하다.

1. 시간에 대한 인식

시간은 등속운동을 하지만 사람의 느낌에 따라 빠르기도 하고 느리기도 하다. 예를 들어 같은 일 년이지만 다섯 살짜리 아이는 일 년이 매우 길다고 느낄 것이다. 왜냐하면 아이에게 있어서 일 년은 아이의 일생 중 오 분의 일이나 차지하기 때문이다. 그러나 오십 세의 노인에게 일 년은 아주 짧은 시간으로 순간적으로 지나가 버린다. 왜냐하면 이 사람에게 일 년은 일생 중 오십 분의 일이기 때문이다. 그래서 공자는 강가에 서서 끊임없이 흐르는 강물을 보고 '(시간)흘러감이 강물 같구나! 밤낮을 가리지 않는구나(逝者如斯夫! 不舍昼夜)'라는 감회의 소리를 내었다. 아인슈타인의 상대성 이론도 이 점을 언급하고 있다. 중국 옛사람의 '산 속에서 겨우 칠일이었는데 세상에서는 이미 천년이로다(山中方七日, 世上已千年)'라는 말도 이런 놀라움에서 나온 것이다. 인간은 시간에 끊임없이 감탄하고 놀라움을 금치 못하며 시간의 흐름 앞에서 어쩔 도리가 없다. '잠시의 시간은 한 치의 금과 같다. 그러나 한 치의 금을 가지고 잠시의 시간을 사기는 어렵다(一寸光阴一寸金, 寸金难买寸光阴)'와 '잠시의 시간은 한 자의 벽옥과 같다(寸阴尺璧)'는 모두 이 뜻을 담고 있다. 영어의 'Time is money'도 이 뜻을 담고 있는 듯하다. 사실 돈이 아무리 많이 있어도 시간은 살 수 없다. 다시 말해 사람은 모두 시간 앞에서 평등하다고 말할 수 있다. 보통 사람이 느끼는 시간의 방향은 오직 한가지다. 바로 앞을 향해 나아가는 것이다. 다음에 나오는 성어는 시간을 묘사 한 것인데 대부분 형상화된 사물을 가지고 비교한 것이다. 왜냐하면 시간은 언제나, 어디서나 존재하지만 볼 수 없고 만질 수 없기 때문이다.

白驹过隙: 흰말이 틈새를 지나가다.

不舍昼夜: 밤과 낮이 끊어지지 않게 하다.

尺波电谢: 물결과 섬광처럼 금방 사라지다.

日月如梭: 세월이 베틀의 북이 왔다 갔다 하는 것처럼 빠르다.

光阴似箭: 세월이 화살 같이 빨리 지나간다.

窗间过马: 창문 사이로 지나가는 말을 보다.

寸阴尺璧: 촌음은 한 자의 벽옥과 같이 귀하다.

电光石火: 전광석화.

地久天长: 오랜 세월이 흐르다.

地老天荒: 오랜 세월이 흐르다.

海枯石烂: 바닷물이 마르고 바위가 썩다. 오랜 세월이 지나다.

韶光荏苒: 꽃다운 젊은 시절이 점점 흘러간다.

韶华如驶: 꽃다운 젊은 시절이 빨리 지나간다.

蹉跎岁月: 허송세월하다.

日月其除: 세월이 흘러가다.

日月逾迈: 세월이 빨리 지나가다.

逝者如斯: 세월이 흘러가다.

시간을 흐르는 물, 날아가는 화살, 끊임없이 왔다 갔다 하는 북, 달리는 말, 번뜩이는 불꽃에 비유하는 것은 모두 이러한 느낌을 표현하고자 한 것이다. 시간은 순간적으로 흘러가 버린다. 만약 때맞춰 붙잡지 못한다면 후회막급할 것이다.

2. 시간 기록

중국 고대에는 시계가 없었다. 그러므로, 비교적 작은 시간 단위는 물을 떨어뜨리거나 日月星晨의 상대적 위치로 계산하였다. 해시계는 비교적 정확하게 시간의 단위를 기록할 수 있게 해주었다. 그러나 해시계는 일반 백성들이 사용할 수 있었던 도구가 아니었다. 중국 고대에는 일찍부터 역법이 있었고 우리가 지금도 사용하고 있는 음력은 몇천 년의 역사를 가지고 있는데 대략 기원전 20세기에 형성된 것이다. 그리고 지금도 사용하고 있는 천간지지는 그 기원이 어디인지 아직까지 고증되고 있지 않다. 중국어 성어 중에서 시간을 기록하는 방법과 사용 개념은 모두 고대에서 나온 것이다. 어떤 것은 천간지지와 관계가 있고, 어떤 것은 십이지 띠와 관계가 있으며, 어떤 것은 전통적인 시간 계산법과 관계가 있다. 그 속에 내포된 함의를 알지 못하다면 성어가 가지고 있는 진정한 의미를 이해하지 못할 것이다. 예를 들면,

岁在龙蛇: 중국 십이지와 띠를 대응해보면 辰은 용이고 巳가 뱀이다. 岁는 '太岁(전설 중의 신명)'를 가리키며 과거의 역법으로 해를 기록할 때 사용하는 간지의 별명이다. 성운(星运)학자들은 太岁와 관련된 많은 금기사항이 있고, 후에 '岁在龙蛇'는 수명이 다했음을 이르게 되었다.

子午卯酉: 십이지는 '子丑寅卯辰巳午未申酉戌亥' 이고, 이중 '子午卯酉'는 네 개의 지지 이름이다. 따라서 '子午卯酉'는 성어로서 시간을 의미하지 않는다. 예를 들어 '그는 子午卯酉를 말하지 못했다' 이는 '그 사람 발은 이치를 발할 수 없나'라는 뜻이나.

十冬腊月: 중국 역법에 따르면 11월은 동월(冬月)이고 12월은 납월(腊月)이라고 한다. 10월부터 납월까지는 중국에서 가장 추운 계절이다.

五黄六月: 음력 5, 6월은 날씨가 가장 더운 계절이다.

三更半夜: 경은 야간 시간을 재는 단위이다. 밤을 오경으로 나누는데, 삼경은 심야를 가리킨다.

日上三竿: 태양이 뜰 때는 대나무 세 뿌리가 높이 솟아있을 때며, 아침 9, 10시를 가리킨다.

漏尽更阑: 漏는 고대 시간 계측 계기이다. 水漏, 沙漏 두 가지가 있다. 일반적으로 밤이 깊은 때를 가리킨다.

四时八节: 四时는 춘하추동 사계를 가리키고, 八节은 춘분, 입하, 하지, 입추, 추분, 입동, 동지를 가리킨다. 일반적으로 일년 사계의 각개 절기를 가리킨다. 중국 고대에는 절기마다 제사를 지냈다고 한다.

晨钟暮鼓: 불사에서는 아침에 종을 치고 밤에는 북을 두드려 시간을 알렸다. 후에 와서는 사원에서 지내는 고독한 생활을 묘사하는 데 쓰이고 시간의 흐름이나 변화를 비유한다.

黄道吉日: 고대에 성운학자들은 青龙, 明堂, 金匮, 天德, 玉堂, 司命, 六辰을 길한 신으로 섬겼다. 육진 날이 되면 만사가 다 잘된다 하여 黄道吉日이라고 불렀다.

沉李浮瓜: 삼국(三国)·위(魏)·조비(曹丕)의 «与朝歌令吴质书»에는 '오이가 맑은 물위에 떠 있고, 자두는 차가운 물에 담겨 있다(浮甘瓜于清泉, 沉朱李于寒水)' 라고 기록되어 있다. 이는 여름날의 생활과 정경을 비유한 것이다.

月上中天: 달이 중천에 떠 있을 때를 가리킴. 한 밤중을 말한다.

상술한 성어에서 중국 고대에는 시간관념이 상당히 모호했음을 알 수 있다. 이것은 고대의 생활 방식과 관련이 있다. 왜냐하면 그 당시에는 아주 정확한 시간 개념이 필요하지 않았기 때문이다. 그리고, 현재라도 중국 오지에서는 사람들의 시간 계산 방법이 아직도 옛날식이다. 예를 들어 시점을 나타낼 때 '太阳还有一竿子高(태양이 아직 장대만큼 높다)', '日头偏西了(해가 서쪽으로 기울었다)', '三星偏西了(삼성이 서쪽으로 기울어졌다)', '掌灯时分(등을 결 시간)' 등을 사용한다. 시간의 폭을 나타내는 표현으로는 '一饭子工夫(한 끼 동안)', '一袋烟工夫(담배 한 대 피우는 동안)', '说话的工夫(말하는 동안)',

‘半天时间(반나절만큼)’, ‘眨眼工夫(눈 깜짝할 사이)’ 등등이 있다.

3. 나이

중국인들은 나이를 비밀로 하지 않고 일반적으로 통용되는 숫자를 가지고 계산했다. 그러나 재미있는 것은 중국에는 인생의 단계마다 비교적 두루뭉실하게 말하는 방법이 있어서 일반적으로 어떠한 연령층을 가리킨다. 이러한 방법은 통상 성어로 나타나며 그것들은 모두 출전이 있다. 예를 들면,

摽梅之年: ‘摽梅’ 는 매화가 나무에서 떨어지는 것을 가리키며, 이는 여자가 시집 갈 나이를 빗대어 하는 말이다.(«시경•召南•摽有梅»)

豆蔻年华: ‘豆蔻’는 다년간 녹색을 띄는 식물로 초여름에는 옅은 노란 색 꽃이 핀다. 자주 처녀를 비유하는 데 쓰이며 豆蔻年华는 13-14세 여자 아이를 가리킨다.

徐娘半老: 풍류와 운치가 아직 남아 있는 중년의 여자를 가리키며, 이 말속에는 경박함을 폄하하는 뜻이 담겨 있다.

青梅竹马: 李白의 «长干行»에 ‘남자 아이는 죽마를 타고 여자 아이는 침대 주위에 청매를 놓았다. 이 둘은 장간에 함께 살았고 둘의 사이를 의심받을 여지가 없었다(郎骑竹马来, 绕床弄青梅。同居长干里, 两无小嫌猜)’라는 구절이 있다. 소녀가 천진난만하며 쾌활하게 장난치는 모습을 형용하는데, 후에 와서는 어릴적 함께 자란 반려자를 가리킨다.

垂髫之年: 아이가 머리를 묶어서 늘어뜨린 것을 비유하는 것으로 유년의 나이를 가리킨다.

而立之年: «论语·为政第二»에 '공자가 말하기를 나는 열다섯에 학문에 뜻을 두고 30에는 이립, 40에는 불혹, 50에는 지천명, 60에는 이순, 70은 마음이 가는 데로 한다(子曰:'吾十有五而志于学,三十而立,四十而不惑,五十而知天命,六十而耳顺, 七十而从心所欲,不逾距(15세는 지학,)'라고 하였다. 따라서, '而立之年'은 삼십을 가리킨다.

不惑之年: 유혹 받지 않는 나이 사십 세를 가리킨다.

耳顺之年: 귀가 듣는 대로 행하는 육십 세를 가리킨다.

聚沙之年: «妙法莲花经»에 '(아이들이 하는 놀이 중에 흙으로 탑쌓기 하는 놀이가 있다乃至童子戱, 聚沙为塔)'라고 했다. 아이들은 흙을 가지고 장난하는 것을 좋아한다. 그래서 아동기를 가리킨다.

二八韶华: 16세 소녀를 가리킨다. 이때는 여자가 성숙하기 시작하는 나이로 가장 아름다운 나이다.

花甲之年: 중국의 天干地支纪年法에 보면 60년은 '一甲'으로 화갑은 60세를 가리킨다.

耄耋之年: 팔구십 세의 노인을 가리킨다.

风烛残年: 바람 앞의 촛불처럼 바람이 불면 꺼질 것 같은 모습을 비유하며 노년을 가리킨다.

春秋鼎盛: 춘추는 나이를 말하며 나이가 한창이고, 기운이 왕성한 시기를 가리킨다.

锦毖年华: 李商隐 의 «锦瑟»시에 '화려한 장식의 비파는 끝이 없는 50현으로 되어 있는데 현마다 꽃다운 나이를 그리워한다(锦瑟无端五十弦,

一弦一柱思华年)'라는 구절이 있는데, 후에 '锦瑟'는 청춘시절을 비유한다.

이는 우회해서 말하는 표현방식으로 나름대로의 특색이 있다. 중국 고대 문인들은 문장을 쓸 때에 완곡한 표현을 좋아하고 평이하고 직설적인 방식으로 서술하는 것을 싫어했다. 그 결과는 많은 출전의 사용에 의한 학문적 유희로 일반 백성들을 괴롭혀 학문을 소수자의 전유물로 만들었다.

4. 계량

중국어의 성어에는 고대 도량형단위와 관련된 것들이 있다. 이는 중국 고대에서 사용했던 계량 단위다. 예를 들면,

得寸进尺: 욕심이 끝도 없다

分毫必争: 조금도 지지 않고 싸우다

锱铢必较: 매우 적은 돈이나 사소한 일까지 꼼꼼하게 따지다

分斤拨两: 꼬치 꼬치 따지다

不差累黍: 오차가 조금도 없다.

二缶钟惑: 缶(계량 도구의 일종)와 钟(계량 도구의 일종)의 용량을 분명히 알 수 없다.

毫厘不爽: 조금도 틀리지 않다.

车载斗量: 차로 싣고 말로 될 정도로 많다.

一时半刻: 잠시 동안

火冒三丈: 화가 삼장(1丈은 10尺)이나 치솟다

一日千里: 하루에 천 리를 가다.

碧波万顷: 만경창파

里, 丈, 尺, 寸, 分, 厘, 毫는 민간의 재래식 길이 단위이고, 斤, 两, 钱, 分, 厘, 毫는 민간의 재래식 중량 단위이다. 锱, 铢, 累, 黍 모두 고대의 중량 단위로 사용하였으나 극히 미미하였다. 중국 고대에는 白银을 유통 화폐로 삼기도 했으므로 중량단위는 화폐의 계량에 사용되기도 했다. 升, 斗, 缶, 钟은 민간의 재래식 용적단위이었다. 顷, 亩, 分, 厘, 毫는 민간의 재래식 토지 면적단위이다. 이처럼 민간의 재래식 도량형 단위는 다음과 같다.

1里=150丈 1丈=10尺 1尺=10寸 1寸=10分

1分=10厘 1厘=10毫

1斤=10两 1两=10钱 1钱=10分 1分=10厘

1厘=10毫 1毫=10丝

1锱=10铢

1斗=10升

1顷=100亩 1亩=10分 1分=10厘

1厘=10毫

이는 민간의 재래식 도량형 단위로 대부분 아직도 사용되고 있다. 비록 정부에서 미터제의 도량형단위를 발표하고 미터제의 도량형단위를 사용하길

권장했지만, 대부분은 여전히 민간의 재래식 도량형단위를 사용하고 있다. 단지 锱, 铢, 累, 黍 네 가지 단위만 과거 기록 속에 남아있다.

八.성어의 전고와 事理

상당부분의 성어는 전고가 있으며 이러한 전고는 고대의 지식인들에게는 상당히 익숙한 것이나 현대인들은 대부분 성어의 문자적 의미만 알 뿐 그 출전에 대해서는 그다지 잘 알지 못한다. 하지만, 시간적으로나 공간적으로 상당히 멀리 떨어진 것이기 때문에 이러한 거리감이 생기는 것은 당연하다. 성어를 자주 사용하는 중국인도 전혀 모르는 바는 아니라 할지라도 어렴풋 다소 알거나 심지어 잘 이해하지 못한다. 그런데 단지 몇 년 중국어를 배운 외국인에게 이러한 전고는 아라비안나이트와 다를 바 없을 것이므로, 그들에게 늪에 빠져 빠져나오지 못해 허우적거리는 것과 같은 두려움을 갖게 할 수도 있을 것이다.

중국어 성어 중에는 이치를 설파하는 성격이 강한 성어가 있는데 표현하고자 하는 것은 중국인의 관념이다 그러나, 대부분의 이치가 보편적 진리의 특성을 띄어 '어디에서나 정확하다(放之四海而皆准)'라고 할 수 있다. 우리는 성어를 홀로 얻은 숨겨진 비밀로 감춰두려고 하지 않고 사람들에게 공개해서 모두가 알게 하려고 한다. 이 역시 중국인이 기여한 사대 발명에 이은 또 하나의 커다란 공헌이라고 할 수 있다.

1. 전고

이른바 전고는 고서에 출현한 역사적인 인물이나 법규 제도 등등의 역사적 사실이나 전설을 가리키는데 성어 중의 전고는 모두 검색할 수 있는 근거가 있다. 그것들은 고대로부터 시작되고, 전고가 있는 성어는 모두 완전한 이야기이라서 말하자면 장황하다. 그러나, 다음에 나오는 고사들은 모두 전형적인 것들이어서 후세 사람이 줄곧 인용되어 왔다. 예를 들면,

爱鹤失众:《左传·闵公二年》에 "겨울 12월에 오랑캐가 위나라를 정벌하려하는데 卫懿公은 학을 좋아하여 학이 호화스러운 가마를 타는 것이 있었다. 장차 싸우려 하는데 전투장비를 갖춘 군사들이 이르기를 '학을 쓰시지요 학은 벼슬과 봉록이 있는데 우리가 어찌 싸울 수 있겠습니까?(冬, 十二月, 狄人伐魏, 卫懿公好鹤, 鹤有乘轩者。将战, 国人受甲者皆曰:'使鹤, 鹤有禄位, 余焉能战?)'라는 기록이 있다. 작은 것 때문에 큰 것을 잃음을 비유한다.

暗渡陈仓:陈仓은 고대 현 이름이다. 陕西省 宝鸡市 동쪽에 위치하고, 关陇에서 汉中으로 통하는 교통 요지다. «史记·高祖本纪»에 따르면 항우가 서초패왕이 된 이후에 立沛公 유방은 한나라 왕이 되었다. 당시 유방의 군사력은 항우를 따라잡지 못해 汉中까지 물러났다. 그래서 사병에게 명령해서 栈道를 태웠다. 첫째는 자신이 항우와 천하를 쟁탈하려는 의사가 없음을 나타내고, 둘째는 항우가 자기를 추격하여 죽이려는 것을 막고자 했다. 유방은 韩信을 대장으로 명령한 이후에 한신에게 계략을 써서 표면적으로 불탄 栈道를 재건토

록 해서 항우를 현혹시키려 했다. 그리고 암암리에 陈仓의 작은 길로 우회하여 항우 군대를 습격하게 했다. 이 이야기는 후에 '明修栈道, 暗渡陈仓(대놓고 栈道를 가설하고, 암암리에 陈仓을 건너다)' 또는 '暗渡陈仓' 이라고 말하기도 하며 정면으로 적을 현혹시키고 암암리에 측면에서 갑자기 습격하는 전략을 이른다.

东山再起: 《世说新语·排调》에 '사공이 东山에 (은거하고) 있는데 조정에서 여러 차례 불렀으나 움직이지 않았다. 후에 나와 桓宣武의 사마가 되어 新亭에서 출발하려하자 조정의 관리들이 모두 와서 전송을 하였다. 高灵은 당시 中丞을 맡고 있었는네 역시 전송하러 왔다. 전에 얼마간 술을 마셔서 술기운에 놀리며 말했다. "경은 여러 차례 조정의 뜻을 어기고 동산에 은거하여 모든 이가 자주 함께 '安石이 나오려 하지 않으니 장차 어찌 백성을 대할까'라며 논의하였는데 지금 또한 백성은 장차 경을 어찌 대할까?"라고 하자 사공은 웃으며 대답을 하지 않았다.(谢公在东山，朝命屡降而不动。后出为桓宣武司马，将发新亭，朝士咸出瞻送。高灵时为中丞，亦往相祖。先时多少饮酒，因倚如醉，戲曰："卿屡违朝旨，高卧东山，诸人每相与言：'安石不肯出，将如苍生何！'今亦苍生将如卿何？"谢笑而不答。)'라는 기록이 있다. 본래는 은거하여 물러나 있은 후 다시 나옴을 가리켰는데 후에는 실패 후 다시 세력을 얻음을 비유하는데 쓰인다.

东床坦腹: 《世说新语·雅量》에 '郗太傅이 京口(현재의 江苏성 镇江시)에서 문객을 시켜 王승상에게 편지를 보내 사위감을 찾았다. 王승상이 문객을 보고 말했다. "东厢방에 가서 마음대로 고르시오!" 문객이 东厢방에 가서 본 후에 郗씨댁으로 돌아가서 太傅에게 말했다. "王

씨댁의 모든 아들이 다 좋습니다. 사위감을 찾는다는 말을 들어서 모두 잘 보이려 했는데 오직 한 젊은이만 동쪽 침상에서 배를 내보이고 누워있는 것이 마치 듣지 못한 것 같았습니다." 郗공은 말했다. "바로 이 사람이 좋소!" 방문하여 보니 왕희지(逸少는 왕희지의 자임)였고 그리하여 딸을 시집보내었다.(郗太傅在京口，遣门生与王丞相书，求女婿。丞相语郗信："君往东厢任意选之。"门生归白郗曰："王家诸郎亦皆可嘉，闻来觅婿，咸自矜持。唯有一郎在东床上坦腹卧，如不闻。"郗公云："正此好！"访之，乃逸少，因嫁女与焉。)'라는 기록이 있다. 이후로 '东床坦腹'은 사위의 미칭이 되었는데 또한 '东床娇客'이라고도 한다.

对牛弹琴: 《对牛弹琴》출전은 汉나라 牟融의 《理惑论》임 : 公明仪가 소에게 清角의 금곡(琴曲)을 들려주었으나 전처럼 엎드려서 먹고 있었다. 소가 듣지 않은 것은 아니나 그 귀에 맞지 않았던 것이다.(公明仪为牛弹之操，伏食如故。非牛不闻，不合其耳矣。)' 비유적으로 이치를 모르는 사람에게 이치를 이야기하여 쓸데없이 정신을 쓰게 함을 이른다. 또한 상대방을 보지 않고 말하는 것을 조소하기도 한다.

分我杯羹: 《史记·项羽本记》에 '바로 이 때 彭越이 여러 차례 梁나라 땅에 왔다갔다 하며 楚나라 군대의 양식을 단절하여 项王이 걱정하였다. 커다란 도마를 만들어 太公(汉王의 부친)을 위에 올려놓고 汉王에게 말하였다. "지금 빨리 투항하지 않으면 나는 太公을 삶아버리겠다." 汉王이 말하였다. "나와 项羽는 함께 신하로서 怀王의 명을 받아 형제로 약속하였으니 나의 부친은 그대의 부친이니 반드시 그대의 부친을 삶아버리겠다면 내게 국 한 잔 나누어 주시게.(当此时，彭越数反梁地，绝楚粮食，项王患之。为高俎，置太公其上，告汉王曰：'今不急下，吾烹太公。' 汉王曰'吾与项羽俱北面受命怀王，曰"约为兄弟"，吾翁即若翁，必欲烹而翁，则幸分我一杯羹。)'라는 기록이 있다. 후에 이익을 나누어 누리는 것을 가리키게 되어 원전의 의미와는 매우 크게 차이가 나게 되었다.

负荆请罪: 《史记·廉颇蔺相如列传》에 '廉颇가 그 말을 듣고 맨살에 가시나무를 지고 손님의 인도에 따라 蔺相如 집의 문에 도달하여 사죄하여 말하였다. "비천한 사람이 장군의 도량이 이처럼 넓은지 몰랐습니다." 마침내 서로 좋아하여 문경지교가 되었다.(廉颇闻之，肉袒负荆，因宾客至蔺相如门谢罪。曰："鄙贱之人，不知将军宽之至此也。"卒相与欢，为刎颈之交。)'라는 기록이 있다. 후에 '负荆请罪'는 타인에게 잘못을 시인하고 용서를 빈다는 의미를 나타내게 되었다.

图穷匕见: «战国策·燕策三»에 荆轲가 燕太子의 명령을 받들어 秦王을 죽이려, 燕国督亢 지도를 바치겠다는 구실로 비수를 그림 속에 숨겼다. 秦王이 지도를 펼치자 그림이 다 펼쳐지어 비수가 드러났고 荆轲가 秦王을 찔러 죽이려 하였으나 성공하지 못하고 후에 진왕에 의해 죽임을 당하였다는 기록이 있다. 후에 '图穷匕见'은 일이 결말에 이르러 마침내 진상이 드러났음을 의미하게 되었다.

篝火狐鸣: 《史记·陈涉世家》에 '陈胜、吴广은 기뻐하여 귀신의 힘을 빌 생각을 하고는 말하였다. "이는 내가 여러 사람에게 위엄을 보이고자 할 따름이라." 그리하여 비단에 '陈胜王'이라 붉게 쓰고 남이 잡은 물고기의 뱃속에 넣었다. 병졸은 물고기를 사와서 조리하여 먹으며 뱃

속의 글을 보게 되고 이를 기이하게 여기게 되었다. 또한 사이에 吴广에게 부근 숲의 사당에서 밤에 등불을 들고 여우소리처럼 외치게 하였다. “大楚국이 장차 홍하고 陈胜이 왕이다” 병졸들은 모두 밤새 놀라 불안해하였다. 이튿날 병졸들 사이에 이 말이 오고갔으며 모두 陈胜을 가리키며 보았다.(陈胜、吴广喜，念鬼，曰：“此教我先威众耳。”乃丹书帛曰“陈胜王”，置人所罾鱼腹中。卒买鱼烹食，得鱼腹中书，固以怪之矣。又间令吴广之次所旁丛祠中，夜篝火，狐鸣呼曰：“大楚兴，陈胜王。”卒皆夜惊恐。旦日，卒中往往语，皆指目陈胜。)’라는 기록이 있다. 이 이야기가 말하는 것은 陈胜, 吴广이 봉기시에 채택했던 계략으로 후에 봉기를 계획함을 가리키게 되었다.

文君新寡:《史记·司马相如列传》에 ‘梁孝王이 서거한 때이라서 相如는 귀가하였는데 집이 가난하고 스스로 생활을 유지할 직업이 없었다. 평소 临邛현령 王吉相과 잘 지내는 터이었는데 王吉이 말하였다. “长卿(司马相如의 자), 오랫동안 고향을 떠나 바깥에서 지내었으니 벼슬하는 것이 순조롭지 않았을 터인데 내게로 오시게.” 그리하여 相如는 가서 작은 정자에 머물렀다. 临邛현령은 공경하듯이 매일 相如를 예방했다. 처음에 相如는 예로 맞이하였다. 후에 그는 거짓으로 병을 핑계대어 시종을 시켜 王吉의 예방을 거절하였다. 그러나 王吉은 도리어 더욱 조심스레 공경하였다. 临邛현에 부자가 많아서 卓王孙의 집은 종이 팔백 명이고, 程郑 역시 수백 명이 되었다. 두 사람은 서로 상의하였다. “현령에게 귀한 손님이 있으니 우리가 자리를 만들어 그를 청합시다.” 함께 현령도 청하였다. 현령이 卓씨집에 당도하니 탁씨 손님은 이미 백으로 헤아렸다. 정오가 되자 司马长卿을 청하러 갔는데 长卿은 병이 있다고 둘러대고 가려하지 않았다. 临邛현령은 相如가 오지 않은 것을 알고 감히 음식을 먹을 수 없어서 친히 相如를 맞이하러 갔다. 相如는 마지못해 갔는데 앉으니 좌중이 모두 (그의 모습에 관심이)기울었다. 주흥이 무르익어갈 때 临邛현령은 앞으로 가서 거문고를 相如 앞에 놓고 말하였다."나는 长卿이 좋아한다고 들었는데 스스로 즐기기를 원합니다." 相如는 사양을 한 후 한두 곡을 연주하였다. 이 때 卓王孙의 딸 文君이 막 과부가 되었는데 음악을 매우 좋아하였다. 그래서 相如는 현령과 서로 공경하는 체 하고 거문고로 정을 유발하였다. 相如가 临邛에 갈 때,수레와 말이 그 뒤에 따르고 풍채가 당당하고 우아하며 매우 대범하였다. 卓씨의 집에서 술 마시고 거문고를 타니 文君은 문틈으로 몰래 그를 보고 마음 속으로 기뻐하고 그를 좋아하였고 짝지어지지 않을까 걱정하였다. 자리가 끝나고 相如는 사람을 시켜 文君의 시종에게 후사하여 간절한 마음을 전달하게 하였다. 그리하여 卓文君은 밤에 집을 떠나서 相如에게로 달려갔고 相如는 곧 文君과 급히 成都로 돌아갔다.(会梁孝王卒，相如归，而家贫，无以自业。素与临邛令王吉相善，吉曰："长卿久宦游不遂，而来过我。"于是相如往，舍都亭。临邛令缪为恭敬，日往朝相如。相如初尚见之，后称病，使从者谢吉，吉愈益谨肃。临邛中多富人，而卓王孙家僮八百人，程郑亦数百人，二人乃相谓曰："令有贵客，为具召之。"并召令。令既至，卓氏客以百数。至日中，谒司马长卿，长卿谢病不能往，临邛令不敢尝食，自往迎相如。相如不得已，彊往，一坐尽倾。酒酣，临邛令前奏琴曰："窃闻长卿好之，愿以自娱。"相如辞谢，为鼓

一再行。是时卓王孙有女文君新寡，好音，故相如缪与令相重，而以琴心挑之。相如之临邛，从车骑，雍容闲雅甚都；及饮卓氏，弄琴，文君窃从户窥之，心悦而好之，恐不得当也。既罢，相如乃使人重赐文君侍者通殷勤。文君夜亡奔相如，相如乃与驰归成都)'라는 기록이 있다. 이는 卓文君과 司马相如의 사랑의 도피 이야기이다. 후에 '文君新寡'는 젊은 여자로서 막 남편을 여의고 수절하고 있음의 전고로 삼는다.

锦囊妙计: 중국 고전 장회소설 «三国演义»에 따르면, 蜀나라 군사령관 诸葛亮은 자주 앞으로 일어 날 수 있는 일과 응급처치 방안을 종이에 적어서 비단주머니에 넣어 사안 처리자에게 건네주고 그에게 긴급한 일이 있을 때 비단주머니를 열어 보고 계책에 따라 처리하게 하였다. 후에 '锦囊妙计'는 때가 되면 문제가 해결할 수 있지만, 잠시 비밀로 해두는 좋은 방법을 의미하게 되었다.

전고는 역사적인 사실과 전설이 있다. 전고에서 유래한 성어는 모두 한 편의 문장 가운데서 일부가 발췌되고 축약되며 만들어진 것이다. 따라서, 이러한 성어를 접하면 간단히 다룰 것이 아니라, 성어의 근원과 현재 사용되고 있는 용법을 잘 알아야지만 비교적 완전하고 정확하게 뜻을 파악하며 용법을 익힐 수 있다. 그리고 다른 유형의 성어들과 비교해 보면 전고에서 유래한 성어는 숙지하기가 비교적 어렵다. 그래서, 보기 드문 전고에서 유래된 성어는 생명력이 약해 일부는 이미 도태되어 사라져버렸다. 고의로 전고를 들먹이고 까닭없이 글 읽은 티를 내는 작태는 의도적으로 남이 알아보지 못하게 하는 어리석기 짝이 없는 책벌레의 행실이다. 성어를 연구하려면 우선 성어의 내막에 대해 잘 알아야 하고 성어를 운용할 때는 성어의 현실적인 함의를 파악해야 한다. 그렇지 않으면 재주를 피우려다 우스꽝스런 결과를 낳고 또한 뜻을 제대로 전달할 수도 없으며, 동문서답하는 격이 될 것이다.

2. 事理

사물에는 물리가 있듯이 일에는 사리가 있다. 성어 중에 사리를 표현한 것이 많은데, 이러한 성어는 중국어 성어 가운데 철학적 이치를 풍부하게 담고 있으므로 사용 빈도가 가장 높다. 뒤 전고에서 유래한 성어와 비교해 보면 이러한 성어들은 비교적 직설적이고 평이하여 보고 나서 바로 그 뜻을 이해 할 수 있다. 그러나 이러한 성어가 담고 있는 뜻은 상당히 심오하다. 사리를 표현하는 성어들은 자주 그 뜻을 옮길 수 있거나 다른 언어에서 대응되는 표현을 찾을 수 있다. 다음에 나오는 성어는 영어에서 대응되는 말을 찾을 수 있거나 직역을 할 수 있다. 하지만, 전고에서 유래된 성어는 직역할 수 없고 심지어는 달리 바꾸어 말할 수도 없다.

爱屋及乌 Love me, love my dog.(집을 사랑하면 집 지붕의 까마귀까지 좋아한다)

当局者迷 The on-lookers see most of the game.(당사자가 오히려 더 모른다)

多藏厚亡 The more you own, the more you lost.(많은 욕심은 오히려 화를 부른다)

多贱寡贵 The goods much more, he price much lower.(적을수록 귀하다)

福过灾生 Too much luck brings a disaster.(행복이 과하면 화를 부른다)

苦尽甛来 Luck comes after the hardship.(고진감래)

覆水难收 There is no use crying over spilt milk.(엎지른 물은 주워 담을 수 없다)

甘瓜苦蒂 A sweet melon, but a bitter vine.(완전무결한 것은 없다)

瓜熟蒂落 When a melon is ripe, it will fall by itself.(조건이 성숙되면 일은 자연히 이루어진다)

水滴石穿 Dripping water can wear through rock./little strokers fell great oaks.(낙수 물이 댓돌을 뚫는다)

水到渠成 When water flows, a channel is completed.(물이 모여 고랑을 이룬다)

甘井先竭 The good well will be run out first.(좋은 우물물은 먼저 고갈된다)

树大招风 A tall tree catches the wind.(나무가 크면 바람을 더 많이 맞는다)

孤掌难鸣 One cannot clap with one hand.(한쪽 손바닥만으로는 울리지 못한다)

过犹不及 Too much is as bad as too little.(지나치면 모자란 것 보다 못하다)

积少成多 Every little makes a mickle.(티끌 모아 태산)

积水成渊 Many drops make a shower.(적은 양의 물이 모여 연못이 된다)

祸做福阶 A misfortune makes steps to a luck.(화 속에 복이 있다)

近朱者赤, 近墨者黑 He that lives with cripples learns to limp.(주사(朱砂)에 가까이 하면 사람은 붉게 물이 들고, 먹에 가까이 하면 사람은 검게 된다)

空穴来风 A hole causes the wind.(아니 땐 굴뚝에 연기 나지 않는다)

物及必反 When pushed to an extreme, a thing will develop in the opposite direction. (사물이 극에 달하면 반대의 변화가 일어난다)

习于性成 Habit becomes second nature.(오랜 습관이 성격으로 된다)

이 절에서는 중국어 성어와 고대 사회 풍습과의 관계를 토론하였고, 고대 사회 풍습의 여러 측면을 소개하였다. 비록 여기에 서술한 것이 다 완비된 것은 아니지만 독자들은 이것을 읽으면서 흥미로운 현상을 발견하게 될 것이라고 믿는다. 여기에서 반드시 밝히고자 하는 바는 고대사회라고 이르는 것은 사실 대략적인 개념으로서 위아래로 오천 년 역사의 시간의 폭을 포괄하지만, 여기서는 시간적인 차이는 고려하지 않았다. 예를 들어, 의식주, 교통, 흥망성쇠, 사회풍습은 변하지 않는 것이 아니다. 이는 역사적인 개념으로서 역사적으로 시기에 따라 다른 표현 형식이다. 그 외에 반드시 밝혀야 할 점으로, 이른 바 고대사회는 또 지역적인 관념이 없었다. 중국은 광활한 영토를 가진 대국이며, 역사적으로 잦은 분할과 통합, 복잡한 자연 환경은 특수한 지리환경과 인문환경을 조성하게 되었는데, 이 점 역시 소홀히 취급되었다. 중국어 성어는 하나의 커다란 그물인데 중국어를 말하는 사람은 이 커다란 그물에서 벗어날 수 없다. 이로부터 중국어 성어가 중국인들 마음속에서 중요한 위치를 차지함은 예사로운 일이 아님을 알 수 있다. 우리가 중국어 성어와 고대 사회와의 관계를 연구함은 커다란 베일을 벗기어 그 그물 속에 맺혀 있는 문화 내용을 보고 이 그물이 가리키는 길을 따라서 고대 사회의 각종 유적을 탐색하여 과거와 현재 중국의 내재적 연관관계를 찾는 것이다. 이는 언어와 중국 문화를 연구하는 우리에게 모두 도움이 될 것이다.

제4장

중국어 관용어와 현대 사회

제 1절 중국어 관용어의 시대적 특성

관용어는 사용빈도가 높은 단어로 어느 한 역사시기에 이런 사용빈도가 높은 단어들은 언어 중 가장 활발한 부분이다. 관용어는 사회생활 각 영역에서 광범하게 응용되고 있으며 시대를 선명하게 반영해 주는 표지가 되었다. 관용어의 신진대사 속도는 상당히 빠르고 사람들이 매일 새로운 관용어를 만들어 내면서 오래된 관용어는 도태된다. 더욱이 대중 매체 수단이 급속도로 발전하는 오늘날 새로운 관용어는 우리 사회 속에서 아주 빠른 속도로 전파되고 있다. 중국 고대 소설을 펼치면 과거에 유행했던 관용어가 지금은 사용되지 않거나 심지어는 그 의미조차도 퇴색된 것을 발견할 수 있다. 예를 들면,

皮灯球 - 얼간이를 가리킴 «儿女团圆»一折:'量这一个皮球灯,犯下什么滔天罪 (이 얼간이가 얼마나 큰 죄를 저질렀는지 보자)'

打酒坐 - 손님이 술집에서 기생이 노래 불렀을 때 주는 돈 «东京梦华录»'又有

下等妓女,不呼自来,筵前卖唱,临时以些小钱物赠之以去,谓之札客,亦谓之打酒坐.(기생들이 부르지도 않았는데 술좌석 앞에 앉아 노래를 부르니 그 자리에서 팁을 주었다. 이를 札客라고 부르고 또 打酒坐라고도 부른다)'

放水火 - 대소변의 은어 «蝴蝶梦»三折:'张千云:起来! 放水火。(장천운이 말하기를 일어나서 대소변을 봐라)'

이상은 모두 용잠암(龙潜庵)이 편저한 «宋元语言词典»(上海辞书出版社,1985)에서 발췌한 것이다.

관용어는 중국어 어휘 중 가장 활력있고 생동감있고 민활하며 신선한 부분이다. 그래서 관용어는 나오기만 하면 곧 유행한다. 그러나 관용어의 특징은 그것들이 긴 생명력을 가질 수 없는 속성을 결정하는데 그 원인은 두 가지로 볼 수 있다. 첫째, 관용어는 시대적인 색채가 두드러지기 때문에 시대가 변하면서 동시에 퇴색된다. 둘째, 관용어는 항간의 유행어인데 유행하는 것은 단명하기 바련이다. 풍조는 매일 바뀌고 어휘도 나날이 새로워진다. 현재 유행하고 있는 관용어는 현재 사회적 풍조와 밀접한 연관성을 가지고 있다. 예를 들면,

走后门- 암암리에 불공정하게 지인의 도움으로 일을 처리하다

铁饭碗- 국가 기관에서 일하고 고정된 수입이 있으며 실업 위험이 없는 일자리

炒鱿鱼- 해고하여 밥그릇을 잃게 하다

炒楼花- 부동산 매매 과정에서 투기를 통해 폭리를 취하다

洋插队- 해외에 가서 일하고 공부, 생계까지 모두 해결하는 것을 의미한다.

생활이 매우 어렵기 때문에 洋插队라고 말한다.

女强人- 현명하고 능력이 있어서 사업에서 성공한 여성을 가리킨다.

发烧友- 어떤 사업이나 활동에 심취되어 있는 사람을 가리킨다. 열정적인 매니아

换包装- 연예계 인사가 이미지를 바꿔서 새로운 모습으로 관중 앞에 나타나다.

第三者- 부부 사이에 끼어든 내연 관계의 사람

同情兄- 동시에 한 여자를 사랑하는 두 남자를 가리킨다.

打工妹- 연해 지역에 개방 물결을 타고 일자리를 찾아 온 젊은 여성을 가리킨다.

喇叭亏- 허풍이나 과장으로 손해보다. '哑巴亏'를 모방해서 만든 것이다.

大锅债- 균등한 분배 제도로 인한 장기 채무. '大锅饭'을 모방해서 만든 것이다.

万元肚- 거액의 공공 자금으로 먹고 마셔서 부자처럼 보이는 행색

官呆子- 어리석고 무능한 관리를 가리키며, '书呆子'를 모방해서 만든 것이다.

관용어의 출현과 유행은 모두 사회 현상의 출현, 유행과 깊은 관련이 있다. 그러나 사회의 현상이 이미 보편성을 지녔을 때만 관용어가 사회에 출현할 수 있고 유행된다. 예를 들면, 과거에도 제삼자와 같은 사람들은 있었다. 그러나 지금은 공개적으로 모습을 드러낼 수 있는 좋은 기회가 생겼다. 제삼자가 사회적 물의를 일으켰을 때 비로소 제삼자라는 관용어가 이 사회에 뿌리를 내릴 수 있게 되었다.

현대 사회는 복잡하고 여러 가지 사회 현상이 끊임없이 속출하고 있다. 그래서 이런 변화하는 사회를 묘사하기 위해 사람들은 많은 생동감 있는 어휘들을 창조해 내었다. 그중 관용어가 가장 활발한 구성원이다.

현대는 또한 정보사회이다. 그래서 여러 가지 전파 매체가 끊임없이 출현하고 있으며, 이들은 관용어를 보급시키는 가장 중요한 매체가 되었다.

관용어는 현대 사회를 기반으로 연구하기 때문에 반드시 우리가 처한 시대적 상황을 알고 있어야 한다.

우리가 살고 있는 이 시대는 현대화에 박차를 가하는 시대이다. 과거 사회구조가 해체되고 새로운 형식으로 재편됨에 따라 사람들의 이데올로기와 가치관도 변혁을 맞이하고 있다. 이 시대는 많은 시대적 특성을 가지고 있다. 인구가 급증하고 정보의 홍수 속에 살며, 환경 악화로 살 공간은 협소하여지고 있다. 서로 비좁은 공간에서 살게 되나 사람들의 심리적인 거리는 점점 더 멀어지고 있다. 사람과 자연의 관계는 '天人合一'의 전통적 궤도를 이탈하고 있고, 사회 관리의 전문화, 민중 사상의 자유화, 사회생활의 다양화 이외에도 기계화, 문화 대중화, 예술의 통속화, 과학의 공리 추구, 학술의 상업화, 교육의 직업화, 도덕의 서구화, 종교의 세속화, 정치의 민주화, 향락과 사치성 소비 만연 등 새로운 변화로 사람들은 인생의 궁극적 목적을 망각하고 물질적 노예로 전락되고 있다. 그래서 사람들은 자신의 주위의 환경 변화에 두려움을 갖기 시작했고, 정신적 낙원을 잃어버리고 긴장된 생활 템포와 치열한 경쟁으로 두려움을 갖기 시작했다. 그래서 사람들은 자신의 감정을 발산할 수 있는 곳이 필요하고 조소적인 언어로 자신의 불만을 토로하기도 한다. 혹은 기치 있는 '阿Q정신'으로 균형을 유지하고 있는데, 이러한 배경에서 관용어가 생겨났다. 관용어의 외부적인 포장은 별도의 특별한 점이 없으나, 관용어의 핵심은 억제할 수 없는 풍자와 감출 수 없는 신랄함이다. 언어적인 각도에서 본다면 모든 관용어는 모두 수사적 용법을 사용하였는 바 우리는 문자적 의미 그대로 이해하고 받아들일 수 없고 반드시 문자 외적 의미를 찾아야 한다.

왜냐하면 그것이 관용어의 참된 의미이기 때문이다. 다음에 각각 구체적인 예를 들어 설명하려고 한다.

제 2절 관용어와 사회의 시대적인 병

필자는 우리가 처한 이 시대를 폄하하려는 의도가 없기에 독자들이 오해하지 않기를 바란다. 이 장에서는 관용어와 현대 사회와의 관계를 언급하려고 한다. 관용어의 언어적 특색은 칭찬보다는 풍자가 더 많다는 점이다. 그래서 우리가 여기서 말하려는 사회적 측면은 앞장 것과는 차이가 있다. 우리는 사회에 대한 찬사를 보내기보다는 비난을 더 많이 할 것이고 여기서 말하는 비평은 사람에 대한 비평, 사회 현상에 대한 비평 모두를 담고 있다. 이 절에서는 두 가지 문제를 집중적으로 다루려고 한다. 하나는 관용어가 반영하고 있는 사회적의 추악한 현상이고 다른 하나는 시장 원칙이 제어하의 인간관계의 모습이다. 여기서 말하는 시대적인 병은 어떤 각도에서 보아도 건전지 않은 것이기 때문이다.

一. 관용어에 담긴 사회의 추악한 면모

소위 말하는 사회의 추악한 면모는 말 그대로 추잡하고 졸렬하며 불건전하고 부도덕하며 미개하고 대중의 이익에 배치되는 것으로 정직하고 후덕하며 선량한 사람으로서는 차마 입에 담지 못할 사람과 일이다. 사회의 발전에 따라 인간의 문명의 수준이 끊임없이 향상될수록 사회의 추악한 면모는 역사의 쓰레기장으로 쓸어 넣어지기를 희망하고 믿는다. 그런데 오늘날 우리는 객관적인 태도로 그것들을 직시하고 연구해야 한다.

1. 관용어 속의 간교한 무리

간교한 무리는 사회의 쓰레기 같은 존재이고 이속에 밝은 소인이다. 이들은 불공정한 수단으로 이익을 취하고, 득의양양해하는 배은망덕한 무리들이다. 그들은 아첨과 위아래로 기만하고 권세를 위해 구차해지며 무리를 지어 다닌다. 귀에 거슬리는 충언을 달갑게 듣는 사람은 필경 소수일 것이다. 다른 사람이 하는 사탕발림이나 아부를 좋아하는 것이 일반 사람 심리다. 이 세상에 '호라즘(©花剌子模)'같은 국가가 하나만 있지는 않을 것이다(전하는 바에 따르면 고대 중앙아시아에 호라즘이라는 나라가 있었는데 이 나라 국왕은 좋은 이야기만 듣길 원하고 나쁜 소식은 싫어했다. 그래서 좋은 소식을 전하는 사람은 포상 받고 승진하지만 나쁜 소식을 전하는 사람은 사자 밥이 되어 버리곤 했다. 이 이야기에 대해 王小波의 훌륭한 논의가 있다. «读书» 1995제 3호 참고). 즉 간교한 무리는 늘 활개 칠 무대를 가지고 있음은 동서고금을 막론한 사실이다. 그러므로 우리가 이런 몰이배의 몰골을 살펴보는 것은 교훈의 의미가 있다.

다음에 나오는 관용어는 모두 간교한 무리들과 관련이 있다.

吹喇叭- 다른 사람에게 지나친 칭찬을 하다(폄의가 있음).

抬桥子- 다른 사람에게 칭찬하거나 지나치게 충성하다.

拍马屁- 상사나 자기보다 지위가 높은 사람에게 아부하다.

戴高帽- 실제보다 지나치게 남을 칭찬하거나 아부하다

灌米汤- 달콤한 말로 남을 현혹시키다

捧臭脚- 극도의 칭찬과 아부

舔屁股- 창피한 지도 모르고 아부를 하다

攀高枝- 권세 있는 사람과 친하게 지내려고 하다

이상은 모두 관용어로 사람의 행동을 가리킨다. 이런 행위를 하는 무리를 일컬어 '马屁精(아첨쟁이)', '势利眼(권세나 재물에 빌붙는 인간)', '狗腿子(개다리)', '害人虫(인간 쓰레기)'이라고 말한다.

간교한 무리는 부당한 수단으로 남을 해치고, 자기의 이익을 챙기는 소인이다. 이런 소인들은 동서고금을 막론하고 모두 존재하였으며 단지 시대마다 다른 식으로 표현됐을 뿐이다. 이런 사람의 특징은 자기보다 높은 사람에게는 꼬리를 흔들며 구걸하는 노예처럼 행동한다. 그러나 자기보다 낮은 신분의 사람이면 이래라저래라 하고 눈썹을 치키고 눈을 부라리며 남을 깔보는 자세를 취한다. 그래서 대중은 한이 골수에 사무치게 되고 이런 말을 가지고 그들의 감정을 반영하였다.

2. 관용어 속의 시정배

소위 시정배는 오로지 이익만을 추구하는 무리로 후에는 사리사욕에 탐닉하는 자를 가리키게 되었다. 사람은 모두 이기적인 면이 있음은 인간의 본성의 일부분이어서 옛사람들은 '人不为己, 天诛地灭(자기를 위하지 않으면, 천벌을 받는다)'이라 했지만, '君子爱财, 取之以道(군자가 재물을 좋아함에 도를 통해 얻는다)'라고 했다. 나는 이것이 일반 사람과 시정배와의 근본적 차이라고 생각한다. 일반 사람들은 시정배를 혐오하고 경시한다. 다음에 나오는 관용어는 시정배의 소행을 묘사한 것이다.

拉关系- 원래는 아무런 관계가 없는 사람을 알고 가까워지면서 서로 이익을 챙기는 관계를 형성하다. 여기에서는 특별히 자기에게 도움이 될 사람에게 뇌물을 주고 이익을 얻는다는 의미가 있음을 가리킨다.

吃回扣- 커미션 받다. 상행위 중 甲의 중개인(일반적으로 구매자 측의 대표임)과 乙의 중개인이 약정을 하고 거래가 성사된 이후에 乙은 거래 금액 중 일부를 떼어 甲중개인에게 커미션으로 주어야 한다. 이는 통상 甲중개인이 甲이 이익을 얻기 위해 노력한 대가로 얻는 떡값이다.

捞外快 - 불공정한 수단으로 정상적인 수입 외의 금품으로 받다.

买关节 - 재물로 핵심 인물을 매수해서 자신의 목적을 이루는 것이다.

黑吃黑 - 나쁜 사람끼리 한 패가 되었는데 한 쪽이 다른 한 쪽의 약점을 잡고 재물을 갈취하다.

发横财 - 부당한 수단으로 큰 재물을 갈취하다.

이와 유사한 예는 많다. 사람들이 자신의 목적을 이루기 위해 큰 세력을 끌어들이거나 파벌을 만들고 패거리의 힘으로 사리를 꾀한다. 그리고, 술수로 국가의 힘을 빌리고 수중에 있는 권력을 이용해 사통팔달의 관계망을 형성한다. 이처럼 국가의 재물을 갈취하고 국가의 힘을 이용해 자기와 관계를 맺고 있는 사람들의 편의를 봐주는 사람들은 국가 발전을 저해하는 좀벌레이다.

3. 관용어에 비친 카멜레온

카멜레온은 정치적으로 변화와 위장에 능한 사람을 가리킨다. 이런 사람은 늘 간교하고 변화나 눈치를 잘 살핀다. 그래서 급변하는 정치판에서 쓰러지지 않고 오뚜기 같이 살아남는 사람이다. 일반 민중은 그들에게 많은 별명을 지어 주었는데 예를 들면,

老狐狸 (늙은 여우), 老油条 (뺀질이), 老滑头 (사기꾼), 鬼聪明 (도깨비)
老江湖 (닳고닳은 사람), 八面光 (처세술이 능한 사람), 搬不倒 (오뚜기)
그들은 많은 수완을 가지고 있다.예를 들면,
观风向 (눈치를 살피다), 看眼色 (눈치를 살피다), 看苗头 (정세를 살피다),
赶风头 (정세를 잘 따라간다), 避风头 (화살을 잘 피하다),
耍花招 (술수 부리다), 使手段 (수완이 좋다)

카멜레온은 간교한 사람이다. 자기를 위장해 사회에 적응하려고 하는 것이지 결코 다른 이의 권한을 침범하지는 않는다. 많은 사람들은 기회를 봐서 행

동하는 법을 배운다. 비록 손오공처럼 72가지로 변신하는 능력은 없지만 '见什么人说什么人,到什么山唱什么歌(사람에 따라 말을 하고, 산에 따라 노래를 부른다)'할 수 있는 능력을 갖춘 사람이다. 다윈의 적자 생존 이론이 사람들 가슴속 깊이 다가오면서 카멜레온 같은 사람들은 많아지고 있다.

4. 관용어 속의 남 괴롭히기

'窩里斗(내부에서 싸우다)'는 중국인의 저급한 근성 중에 하나이며 사회생활 속에서 암투하는 모습은 중국인의 추악한 일면을 보여준다. 각양각색의 내부 싸움을 통해 투쟁의 능수들은 투쟁 기술을 고안해내었다. 그리고 이런 사람들에게 발명특허권을 보장해주기 위해서 또 남들이 이 못된 것을 배우지 못 하도록 히든카드나 계책을 까밝히지 않겠다. 필자는 이 말이 허구가 아니라는 사실을 입증하기 위해 한 두 가지 예를 들기로 한다. 필자는 그들의 발명을 통칭하여 '사람을 괴롭히는 기술'이라고 불렀고, 종류는 다양하다. 예를 들면,

打棍子 (몽둥이로 때리다), 扣帽子 (죄를 덮어씌우기),

穿小鞋 (불편하게 하다,괴롭히다), 戴眼罩 (억누르다), 泼脏水 (모욕주기),

扣鸟盆 (감옥에 가두기), 揪辫子 (약점 잡기), 小动作 (잔꾀),

挖墙脚 (기반을 무너뜨리는 것), 卡脖子 (목조르기), 打黑枪 (음험한 수단),

打闷棍 (틀어박고 때리기), 告黑状 (누명 씌어 고자질하기), 上眼药 (혼쭐 내주기)

이런 소행은 모두 음모술수이며 화를 불러일으킬 소지가 있기 때문에, 대낮에는 하기 힘들다. 때문에 당하는 사람은 벙어리 냉가슴 격으로 말을 할 수 없다. 중국 고대에는 계략을 사용할 때의 도를 중시한다. 중국 역사 교과서, 중국의 이야기 안에서 여러 가지 계략을 쉽게 발견할 수 있다. 유명한 역사 연의소설 «삼국연의»는 온통 계략으로 가득 차있다. 이 분야에서 중국 선조가 매우 총명하고 음모에 능하다는 것을 말해준다. 소위 계책은 각양 각색의 방법을 가지고 상대방을 자기의 덫으로 유인하게 하는 것이다. 그리고 난 후에 꼼짝 못하고 처분에 따르게 하거나 사각지대로 모는 것이다. 오늘날 중국인은 선조가 남긴 남을 괴롭히는 기술을 계승하고 있으며 더 나아가 이를 바탕으로 '영광스런 전통'을 창조적으로 계승 발전시키고 있다. 새로운 술수를 창조하는 것도 결코 우연은 아닐 것이다. 상술한 기술은 모두 일반적인 것이고 고수의 전문가들은 훨씬 더 강력한 고단수를 발명하였다. 그들은 높다란 기치 아래서 남을 괴롭히는 방법을 합법화시켰고 구체적인 방법은 다음과 같다.

关牛棚 (우리에 가두기), 割尾巴 (고질적 오류의 철저한 교정),
拔白旗 (유산계급 요소 청산), 抓典型 (전형선정),
洗脑子 (세뇌 교육), 揭盖子 (비밀 폭로하기), 坐飞机 (비행기 태우기)

중국인들에게는 '집안의 나쁜 일은 널리 알리지 않는다'는 교훈이 있다. 이는 단점을 감싸고 결점을 감추려는 의도를 담고 있다. 그러나 타인은 나의 거울이고 역사도 거울이므로 우리는 남을 거울 삼아 역사를 거울 삼아 시시각각 자신을 비춰 본다. 그래서 자신의 결점이 무엇인지를 발견하게 되고, 고치게 된다. 이래야만 비로소 진정으로 추악한 면을 멀리하는 민족이 될 수 있다.

二. 관용어와 중국 민족의 나쁜 근성

노신 선생은 그의 에세이와 소설에서 여러 차례 중국 민족의 저급한 근성을 지적하였다. '哀其不幸,怒其不争(불행을 슬퍼하고 분발하지 않음에 분노하다)' 노신은 그야말로 중국이라는 나라와 국민을 잘 이해한 사람이다. 중국에서 숨쉬고 살다보면 참으로 많은 보기 싫은 것도 보게 된다. 종합해보면 다음과 같다.

1. 간사, 나태, 탐욕, 교활 (奸懒馋滑)

이 네 가지 꼬락서니는 남의 환심을 살 수 없다.

二流子- 특정한 일없이 하루 종일 빈둥거리는 사람

泡蘑菇- 업무 시간에 나태하고 꾸물꾸물 거리는 것

吃干饭- 밥 먹는 일 외에 아무것도 하는 일이 없다.

白吃饱- 밥 먹는 일 이외에 아무 것도 하는 일이 없다.

寄生虫- 불로 소득, 다른 사람에게 빌붙어 먹고사는 사람

八面光- 성격이 워낙 유들유들해서 다양한 사람들과 잘 어울리는 사람

属猴的- 똑똑한 사람. 사람에게 '猴精猴精'이라고 함은 지나치게 똑똑함을 이름

蹭饭吃- 여러 가지 방법을 동원하여 돈 안 쓰고 거저 먹고 노는 것

吃白食- 대가를 치르지 않고 먹고 노는 것

泡蘑菇는 간사, '二流子', '吃干饭', '白吃饱'는 나태, '蹭饭吃'은 탐욕, '八面光'은 교활함을 가리킨다.

2. 질투, 현명, 시기, 능력 (嫉贤妒能)

경쟁은 인간의 본성이다. 그러나 경쟁의 방식은 여러 가지다. 어떤 이는 남이 자기보다 뛰어나면 어떻게 정상적인 방법을 가지고 남을 이길 수 있을지를 고민한다. 그래서 고대 사람들은 '见贤思齐(현인을 보면 배우려 한다)'라고 했다. 이처럼 경쟁은 좋은 행동이며 사회 발전을 위해서 반드시 필요한 일이다. 아마도 사람이라면 남이 자기보다 잘 되는 것을 참기 힘들 것이며 그래서 여러 가지 방법을 동원해 남을 해치려 하거나 다른 사람을 골탕먹이기 위해 장애물을 만들고 나쁜 소문을 퍼뜨려 타인의 명예를 실추시킬 것이다. 이렇게 하면 자신의 마음이 편안해 지는데 이것이 바로 질투이다. 질투는 일종의 심리적인 질병이다. 그 증세는 눈이 달아오르고 말에 늘 차가운 어투가 섞여있다.

그 구체적인 예는 다음과 같다.

红眼病 - 남이 자기보다 잘 되는 걸 참을 수 없는 증상

大醋缸 - 질투를 잘하는 성격으로 걸핏하면 질투 섞인 말을 한다

泼酸雨 - 질투가 극도의 상태가 되어서 끊임없이 냉소적인 말을 늘어놓는다

乌眼鸡 - 싸우기 좋아하는 사람, 늘 눈을 부릅뜨고 남을 노려보는 사람

眼睛热 - 남의 이득을 보면 혈안이 되는 것, 질투를 비유한다.

3. 허영심

중국인은 자존심이 매우 강한 민족이다. 중국인이 남에게 자랑할만한 훌륭한 업적이 있기 때문에 그럴 것이다. 그리고 중국인은 허영심이 강한 민족이기도 하다. 중국인은 과거 중국의 전성기와 현재 타국의 번영을 보면서 강한 승부욕과 비애가 동시에 마음속에 솟구치기 때문에 자존심이 상해서 생기는 스트레스를 줄이고 과거의 자긍심을 유지하기 위해 새로운 만족거리를 찾고 있다. '阿Q' 가 입버릇처럼 말하던 말이 있다. '우리 조상은 너희 보다 훨씬 더 유복했어! 너희는 비교도 안돼.' 매우 고루한 민족이 자주 쓰는 말이다. 추악한 면을 숨기고 단점을 감추려는 것이 인간의 본성이고, 자신의 장점을 남에게 보여주고 싶어 한다. 그래서 애모와 허영은 매우 피하기 어렵다. 중국인 대부분이 체면을 중시한다. 어떤 이는 얼굴에 금딱지를 붙인 것처럼 자신이 패전하고도 승패는 병가에서 흔히 볼 수 있는 일이라고 말한다. 승패를 가지고 영웅을 논해서는 안 되고 도망을 '전략적 후퇴'라고 말하는 것은 중국인의 추악한 일면이다. 분명히 중국인을 추악하게 묘사한 영화(일본 영화 <东京,我爱你>)이건만, 그 영화는 중국인들의 '자강불식(自强不息)'하며 운명에 굴복하지 않음을 보여주었다'라고 말했다. 곧 죽어도 체면을 챙기는 작태는 일종의 가소로운 경지에 이르렀다. <추악한 중국인>은 많은 진실을 말하였으나 오히려 중국인은 군중 심리를 발동시켜 공격하려 한다. 아마도 중국인이 자

신의 결점을 숨기려는 행위이다.

다음에 나오는 관용어에서 중국인이 체면을 얼마나 중시하는 지 알 수 있다.

爱面子 要面子 留面子 给面子 (체면을 중시한다)

驳面子 丢面子 没面子 (체면이 깎이다)

面子大 (체면이 서다) 讲排场 (격식을 따지다) 摆阔气 (과시하다)

装门面 (그럴싸하게 포장하다), 出风头 (우쭐거리며 나서다)

搽胭脂 (정체를 감추고 남을 속이다), 吹牛皮 (허풍을 떨다)

물론 체면을 중시하는 것은 자존심의 표현일 것이다. 그러나 뭐든지 적정선이 있어야 하는 법, 지나친 자존심은 오히려 병폐를 가져오고 지극히 비정상적으로 만든다. 讲排场(격식을 따지다), 摆阔气(과시하다), 装门面(포장하다)은 자존심 문제가 아니라 근본적으로 나쁜 습성이다. 이런 행동의 배경은 허영심과 자신감의 부족이다.

4.보수 편협

중국은 역사적으로 농업 국가이며 중국인은 경작하는 농민이었다. 20세기 90년대까지 중국은 여전히 방대한 농업 국가로 농업인구가 전체의 90%이상을 차지했다. 몇 천 년 동안 소농경제의 최대 특성은 자급자족이었다. 사람들은 폐쇄적인 환경에서 생활하여 닭과 개의 울음소리는 서로 들어도 서로 왕래하지는 않았다. 그래서 사람들은 늘 제한된 공간에서 구속받으며 생활했다. 그래서 사람들은 현대화된 사회에 살면서도 여전히 강한 소농의식을 가지고 있었다. 그중 가장 두드러진 특색은 안목이 좁아서 멀리 내다볼 수 없고, 보수적이어서 자기만 잘난 줄 알았다. 그리고 현실에 안주할 뿐 진취적인 사고가 부족하며 이기적이고 공익성도 결여되었다. 바보가 가까운 사물밖에 보지 못하는 것처럼 그저 주관 없이 대세에 휩쓸려 다녔다. 앞에서 말한 '奸懒馋滑', '嫉贤妒能', '爱慕虚荣' 모두 보수적이고 편협한 면을 보여주고 있다. 그밖에도 최근에 유행하는 여러 가지 '열풍(热风)'이 있다. 기공, 황금채취, 유학, 부업, 고시, 주식, 우표 수집, 그림 골동품, 스타 따라다니기 , 다이어트, 이혼, 애완동물 기르기, 스포츠, 독서, 배구, 축구 등등의 열풍이 있다. 사람들은 시대적 흐름을 타고 열심히 남을 따라하기 때문에 표면적으로 보기엔 매우 적극적이고 보수적 성향이 없는 것 같다. 그러나 실제로 '一阵风(거센 바람)','一窝风(삽시에 들이 닥치는 소동)','大拨轰(천둥소리)','大呼隆(고함소리)'이런 말들 자체에는 주관이 없다. '随大流,随风倒(대세를 따른다)'는 근시안적이라서 눈앞의 이익만을 추구하는 것이다. 특히 심한 사람은 부당한 이익에도 혈안이 되며 혹은 흐름을 좇아 부당한 이익을 챙긴다. 그들의 철학은 '法不责众(법은 군중에게 책임을 묻지 않는다)', '撑死大胆的,饿死胆小的(대담한 사람은 배터져 죽고, 소심한 사람은 굶어 죽는다)', '窃钩者诛, 窃国者侯(낫을 훔친 사람은 죄인이고 나라를 훔친 사람은 제후다)이다. 최근 몇 년 동안 대중 매체는 다양한 유행을 만들어 널리 보급시켰고 일반 대중은 유행을 좇아갔다. 이는 의미심장한 인문사상을 담고 있고 단편적으로는 대중 심리의 불균형과 사람들이 보수적이고 편협한 사상에서 벗어나기 어렵다는 것을 보여준다.

5. 우둔하고 거칠다

온화하고 후덕하며 풍류와 운치가 있는 사람이 되는 것, 바로 중국 고대 엘리트가 심신 수양을 할 때 기준으로 삼았고 대중들이 추구했던 목표다. 이런 품성 여부를 사람들은 문명의 발달 정도를 판단하는 지표로 삼았고 중국인이 사람이나 사물을 대할 때 예의 있는 사람이 되도록 했다. 비록 중국을 군자의 대국으로 만들지는 못했지만 늘 사랑할 줄 알고 문명화된 국민으로 바꾸어 놓았다. 극단적인 예로는 부부간에도 '举案齐眉 相敬如宾(상을 눈썹 위까지 들어올리며 서로 존중한다)'해야 한다고 했고, 사람들이 입에서 나오는 데로 예의 없이 거칠게 말하지 못하도록 했다. 그러나 사람은 한동안 '温良恭俭让(온화하고 어질고 공경·근검하며 양보해야 한다)'의 교훈을 잊고 포악하고 야만적이며 이런 행동을 오히려 멋있고 유행인 것처럼 착각했다. 이는 바람과 같아서 한 번 불면 주의의 모든 사물에 영향을 끼치고 신세대 말로 '삼자경(三字经)'이라고 많은 사람들이 말한다. 관용어 중에는 이렇게 잘 다듬어지지 않은 말들이 있다.

拍马屁 (아부하다) 舔皮股 (엉덩이를 핥다) 臭狗屎 (개차반) 狗崽子 (개자식) 拉肚子 (설사하다) 拉蛋倒(넘어 뜨리다) 喝马尿 (말 소변을 마시다-아부하다) 狗腿子 (앞잡이) 开裆裤(개구멍바지) 穷光蛋(빈털 털이) 钻狗洞 (부정행위를 저지르다) 吹牛皮 (허풍떨다) 喝猫尿(온갖 못된 짓을 다하다)

우둔하고 거친 풍조는 '厚脸皮(철면피)', '母老虎(늙은 호랑이)', '母夜叉(기가 센 여자)'와 같은 말은 만들어 냈고, 부랑자들도 늘어났다. 그리고 그들은 '骂大街', '骂山门' (아무에게나 고래고래 욕을 하다)을 배웠다.

제 3절 무대는 큰 세계, 세계는 작은 무대

우리가 사는 이 세상에는 여러 가지 유형의 사람이 있고, 그들은 인간의 희로애락을 담고 있는 많은 이야기를 창조해냈다. 그러나 지금 대부분은 이미 흔적도 없이 사라져버렸거나 일부 비애, 증오, 웃음을 주는 것들만 희극이나 이야기, 역사책으로 남아있다.

一. 고대 문학 속의 인물

1. 삼국연의의 인물

诸葛亮- 지략이 풍부한 사람의 대명사

关老爷- (본래는 关羽를 가리켰으나) 의협심이 강하고 대범한 사람의 대명사

曹阿瞒- 본래는 曹操의 아명이었으나음험하고 교활한 사람의 대명사

猛张飞- 용감하지만 경솔한 사람의 대명사

刘阿斗- (본래는 刘备의 아들 刘禅의 아명) 나약하고 무능한 사람의 대명사

2. 수호전의 인물

花和尚(鲁智深)- 주색을 가까이 하는 승려나 여색에 빠져 있는 남자

黑旋风(李逵)- 외관상으로는 거칠게 보이지만 사람됨이 훌륭하고 의로운 사람

武大朗- 마음이 약하고 두려움이 많은 사람

鎮管西- 온갖 몹쓸 행동을 다하는 악인

及时雨(宋江宋公明)- 무에 능하고 남을 도울 줄 아는 의협심이 강한 영웅 호걸

재미있게도 수호지에 나오는 양산 호걸은 108명으로 등장인물 모두 별명을 가지고 있다.

예를 들어

豹子头林冲 (표범 머리 임충) 九纹龙史进 (구용의 사진)

青面兽杨志 (청면수 양지) 智多星吴用 (지혜의 별 오용)

小旋风柴进 (작은 회오리 시진) 扑天雕李应 (하늘의 독수리를 떨어뜨리는 이응)

霹雳火秦明 (번개 진명) 双枪将董平 (쌍창의 동평)

急先锋索超 (날쌘돌이 삭초) 锦毛虎燕顺 (비단 호랑이 연순)

白花蛇杨春 (흰 꽃뱀 양춘) 跳涧虎陈达 (날아다니는 산 위의 범 진달) 등

3. 홍루몽 인물

«홍루몽»은 중국 고전 문학 중 名著라서 이야기 줄거리와 인물의 이미지를 거의 모든 사람이 다 안다. 따라서 홍루몽에 나오는 인물들은 현대 생활 중에서 유사한 인물에 빗대서 사용한다. 예를 들면

林黛玉- 총명하고 민감해서 고민이 많은 소녀

贾宝玉- 보잘것 없는 재주밖에 없어 별 쓸모가 없고, 매일 여자들과 놀기만 하는 부잣집 자제

王熙凤- 강하고 능력 있는 정치가의 기질을 가지고 있는 슈퍼우먼

薛宝钗- 부드럽고 현숙하며 꾸밈이 없는 여자

刘姥姥- 세상 물정을 모르는 시골뜨기

우리가 생활하는 이 사회는 마치 큰 무대와 같아 여러 사람들이 분장을 하고 등장한다. 그리고, 이런 문예 작품에서 만들어진 인물'이나 그들의 이름·아호는 관용어가 되었다. 서유기가운데서 손오공('孙大圣'), 저팔계('猪八戒'), 백골요정('白骨精')은 오늘날 관용어가 되었다.

二. 전통 희극과 정형극('样板戲') 인물

중국은 농업 사회이고 중국 각지에는 많은 지방극이 있다. 이는 중국 사회문화생활 가운데서 중국인의 사유방식, 도덕교화, 가치관 성향에 가장 커다란 영향을 끼쳤다. 중국 극예술 가운데서 일정한 흐름이 있는 이야기 내용은 대동소이하지만 극중 인물은 여러 가지 특색을 가지고 있다. 종종 극중인물은 현실생활 속의 인물로 전환된다. 黑老包, 佘太君, 小白菜, 诸葛梁, 林妹妹 등 극중인물은 현실생활에서 자주 볼 수 있는 관용어가 되었다.

중국 전통극 중 인물이 주는 영향은 전통극이 시들해지면서 점차 약해졌다. 오히려 전형극의 극중인물의 영향력이 커졌다. 금세기 6-70년 대 전국에 전형극이 8개 밖에 되지 않아서 극중 인물이나 이야기를 모두들 알았으며 심지어는 창법까지 따라했다. 한동안 극중인물은 가가호호 모두가 다 아는 인물이 되었다. 그래서, 극중인물은 사람들에게 회자되는 관용어가 되었다. 예를 들어 南霸天은 백성들의 식량을 독점하는 악질토호의 대명사가 되었고 黄世仁은 농민을 기만하고 착취하는 지주의 대명사가 되었다. 座山雕는 산을 점령하고 왕처럼 온갖 나쁜 짓을 한 산적 두목의 대명사이었다. 王连举는 파렴치한 반역자의 대명사가 되었다. 杨子荣은 지혜와 용맹을 다 겸비한 영웅, 李玉和는 죽음을 두려워하지 않는 용사다. 白毛女는 온갖 어려움에도 굴하지 않는 여자, 杨白老는 전통사회의 피해자, 阿庆嫂는 당의 지하조직원 등 그 이외에도 여러 가지가 있다. 刁德一, 胡司令, 穆仁智, 刁小三은 악한 자를 가리키고, 李奶奶, 李勇奇, 赵勇刚, 沙老太, 小铁梅는 모두 긍정적인 인물이다.

3. 혁명 영웅 인물

중화인민 공화국이 수립된 이후에 중국에는 많은 영웅호걸이 탄생됐다. 그들의 업적은 언론 매체와 정부의 선전을 통해 전국 각지에 알려졌다. 따라서 이런 영웅들 이름도 관용어가 되었다.

活雷锋 - 雷锋은 남 모르게 선행을 많이 하였고 기꺼이 남을 돕는 사람이다.

张思德 - 전력을 다해 국민을 위해 봉사하는 전사

白求恩 - 국제주의 전사

黄继光 - 몸을 던져 총구를 막았던 전투의 영웅

이런 영웅 인물들의 이름을 사용할 때는 특징이 있는데 예를 들면, 他是活雷锋。; 他是张思德。; 他是白求恩。; 他是黄继光。他是雷锋式的人物。; 他是张思德式的好战士。; 他是白求恩式的国际主义战士。; 他是黄继光式的英雄。즉, '그는 .....이다, 그는 ......식의 ......이다'로 표현되었다.

제 4절 인간과 귀신의 세계

고대 사람은 '天道远,人道迩(천도는 멀고 인도는 가깝다)'라고 했다. 그래서 공자는 '务民之义, 敬鬼神而远之(백성의 정의를 위해 애쓰고 귀신을 공경하지만 그것을 멀리한다)'라고 했다. 중국 문화 속에는 귀신과 관련된 복잡한 생각들이 있으며, 때문에 중국인은 귀신을 숭배해서 그것을 멀리 보내려고 한다. 다시 말해 중국문화의 핵심은 인본주의라고 할 수 있다. 철학과 종교를 가지고 인간과 하늘 사이에 존재하는 문제를 해결해야 한다. 그들은 현세의 인간 생존 문제뿐만 아니라 내세의 귀신 문제에도 관심을 가지고 있었다. 그래서 철학자나 종교학자가 관심을 갖는 문제는 현실과 더 나아가 피안의 세계다. 우리가 연구한 부분은 대다수 현세와 관계있는 숙어다. 이 숙어들은 대중문화를 제목으로 대중문화의 특색인 실용주의를 담고 있다. 중국에는 많은 귀신이 있다고 했다. 그러나 중국인은 귀신에게 엄숙하기보다는 유머러스한 색채를 띄고 있다.

관용어 안에는 많은 귀신과 관련된 예가 있다. 그러나 이 관용어의 의미는 원래의 의미와는 상당한 차이를 보이고 있다. 예를 들면,

财神爷- 천상에서 인간세상의 재물을 주관하고 분배하는 신을 가리킨다. 그러나 지금은 사람에게 재물운을 가져다주는 사람을 가리킨다.

阎王爷- 지옥에서 최고의 통치자이나 지금은 죽음의 신으로 대표된다.

门神爷- 음력설 기간에 문 앞에 붙여서 집안이 편안하길 기원하는 신의 형상, 그러나 지금은 외모가 흉악한 사람을 가리킨다.

老天爷- 원래 신 가운데서 최고의 신을 가리키며, 기독교에서 말하는 하느님이나 이슬람교에서 말하는 真主에 해당된다. 그러나 지금은 일반적인 놀라움과 감개 희열을 나타내는 감정적인 어감을 띄는 말이다.

活阎王- 흉악하고 무서운 사람을 비유한다.

活地狱- 어둡고 비참하고 두려운 곳을 비유한다.

活菩萨- 인간사에서 어려울 때 자기를 구해주는 사람의 대명사

活见鬼- (사람이 죽어서야 귀신을 볼 수 있으나) 살아있는데 귀신을 보다

活无常- 无常은 귀신세계에서 혼을 불러오는 악령이다. 형상이 무서운 活无常은 생김새가 무서운 일반귀신과 비슷하다.

귀신 세계와 관련된 관용어는 이외에도 여러 가지가 있다. 冒失鬼(덜렁이), 机灵鬼(악동이), 鬼精灵(도깨비), 鬼主义(속임수), 鬼把戱(속임수), 鬼心眼儿(나쁜 마음) 등, 여기에서 말하는 鬼는 똑똑하고 귀여운 이미지를 담고 있다. 그 외에도 有煽阴风(나쁜 마음이 생긴다), 点鬼火(도깨비불을 붙이다), 说鬼话(터무니없는 말을 하다), 怀鬼胎(남에게 말못할 나쁜 생각을 품다) 등이 있다.

귀신은 사람이 변해서 된 것이다. 그러나 사람들은 모두 귀신을 두려워한다. 왜냐하면 그 누구도 귀신이 어떻게 생겼는지를 모르기 때문이다. 귀신은 사람이 만들어 낸 것이다. 사람의 상상 속에서 그려진 귀신은 무섭다. 사람들은 원한 맺히고 요절하거나 잔인하게 죽은 사람이 귀신이 되거나 사람의 모습으로 환생해 보복한다고 생각한다. 민담 가운데서 사람이 죽은 후에 귀신이 되어서 보복을 하는 줄거리는 아주 생동감이 있고 사실에 가깝게 묘사하고 있다. 목을 매달아 죽은 사람이나 물에 빠져 죽은 사람은 반드시 환생할 수 있는 대상을 물색한다고 한다. '替死鬼' 남을 대신해서 억울한 죄를 쓰는 사람의 대명사다. 속담에서 '平生不做亏心事,半夜不怕鬼敲门(평생 부끄러운 일을 하지 않으면 한밤중에 귀신이 너의 문을 두드려도 두렵지 않을 것이다)'이라고 했다. 그래서 남을 대할 수 없는 짓을 하는 것을 '搞鬼'라 한다. 그리고 이런 짓을 하는 사람을 '鬼鬼祟祟的人(남몰래 숨어서 못된 짓을 하는 사람)'이라고 하며 마음속에 귀신이 없는 사람은 귀신을 무서워하지 않는다고 했다.

제5장

중국어 이언과 중국인의 인생경험 및 인생지혜

제 1절 이언은 인생의 백과사전

사람의 생명은 짧다. 이렇게 짧은 인생에서 고대인들은 '对酒当歌,人生几何,譬如朝露,去日苦多(술을 들며 노래를 부르니 인생이 얼마나 되느냐? 인생은 이슬과 같이 허망한 것이고 지나간 시간은 괴로움이 많았다)'의 감개를 자주 말하곤 했다. 비록 생명은 짧지만 전 인류는 유구한 역사를 가지고 있다. 인간은 천지 귀신, 자연환경, 인류 자신과의 교류 속에서 이것들을 알게 되었고 풍부한 인생경험과 인생지혜를 축적하게 되었다. 물론 '人生也有涯,而知也无涯(인생은 끝이 있지만, 앎이란 끝이 없다)'처럼 인류가 참으로 천지 귀신과 자연환경을 알기는 요원했고 인간 자신을 알기에는 더욱 그러하였다.

세계의 많은 오래된 민족은 모두 고유한 이언이 있다. 중국은 세계에서 가장 오래된 민족의 하나이다. 그래서 중국어 속에 많은 이언이 있고, 이러한 이언은 모두 인간의 인생 경험과 지혜의 결정체이다. 따라서 그 정수는 훌륭한 가치를 지니고 있다. 중국어는 특수한 구조형식을 가지고 있고 민중들 사이에 널리 전해 내려왔기 때문에 중국인의 사회생활과 생명의 연속선상에 빠질 수 없는 인생 백과사전이다.

중국어 이언이 중국인의 인생 백과 사전이라고 해도 과언이 아니다. 왜냐하면 중국어에는 여러 가지 인생의 면면을 모두 담고 있기 때문이다. 예를 들면,

생활: 修身, 양생, 교우, 가정 다스리기, 학문, 인간 교육, 사람 사귀기, 오락 등

생산: 날씨, 절기, 농업, 목축업, 어업, 공업, 부업, 상업 등

事理: 득실, 有无, 高下, 쉽고 어려움, 대소, 多寡, 귀천, 진퇴, 远近, 명예와 치욕, 공정과 사악, 영원함과 변화, 선악, 시비, 화복, 애증, 甘苦, 진위, 표리, 天人, 情理 등이다.

이언 중의 '水滴积多盛满盆, 谚语积多成学问(작은 물방울이 모여 그릇을 가득 채울 수 있듯이 이언이 모이면 학문이 된다)'처럼 이언은 많은 철학적 성격을 띄고 있다. 그러나 그 누구도 중국어 안에 있는 모든 이언을 다 알지는 못한다. 그래서 여기서 정리한 이언은 전부가 아니며 개략적인 것이다.

중국어 이언도 다른 숙어의 형식과 마찬가지로 지역성을 띠고 있다. 더욱이 중국은 국토가 넓기 때문에 지역환경, 인문환경, 자연환경에 따라 차이가 크다. 또한, 방언끼리도 음운과 어휘 차이가 있기 때문에 지역마다, 방언을 사용하는 지역마다 차이를 보이고 있다. 특히 생산분야의 이언은 지역적인 특성이 강하다. 필자는 중국 북방어를 토대로 논하는데 북방어의 어휘가 표준어 어휘의 기초이기 때문이다.

一. 사람은 백 세도 못 살면서 천 세를 걱정한다

중국 고대에 杞 나라가 있었는데 이 나라에는 매일 하늘이 무너질까 걱정하던 사람이 있었다. 그리고 자신이 기댈 곳이 없을까봐 염려되어 매일 먹지도 자지도 못했다. 후에 '杞人忧天' 성어는 기나라 어리석은 사람을 풍자한 말이다. 그러나 기나라 사람의 염려는 조금도 어리석지 않다. 하늘도 언젠가는 무너질 날이 있기 때문이다. 하늘이 무너질까 우려하는 사람이 있었기에 사람들은 우주에 비밀이 있다는 것을 발견하였고, 천체의 비밀을 차츰 벗겨나가기 시작했다. 옛말에 '人生不满百,常坏千岁忧(사람은 백 세를 채우지도 못하면서 천 세를 걱정한다)'라고 했지만, '打破沙锅问到底(끝까지 파헤친다)'라는 말처럼 인류는 끝없이 탐구하고 지식을 축적하는 특성이 있다. 인류는 미지의 세계 앞에서 강한 호기심을 갖는다. 결코 모든 사람이 다 내세나 자손만대를 걱정하지는 않는다. 단지 눈앞의 이익에 현혹되어 향락적인 삶을 사는 사람들도 많이 볼 수 있다. 많은 사람들은 내세를 믿지 않고 자신의 사후 세계에는 별 관심을 가지고 있지 않다. 그 결과 하늘을 걱정하고 남을 걱정하는 사람은 점점 줄어들고 있다. 오히려 기우하는 사람에게 조소를 던지는 智者가 더 많아지고 있다.

기우하는 사람을 비웃는 예는 많다. 그러나 대다수 공적인 일과 전통적인 자세와 관련된 것이다. 이언 중에 '天塌大家死,过河有矬子(하늘이 무너지면 모두가 죽는데 강 건너는데 난장이가 있다)', '各人只扫门前雪,莫管他人瓦上霜(사람이 자기 집 앞 눈만 치우고 남의 집 기와에 있는 서리에는 무관심하다)', '今朝有酒今朝醉,莫管明日愁与忧(오늘 술이 있으면 오늘 취하고, 내일의 근심걱정은 신경 쓰지 마라)'라는 말이 있다. 여기에서 사람들의 극단적인 개인주의 사상과 즉흥적인 향락주의를 엿볼 수 있다. '鼠目寸光'은 단지 눈앞의 이익만을 추구하며 안목이 좁은 사람을 가리킨다. 동시에 극단적인 개인주의자들을 깔보는 의미를 담고 있다.

二. 번화한 곳에서 가난히 살면 돌아보는 이 없고 깊은 산에서도 부유하게 살면 먼 친척이 찾는다.

인류 사회가 발전하면서 사람들이 우주의 미개척지에 갖고 있던 흥미는 바쁘고 복잡한 주위 사물에 의해서 아주 작은 부분으로 밀려나게 되었다. 단지 소수만이 적막한 밤하늘에 가득한 별을 보며 인간사 밖의 일을 생각하게 되었다. 중국 이언은 현세와 깊은 연관성을 가지고 있다. 그래서, 인간 세상의 원한과 진퇴, 영예로움과 치욕, 세상의 비정함에 대해 사람들은 깊은 체험을 하게 되고 이 가운데서 많은 진리를 발견하게 되며, 사람들은 이언으로 이를 적어냈다. '穷居闹市无人问,富在深山有远亲(번화한 곳에서 가난히 살면 돌아보는 이 없고 깊은 산에서도 부유하게 살면 먼 친척이 찾는다)'은 인간 세상의 비정함을 모두 담고 있다. 이런 이언은 사람들 성격이 점차 권세 지향적이고, 배금주의적인 일면을 들어내 준다. 좀 각박하다고 느껴지기도 하지만 이것이 현실이다. 人穷街前无人问,富人千里结宾朋(가난하면 아무도 돌아보는 사람이 없지만 부자가 되면 멀리 천리 밖으로부터 친구를 맺으러 온다)은 이와 비슷한 말이다. '人往高处走,水往低处流(사람은 높을 곳을 향해 가고 물은 낮은 곳을 향해 흐른다)'는 자연의 이치고 당연한 것이다. 역사적으로 유명한 은둔자도 늘 '翩然一只云间鹤,飞来飞去宰相家(구름 속을 훨훨 나는 학처럼 재상 집을 날아다니다)'했다. 그러나, 이 세상에는 늘 남에게 의지하고 싶어 하는 마음이 있다. '背靠大树好乘凉(큰 나무 에 기대면 시원함을 취하기 좋다)','一人得道,鸡犬升天(한 사람이 득도하면 딸린 식구도 덕을 본다)' 그래서, 일단 높은 자리에 오르면 어느 정도 후광의 덕을 본다. 만약 믿을 수 없으면 '树倒猢狲散(나무가 쓰러지면 원숭이들이 나무에서 흩어진다)'의 격으로 사람들은 모두 자기의 미래를 챙기러 달려간다. 이는 전형적인 시정배철학(ⓒ市侩哲学)이고, 인성의 약점이다. 이 점을 인식하는 것은 매우 중요한 의의를 지닌다. 그리고 이는 사람들이 득의할 때 지나치게 요란 떨지 말 것이며 여의치 않을 때도 있다는 것을 경고하고 있다. 왜냐하면 일단 실의에 빠지면 내 주위의 찬란한 웃음은 곧 사라지게 될 것이고, 더 이상 생기를 찾아 볼 수 없다. 그래서 이언 중에는 다른 경고의 메시지도 있다. '人情莫道春光好,只怕秋来有冷时(사람들 인심이 봄볕처럼 좋다고 말하지 마라, 가을이 올 때처럼 차가워질까 염려된다)'

이러한 이언은 심오하며 또한 냉정하고 준엄하다. 그것은 하나의 민족이 지혜의 측면에서 성숙함을 반영하고 동시에 이 민족이 이미 일부분의 천진스러움을 상실하였음을 말해준다. 우리의 사회생활 중 애늙은이들이 너무 많다. 이는 우리민족의 비애이다.

三. 시비는 오로지 말이 많아서이고 번뇌는 모두 잘 나려 애쓰기 때문

인생에서 많은 고뇌를 하는 것은 인간의 욕망 때문이다. 불가의 이치에 따르면, 인생은 바로 커다란 고통으로서, 과거·현세·내세 이 세 가지 세계는 모두 다 고통이다. 만약에 이 고통의 바다에서 벗어나려고 한다면 반드시 겸허한 마음을 가지고 수행해야 하며 사람의 욕심의 싹을 자르고 덕을 쌓고 선행을 실천해야 한다. 그래서, 결국에는 맑게 안주할 수 있는 경지에 도달해야 한다' 고 말하고 있다. 사람들은 번뇌에 대해 자신 나름대로 해석을 하지만 너무 지나치면 잘나려 하는 것이 오히려 번뇌의 근원이라고 했다. 인간세계의 모든 것은 모두 자신이 만든 것이다. 그래서 이언 가운데는 사람들에게 경고하고 있다. '多喝开水,少说闲话......(끓인 물 많이 마시고 쓸데없는 소리 하지 마라)'. 이런 각도에서 문제를 본다면 인간 세상사의 권세와 이익의 쟁탈은 아무런 의의가 없는 것이다. 그래서 이런 이언은 사람들에게 '손을 놓을 때는 반드시 손을 놓아야 하고, 사람을 용서해야 할 때는 반드시 용서해야 한다'고 했다. 중국어 이언 가운데 일부는 사람들에게 권고하는 메시지를 담고 있는 것이다. 이는 사람들이 해야 할 것과 하지 말아야 할 것을 규정하고 있다. 중국 이언 중에는 많은 철학적인 색채를 지닌 말들이 있는데 이는 이언 가운데 정수라고 할 수 있다. 예를 들어

近水楼台先得月,向阳花木易为春 (가장 가까이 있는 사람이 가장 먼저 기회를 얻는다)

酒逢知己千杯少,话不投机半句多 (지기와 술을 마시면 천 잔이 모자라고 말

이 통하지 않으면 한 마디 말도 많다)

临崖勒马收缰晚,船到江心补漏迟 (낭떠러지에 이르러 말을 멈추려면 너무 늦고, 배가 강 가운데 가서 물이 새는 것을 메우려면 늦는다)

良言一句三冬暖, 恶语伤人六月寒 (좋은 말은 엄동에도 추위를 녹일 수 있고, 나쁜 말은 사람을 상하고 유월에도 춥게 한다)

江海不拒细流, 泰山不拒土石 (강은 지류를 막지 않고 태산은 토석을 거절하지 않는다)

良药苦口利于病, 忠言逆耳利于行 (좋은 약은 입에 쓰나 병에 이롭고, 충언은 귀에 거슬리나 행실에 이롭다)

留得五湖明月在, 何愁无处下金钩 (호수에 명월을 남겨 두면, 낚시를 할 곳을 못 찾아 염려할 필요가 없다)

流水不腐 戶枢不蠹 (흐르는 물은 썩지 않고, 문지도리는 좀 먹지 않는다)

画虎画皮难画骨, 知人知面不知心 (호랑이를 그리는데 가죽은 그릴 수 있지만 뼈를 그리기 어렵고, 사람을 아는데 얼굴은 알아도 마음은 모른다)

우리가 이언을 인생 백과사전이라고 하는 데 모두 근거가 있다. 교육이 발달하지 않았던 시대에 이언은 중국인의 교과서였다. 사람들은 이언을 통하여 생활의 지식, 생산 지식, 사람이 되는 도리를 배웠다. 설사 교육 보급률이 높아졌다 해도, 아직 많은 지역에서는 교육제도가 낙후 되어있어서 이언은 여전히 사람들의 기초 지식의 근원이다. 심지어는 교육이 아주 발달한 지역에서도 이언은 여전히 사람들에게 정신적인 양식을 주고 있으며 정규 교육의 부족한 부분을 메우고 있다. 이언은 사람들이 귀와 입을 통해 대대로 물려주는 것으로서 이는 비교적 정확하게 중국 민족의 내심 깊숙한 곳에 있는 사상과 개념을 반영해준다. 지금 중국에는 많은 중국어 이언을 기록해 놓은 사전, 어휘집이 출판되어 있는데, 이는 매우 귀중한 자료이며, 이를 통해 중국 사회의 인문 정신을 이해하고, 그 정수를 계승하며, 폐해를 지양할 수 있다.

제 2절 이언에 담긴 修身의 도리

一. 수신은 입신을 위해서이다

인간의 생명은 귀중한 것으로 인간에게 생명은 단지 한 번만 있기 때문에 생명을 중시하는 것은 당연한 일이다. 사람이 생명을 중시하는 데는 두 가지의 선택이 있다. 하나는 수련을 통해 장수한다는 것으로 설사 불로장생의 목적은 이룰 수 없지만 장수에 도움이 되고, 기공·단전·음식·단련 모두 이를 위한 방법에 속한다. 다른 하나는, 불로장생은 실현될 수 없다는 것을 알고서 유한한 생명가운데 정신적인 영원함을 추구하며, 살아 있는 동안 현세의 노력을 통해 영원불멸의 업적을 세우겠다는 이상을 보여준다. 중국은 유가의 영향을 가장 많이 받은 국가이다. 따라서 유가가 제창한 불멸의 이치는 사람들 사이에 널리 환영을 받고 있다. '수신제가치국평천하(修身齐家治国平天下)'는 일생에서 중요한 목적이고, 청사에 길이 남을 만한 업적을 남기는 것이 바로 그것이다. 또한, 현세에 부귀영화를 누리며, 자식과 아내를 거느리고 후세에 아름다운 이름을 남기는 것이다. 수신(修身)하는 여러 방법 중 이언에서는 일부만 보여주고 있다.

수신의 도는 수심(修心)에 있다. 그리고 수심의 도는 덕을 다스리는 데 있다. 공자가 말하길, '德之不修,学之不讲,闻义不能徙,不善不能改,是吾忧也.(덕을 행하지 않고, 학문에 전념하지 않고, 의를 듣고도 행하지도, 선하지 않은데 고칠 수도 없으니 심히 걱정된다)'고 하였다. 공자가 가장 걱정한 것은 천하의 사람들이 자신의 도덕 수양에 관심 기울이지 않고, 진정한 학문이 무엇인지 중시하지 않고, 의로운 일을 위해 용감하게 실천하지도 않고, 물 흐르듯이 선을 행하지도 않는 것이었다. 여기에서는 네 가지 요구사항을 말하였다. 德·学·义·善의 네 가지이다. 덕은 여전히 가장 중요한 것이다. 공자는 구체적으로 덕의 내용을 언급하지 않았고, 형이상학적인 것이라고 했다. 그러나 대다수 중국인은 덕은 구체적이고, 이는 '양심에 부끄러운 일을 하지 않음'으로 사람은 양심을 버릴 수 없다고 여긴다. 이는 소극적인 자기 구속이며, 남 돕는 것을 즐거워하고 선을 행하며 덕을 쌓는 것이 적극적인 자세라고 했다. 예를 들어 '宁可人负我,切莫我负人(타인이 자신에게 못되게 대할지라도 자신은 남에게 못되게 대하지 마라)', '宁可正而不足,不可邪而有余(바르며 부족할 지라도 바르지 못하며 여유가 있어서는 안된다)', '宁可站着死,绝不跪着生(서서 죽을지언정 남에게 무릎 꿇면서 살고 싶지 않다)', '宁为玉碎,不为瓦全(옥으로 부서져 죽느니 질그릇으로서 온전하지 않겠다)', '宁可当众亮丑, 不往脸上贴金(남 앞에서 웃음거리가 될 지라도 얼굴에 금을 바르지 않겠다)', '不做杨柳随风倒,要做青松立冈(수양버들처럼 여기저기 바람 따라 넘어지느니 차라리 청송이 되어 곧게 서있겠다)', '骗人骗自己,害人害自己(남을 속이는 것은 자기를 속이는 것이오, 남에게 해를 입히면 자기에게 해를 입히는 것이다)', '贫贱之交不可忘,糟糠之妻不下堂(어려울 때 사귄 친구는 잊을 수 없고 조강지처도 버리지 않는다)'이 있다. 남을 돕는 것을 즐거워하고 선을 행하며 덕을 쌓는 예는 '人到难时帮一把,胜过送佛上西天(어려운 사람에게 도움을 주면 부처님께 서천으로 전송하는 것보다 낫다)', '与其修饰容貌, 不如修正胸怀(외모를 꾸미는 것은 마음을 수양하는 것만 못하다)', '公买公卖,童叟无欺(모두 공개적으로 매매가 이루어지며 아이에서 어른까지 속이지 않는다)', '与其庙里磕头烧香,不如在家孝顺爹娘(절에서 향을 피우고 제를 올리는 것은 집에서 부모님께 효도하는 것보다 못하다)', '与其锦上添花,不如雪中送炭(금상첨화는 어려울 때 땔감을 보내주는 것보다 못하다)', '平时肯帮人,急时有人帮(평소에 남을 도와주면 어려울 때 남이 나에게 도움을 준다)', '救寒莫如重裘,止谤莫如自修(추울 때 두꺼운 가죽옷만 같은 것이 없고, 비난을 없애기 위해서는 자신을 수양하는 것이 먼저다)'. '敬人者人恒敬之,欺人者人恒欺之(남을 공경할 줄 아는 사람은 남도 자기를 공경해 주고, 남을 기만하는 사람은 남도 그렇게 사신을 내한다)', '满招损,谦受益(자만은 화를 부르고, 겸손은 복을 부른다)'이다.

수신은 자신의 의지를 단련하는 것도 포함되며, 세계의 많은 종교와 유사하다. 중국의 선조는 수신은 반드시 '劳其筋骨,饿其体肤(온 몸이 다 으스러지고 배고파 허덕일 때까지)' 해야 한다고 했다. 필히 어려움을 겪어 보고, 어려운 일도 마다하지 않으며 청렴한 마음으로 욕심을 버려야 한다. 또한, 힘든 수행을 하면서 자신의 지식을 풍부하게 하고 세상을 위해서 자기의 본분을 다해야 한다. '先天下之忧而忧,后天下之乐而乐(먼저 천하의 걱정으로 걱정하거 후에 천하의 즐거움으로 즐거워 한다)'처럼 우리의 일상 생활가운데서 항상 일정한 행동의 제약을 받아야 한다. 다음은 그 예다.

不吃苦中苦 难得甛上甛 (아픔다운 아픔을 겪어보지 못하면 참된 즐거움을 누릴 수 없다)

虚心使人进步,骄傲使人落后 (겸손하면 사람이 발전할 수 있고 거만하면 오히려 퇴보한다)

少壮不努力,老大徒伤悲 (젊을 때 노력하지 않으면 늙어서 고생을 한다)

世事洞明皆学问,认清练达即文章 (세상의 이치를 통찰하는 것은 학문이고, 분명히 알고 숙달되게 연습하면 바로 문장이다)

站如松,坐如钟,行如风 (소나무처럼 서있고 종처럼 앉아있고 바람처럼 행동하라)

事到万难须放胆,理无两可要平心 (난관에 부딪쳤을 때 대담해져야 한다, 복잡한 상황에서는 안정을 찾도록 해야 한다)

宝剑锋自磨砺出,梅花香自苦寒来 (보검은 숫돌에 갈아서 예리해지고 , 매화는 힘들게 한파를 견디어서 향기를 풍긴다)

중국인은 많은 규칙과 계율이 있는데 이는 사람들이 자신에 대한 도덕적 구속이고 이런 도덕적인 구속이 있기 때문에, 중국인들은 공손하고 예의 바르게 보이며 비교적 절제된 생활을 한다. 그렇다고 해서 중국인은 강렬한 감정적 체험이 결여되었다는 말이 아니고, 중국인은 '发乎情,止乎礼(정에서 시작하고 예로써 마무리한다)'한다는 것을 알고 있다.

수신은 입신을 위해서인데 속담에 '좋은 사람 되기 어렵다'라고 하나, 우리는 여전히 되기 힘든 좋은 사람이 되어야 한다. 인류 문명 발전은 사람들에게 끊임없이 자기의 과거를 반성하고 자신의 도덕적 관념을 수정하게 하며, 끊임없이 인간이 되기 위한 도리를 잘 갖추게 한다. 인간이 태어나면서부터 원래 선하거나 악하던 간에, 혹은 혼돈의 세계가 선하거나 악하건 관계없이 인류의 모든 행동과 사상은 인류의 도덕관념으로부터 구속을 받는다. 그래서 수신을 위한 노력은 끝이 없다.

二. 养生은 오래 살기 위해서다

중국인은 오래도록 养生의 道를 중시했다. 그래서 많은 체계적인 양생학 저서를 남겼는데 <黄帝内经>·<素女经>·<玄女经>·<本草纲目>·<景岳全书>·<千金要方>·<玉房指要>·<万氏家传养生四要>가 있다. 여기에는 医·药·가옥·식품 등 많은 내용을 담고 있다. 사람의 일상 생활 모두가 양생과 관련이 있다. 따라서, 일반 대중은 양생과 관련된 방법을 정리했고, 이언의 형식으로 민간에서 광범위하게 전파되었다.

이러한 이언은 대부분 음식 양생과 관련이 있다. 중국에서 사람들이 음식을 중시하는 것은 예사로운 것이 아니다. 예를 들면,

生瓜梨枣,多吃不好 (오이와 배, 대추를 날것으로 많이 먹으면 좋지 않다)

酒多伤身, 气大伤人 (술을 너무 많이 마시면 몸을 상하고 화를 잘 내도 사람을 상하게 한다)

少吃多得味,多吃活受罪 (적게 먹을수록 맛을 음미할 수 있고 많이 먹으면 사서 고생이다)

冬吃萝卜夏吃姜,不用医生开药方 (겨울에 무를 먹고 여름에 생강을 먹으면 의사가 처방을 쓸 필요가 없다)

不喝隔夜茶,不喝过量酒 (밤지난 차를 마시지 않고 주량을 넘는 술을 마시지 않는다)

饱食伤身,忠言逆耳 (배가 부르면 몸을 상하게 할 수 있고 충언은 귀에 거슬린다)

暴食饱饮易得病,定时定量保平安 (포식은 쉽게 병에 걸리게 하며, 정시에 정량을 먹으면 평안을 보장한다)

能忌烟和酒,活到九十九(술과 담배는 끊을 수 있으면, 99세 까지 살 수 있다)

吃饭不说话, 酒醉不骑马(밥을 먹을 때는 말을 하지 말고 술이 취한 후에는 말을 타지 마라)

食不言,寝不语 (먹고 잠잘 때는 말을 하지 마라)

吃饭数着口,活到九十九 (밥의 양을 재서 먹으면 99세 까지 살 수 있다)

不干不净,吃了生病 (깨끗하지 않은 것을 먹으면 병이 난다)

少吃多餐,病好自安 (밥은 적게 먹고 반찬은 많이 먹어라 그러면 병이 나을 것이다)

이 외에도 이언에서 휴머니즘을 강조하고 있다. 심지가 바르고 사리사욕을 챙기지 아니하면 마음이 즐겁고 건강에 이롭다. 예를 들면,

人逢喜事精神爽,闷上心头磕头多 (사람이 기쁜 일이 생기면 정신이 맑아지지만 근심이 많으면 마음과 머리가 아프다)

心平气和 五体安宁 (심기가 편안하면 온몸이 편하다)

笑一笑, 十年少; 愁一愁, 白了头 (웃으면 십 년이 젊어지고 얼굴을 찌푸리면 흰머리만 는다)

忧伤脾怒伤肝 (근심은 비장을 상하게 하고 노여움은 간을 상하게 한다)

人活一口气, 神靠一柱香 (사람은 자존심으로 살고 신은 향불로 버틴다)

一日三笑, 不用吃药 (하루에 세 번 웃으면 약이 필요 없다)

不气不愁, 活到白头 (화내거나 근심하지 않으면 장수 할 수 있다)

양생하기 위해 가장 중요한 것은 운동이다. 운동 관련 이언은 다음과 같다.

手舞足蹈,九十不老 (사람이 손발을 움직이면 90이 되도 늙지 않는다)

一天舞几舞,活到九十五 (하루에 몇 번이라도 운동을 하면 95세 까지 살 수 있다)

若要建,日日练 (건강을 지키려면 매일 운동을 해야 한다)

재미있는 것은 중국어 이언 중에 운동과 관련된 숙어가 많지 않다는 점이다. 중국 전통 체육은 무술이다. 그러나 무술은 대중적인 운동이 아니다. 중국인들이 무술을 연마하는 목적은 자신의 몸을 강하게 하는 것 이외에도 호신과 격투를 위해서다. 무술의 공격적인 특성은 무술의 목적이 무술에 있지, 양생에 있지 않다는 것을 말해준다. 이는 중국의 전통 양생은 첫째 입에 있다. 다시 말해 음식 건강을 중시한다는 것을 말해준다. 두 번째로는 마음에 있다. 사람들은 심신안정을 중시하고 조급해 하지 않는다. 셋째는 운동에 있다. 음식 양생의 극치가 약으로 음식 조리하기이다. 중국의 일부지역은 재미있는 음식 습관을 가지고 있다. 맛있는 음식에 여러 가지 약초를 넣는다. 예를 들어 식물의 뿌리·잎·열매를 넣어 먹는 데 나름대로 뚜렷한 목적을 가지고 넣은 것이다. 뇌를 건강하게 해주고, 신장을 보호 해주고 뼈를 강하게 해준다. 또한,

근육을 강하게 해주고 태아를 보호해주며 미용의 효과를 올릴 수 있는 등 모든 것이 다 있다. 심신을 단련하는 최고의 경지는 기공과 태극권이다. 이는 호연지기를 기르게 하고, 천지 만물의 정수를 흡수하여, 천인합일과 몰아지경의 경지에 이르는 것이다. 이는 병을 물리치고 마음을 편하게 하는 데 도움을 줄 뿐 아니라 많은 특이한 기능을 가지고 있어 수양의 효과를 가져다준다. 최근 중국에서 건강식품 개발붐이 일고 있고, 기공에 대한 열기도 나날이 뜨거워지고 있는 것을 보면 음식 양생과 심신 양생의 상호 연계성을 잘 알 수 있다. 여러분은 TV를 켰을 때 여러 가지 건강식품 광고를 볼 수 있고, 공원에 가면 숲이나 잔디에서 단련하는 기공 애호가를 만날 수 있을 것이다.

제 3절 이언에 담긴 인간관계

一. 교우의 도리

인간은 사회적 동물이다. 인간의 활동은 사회에서 벗어 날 수 없고, 각양 각 색의 생활 테두리 안에서 여러 사람들과 교제를 해야 한다. 따라서 사람들과 교제하는 방식이나 그 대상은 중요한 문제가 되었다. 중국 고대에는 친구와 관련된 많은 미담이 있다. 백아와 종자기의 '高山流水赏知音(知音은 知音을 좋아한다)'의 이야기, 이백과 두보의 이야기, 유비·관우·장비의 桃园结义 이야기가 있다. 이 이야기는 사람사이의 관계가 매우 중요하다는 것을 말해준다. 중국인은 교우의 도리를 매우 중시한다. 왜냐하면 친구는 인생의 중요한 한 부분이기 때문이다. 그 누구도 친구 없이 혼자서 고독하게 살 수 없다. 그러나 일생에 진정한 친구를 만나는 것도 매우 중요하다. 이언에 '千金易得,知音难求(천금은 얻기 쉽지만, 지음은 얻기 어렵다)'라는 말이 있다. 백아가 타는 거문고 소리를 들어주는 종자기가 있었다. 그래서 백아는 종자기를 知音이라 했고 종자기가 죽은 이후에 백아는 더 이상 거문고를 타지 않았다. 이처럼 지음은 더 할 나위 없이 소중한 것이고 후세사람은 '인생에서 知己를 얻을 수 있고, 자기처럼 세상을 보는 친구만 있어도 만족한다' 라고 감탄했다. 이언에서 말하길 '相识满天下, 知音能几人(아는 이는 천하에 가득하나 지음은 얼마나 될까?)', 사람은 일생동안 누군가가 자기를 이해해주고, 기쁨과 행복을 누리며 근심과 불행까지도 함께 해주길 바란다. 인생은 끊임없이 지평선 상의 무지개를 쫓아가고, 사랑하는 사람이 인생 여정을 함께 한다면 더할 나위 없고, 더 이상 고독하지 않을 것이다. 바람이 서늘하고 달이 밝은 가을밤, 혼자서 그 풍취를 느끼기에는 너무 처량하고 고독하며 자신의 삶이 더할 나위 없이 가련하게 느껴질 것이다. 오히려 인생의 반려자와 함께 하는 것보다 못하며 인생의 동반자가 옆에 있다면 운치가 더해질 것이다. 눈 내리는 밤 홀로 빈방에서 책을 읽는다면 오히려 누가 와서 공부를 방해해 주길 바란다. 그리고, 눈이 그치고 날이 밝은 후에는 누군가 와서 '奇文共欣赏, 疑义相与析(멋진 글을 함께 감상하고, 의구심이 있는 부분은 같이 분석하다)'을 할 수 있기를 바란다.

친구는 여러 가지 유형이 있는 데 그중 가장 좋은 경우는 知音型이다. 그러나 이런 친구를 얻기는 쉽지 않다. 지음 이외에도 다른 친구 유형이 있는 데 우리가 3장에서 열거한 적이 있는 친구들이다. 예를 들면,

> 布衣之交(빈곤한 시절의 친구), 杵臼之交 (절구와 절구공 같은 친구), 忘年之交 (나이를 초월한 친구), 谏诤之交(서로 지적해 줄 수 있는 친구), 肺腑之交(마음으로 사귀는 친구), 忘形之交(처지를 초월한 친구), 患难之交(어려움을

함께 한 친구), 金兰之交(금란지교, 결의로써 형제관계를 맺은 친구), 生死之交(생사를 같이한 친구)

이상은 좋은 친구의 예이다. 다음은 나쁜 친구의 예이다.

口里叫哥哥, 背后摸家伙(입으로는 '형, 형'하고 부르면서 등 뒤에서는 흉기를 만지작거린다)
酒朋饭友, 没钱分手 (먹고 마시면서 만난 친구는 돈이 떨어지면 헤어진다)
明是一盆火, 暗是一把刀 (겉으로는 친한 척하지만 몰래 칼을 들이댄다)

이언에는 어떻게 친구를 사귀고 어떤 친구를 사귀어야 하는지 말해준다.

君子之交淡如水, 小人之交甜如蜜 (군자의 사귐은 물처럼 담담하고 소인의 사귐은 꿀처럼 달다)
酒肉之交朝朝有,患难之交一世无 (술친구는 언제나 있지만 환난지교는 평생동안 만나기 어렵다)
酒肉面前知己假, 患难之中兄弟真 (놀면서 만난 친구는 가식적이지만 어려울 때 함께한 친구는 진정한 친구다)
近朱者赤,近墨者黑 (주사에 가까이 하는 사람은 붉게 물이 들고, 먹에 가까이 하는 사람은 검게 된다)
近疱者臭,近兰者香 (천연두 옆에 가면 냄새가 나지만 난초 옆에 가면 그윽한 향기가 있다)
跟好人, 好学人, 跟着老虎学吃人 (좋은 사람과 공부하는 사람을 가까이해야

한다. 호랑이를 쫓아다니면 사람 잡아먹는 법을 배운다)

非亲有意应可敬,是友无情不可交 (혈육이나 친지가 아닌 사이에 성의가 있으면 존경할 수 있고, 친구로서 정이 없으면 사귈 수 없다)

중국인은 군자의 사귐을 높이 받들고 진정한 우정은 시간의 시련을 거쳐야 한다고 했다. 이언에 '路遥知马力, 日久见人心(길은 멀어야 힘을 알 수 있고 사람은 오래 되어야 마음을 알 수 있다)'이 있다. 참된 우정은 어려운 시련을 겪어야 오래 갈 수 있다. 이언에 '岁寒知松柏, 患难知交情(한파에 소나무를 알게 되고 어려움에 우정을 알 수 있다)'와 '遇旱知泉甘, 患难知真友(가뭄을 겪어야 물이 달음을 알고, 어려움을 겪어야 진정한 친구를 안다)'이라는 말이 있는데, 친구사이는 의를 중시하고 재물을 따져서는 안된다. 이언에 '娶妻娶德不娶色,交友交心不交财(아내는 덕을 보는 것이지 외모로 맞이하는 것이 아니고, 친구는 마음으로 사귀는 것이지 재물로 사귀는 것이 아니다)'라는 말도 있다. 친구들 사이에는 반드시 '情越多,礼越少(정이 많을수록 예의에 덜 구애받는다)'이어야 한다. 친구를 사귀고 옷을 입는 것은 다르다. 왜냐하면 옷은 새 것이 좋고 친구는 오래될수록 좋기 때문이다. 이언에도 '衣不如新,人不如古(옷은 새 것만 못하고 사람은 오래된 것만 못하다)'라는 말이 있다. 사람은 모두 친구가 있다. 그리고, 친구를 사귈 때는 빈부귀천을 따지지 말고 누구와도 친구가 되어야 한다. 친구를 사귀는 도리는 인생의 중요한 과제이다.

二. 사람을 알아보는 도리

친구를 사귈 때는 착한 사람을 골라 따르고, 간부를 선발할 때도 사람을 알고 맡겨야 한다고 했다. 그래서 다른 사람과 사귈 때도 '近君子, 远小人(군자와 가까이 하고 소인을 멀리 해야 한다)'해야 하고, 일을 찾을 때도 좋은 직장을 선택해서 취업해야 한다. 따라서 사람을 볼 때는 판단력이 필요하고 이런 판단력을 '사람을 알아보는 도리' 라고 한다. 속담에 이르기를 '人心隔肚皮(사람의 마음과 얼굴은 다르다)' 라고 한 것처럼 사람을 알기란 쉽지 않다. 이언에서 '人心难测,海水难量(사람의 마음은 헤아리기 어렵고 바닷물은 재기 어렵다)', '十丈深水易测,一人心思难量(열길 물 속은 쉽게 알수 있으나 사람의 속내는 헤아리기 어렵다)'이라고 했다. 만약 진정으로 자기 주위의 여러 가지 사물을 이해하려고 한다면 반드시 사람을 아는 이치를 알아야 한다.

우리는 사물을 인식할 때 늘 일정한 원칙을 가지고 본다. 예를 들자면, 표면·원근·대소·다소 등...... 그리고, 이런 과정 속에서 어떻게 현상을 통해서 본질을 볼 수 있는지를 배우게 된다. 예를 들어 '人不可貌相, 海水不可斗量(사람은 외모로 판단할 수 없고, 바닷물도 말로 될 수 없다)', '好马不在鞍, 好人不在衫(좋은 말은 안장 때문이 아니며, 사람도 옷이 좋아서가 아니니다)' 등이 있다. 습관적으로 사람은 늘 인간을 착한 사람과 나쁜 사람으로 나누거나 군자와 소인이라고 나눈다. 그리고, 말재주가 좋은 사람한테는 늘 경계심을 가져야 한다. 이언에 '能言不是君子, 善处方为大丈夫(말을 잘하는 사람은 군자가 아니며, 처리를 잘하는 사람이 대장부다)' 라고 했다. 그 외에도 겉으로만 웃는 사람에게 호감을 갖지 말라고 했다. 이언에서 말하길 '不怕黑李逵, 就怕笑刘备(검은 이규는 무섭지 않고 웃는 유비가 더 무섭다)', '不怕红脸关公, 就怕抿嘴

菩萨(붉은 얼굴 관운장은 무섭지 않고, 입으로 웃는 보살이 더 무섭다)'라고 했는데, 웃음에 칼을 숨기고 있는 사람들에게 극도의 혐오와 증오를 나타내며 '点头哈腰笑嘻嘻, 一定不是好东西(고개를 끄덕이며 허리를 굽혀 가며 웃는 사람은 좋은 사람이 아니다)' 라고 생각하였다. 어떤 이는 남들 앞에서 시비를 옮기기를 좋아하는데, '来说是非者,便是是非人(와서 시비를 논하는 사람은 바로 시비꾼이다)' 임을 반드시 알아야 한다. 군자를 가까이 하고 소인을 멀리하려면 반드시 시비를 분명히 해야 한다.

사람을 하루아침에 알 수 없다. 그래서, 어떤 사람은 일생의 시간을 두고 알아야 하는데, 이 점에 대하여 사람들은 명확한 예상이 있다. 예를 들어 '隔山隔海不知深, 知人知面不知心(산과 바다를 사이에 두고 있지만 깊이를 알지 못하듯이, 사람의 외모를 볼 수 있지만 마음을 알 수는 없다)', '海枯终见底 , 人死不知心(바다가 마르면 끝내는 바닥을 보이지만 사람은 죽어도 마음을 모른다)'처럼 사람을 아는 것은 하늘을 오르는 것보다 더 어려운 것 같다. 사람들은 '路遥知马力, 日久知人心(길이 멀어야 말의 힘을 알고, 시간이 지나야 사람의 마음을 알 수 있다)', '试玉要烧三日满, 辩才须待七年期(옥을 감별하려면 삼일 꼬박 태워야 하는데, 언변은 7년을 두고 봐야 한다)'처럼 사람을 아는 것도 불가능한 것은 아니다. 단지 알기 위해서 많은 시간이 필요할 뿐이다.

三. 사람됨의 이치

격물치지(格物致知)는 유가에서 필수과목이며, 정심성의(正心诚意)도 마찬가지다. 따라서 사람이 되기 위한 도리는 정심성의 네 글자로 축약할 수 있다. 사람은 모두 자기가 사귀는 친구가 착한 사람이길 바란다. 그래서 좋은 친구를 얻기 위해서는 반드시 다른 이의 좋은 친구가 되어 주어야 한다. 다시 말해 사람 되는 도리를 배워야 한다는 말이다.

사람이 되기 위해서는 여러 가지 원칙이 있는데 이언에서 잘 알 수 있다. 예를 들어 사람이 되기 위해서는 충직과 온후('忠厚')를 기본 원칙으로 해야 한다. 이언에서 '刻薄不赚钱, 忠厚不折本(각박하면 돈을 벌 수 없고, 충직하고 온후하면 본전을 밑지지 않는다)'이라고 한다. 다시 말해 사람이 되기 위해서는 반드시 흉금을 털어놓아야 하고 솔직해야 한다. 이언에서는 '使碎自己心, 笑破他人口(철저히 자기의 마음을 기울이면 남을 웃게 할 수 있다)' 라고 말한다. '使心用心, 反害其身(마음을 씀에 속심이 있으면 오히려 자기 몸을 해친다)', '君子坦荡荡,小人长戚戚(군자는 호탕하지만 소인은 슬픔이 길다)'. 다음에 나오는 이언들은 다른 각도에서 중국인의 사람됨을 반영하고 있다.

1. 남을 공경하고 매사에 인내하고 양보

恭可释怒, 让可息争 (남을 공경하면 노여움을 가라앉힐 수 있고, 양보하면 다툼을 그치게 할 수 있다)

在人屋檐下, 怎敢不低头 (다른 사람의 처마 밑에서 어찌 고개를 숙이지 않을 수 있는가?)

敬人人敬, 薄人人薄 (남을 공경하면 남이 날 공경하고, 남에게 야박하면 남도 나에게 야박하다)

2. 몸을 정결히 하고 놓인 상황에 편안히 지냄

不干己事不开口,一问摇头三不知 (자기의 일이 아니면 말하지 말고, 한 번 묻거든 잡아떼고 모른다고 한다)

各人自扫门前雪, 莫管他人瓦上霜 (자기 집 앞 눈만 치우고, 다른 집 기와 위의 서리는 거들떠보지 않는다)

瓜田不纳履,李下不整冠 (오이 밭에서 신발 끈을 묶지 말고, 오얏나무 아래서 갓 끈을 고쳐 매지 마라)

平生不做亏心事,半夜敲门心不惊 (평생 마음에 걸리는 일을 하지 않았으면 한밤중에 누가 문을 두드려도 놀라지 않는다)

3. 남과 편하게 하는 것이 자기를 편하게 함

摆渡到对岸, 救人救到底 (강 건너려면 건너편까지 건너고 남을 도와주려면 끝까지 도와주어야 한다)

帮人帮到底, 救人救到头 (남을 도우려면 끝까지 도와야 하고 남을 구하려면 끝까지 구해야 한다)

己所不欲, 勿施与人 (자기가 하기 싫은 것을 남에게 시키지 마라)

4. 언행을 신중히 하고 융화하며 나서지 않아

守口如瓶, 防意如城 (병처럼 입을 다물고, 성벽같은 경계심을 가져라)

腿长沾露水, 嘴长惹是非 (많이 다니면 이슬에 젖고, 말이 많으면 화를 자초한다)

宁失骏马, 勿失己言 (준마를 잃어버릴 지라도, 실언하면 안된다)

手稳口也稳, 到处好藏身 (손과 입이 신중해야지 어디를 가도 몸을 맡길 수 있다)

不会烧香得罪神, 不会讲话得罪人 (향을 피울 줄 모르면 신의 노여움을 사고, 말을 할 줄 모르면 사람들의 미움을 산다)

话不能说死, 路不能走绝 (말은 단정적으로 하지 말아야 하고, 길은 막바지 길로 가지 말아야 한다)

见着秀才说书, 见着屠夫说猪 (수재를 만나면 책 얘기를 하지만, 백정을 보면 돼지 얘기를 한다)

若要人不知, 除非己莫为 (남이 모르게 하려면 자기가 그런 행동을 하지 말았어야 한다)

事不干己休多管, 话不投机莫强言 (상관없는 일은 간여하지 말고, 마음이 맞지 않으면 억지로 말하지 마라)

5. 관대하고 대범하며 중용을 지키고 부지런하라

量大福也大, 机深祸也深 (도량이 크면 복도 크고 꿍꿍이가 깊으면 화도 깊다)

遇饮酒时需饮酒, 得高歌处且高歌 (술을 마셔야 할 때는 술을 마셔야 하고, 노래를 불러야 할 때는 노래를 불러야 한다)

身后有余快缩手, 眼前无路早回头 (뒤에 여유로움이 있으면 얼른 손을 움츠리고 앞에 길이 없으면 일찍 되돌아가야 한다)

勤不受馑, 和气生财 (부지런하면 기근이 들지 않고, 온화하면 재물이 들어온다)

前留三步好走, 后留三步好行 (앞에 세 걸음 남겨두면 걷기 쉽고, 뒤에 세 걸음 여지를 두면 가기 쉽다)

사회생활에서 사람들과의 관계는 상당히 중요하다. 그래서 인간 됨됨이는 결코 소홀히 할 수 없는 문제이다. 이언은 일종의 부드러운 성격의 법으로서, 사람들의 행위를 구속하고 있다. 이언은 권고하고 규제하는 의미를 많이 담고 있다. 그리고 어떻게 인간다운 인간이 되는지, 어떻게 일 처리를 해야 하는지를 일러주고 있다. 예를 들면,

人前莫说人短长, 始信人中更有人 (사람들 앞에서 남의 장단점을 말하지 않으면, 비로소 사람 중에 더 나은 사람이 있음을 믿게 된다)

若争小可, 便失大道 (작은 일에 다투면, 대도를 잃을 수 있다)

爽口食多偏作痛, 快心事多恐生殃 (입에 맞다고 많이 먹으면 배탈 나고, 유쾌한 일이 많으면 재앙이 생길까 걱정된다)

若要断酒法, 醒眼看醉人 (술을 먹지 않으려면 성한 눈으로 취한 사람을 보라)

前事不忘, 后事之师 (과거의 일을 잊지 않음은 다음 일의 스승이다)

一失足成千古恨, 再回头是百年身 (한번 실수가 사람의 마음에 평생 사무치고, 돌이켜도 소용없다)

为人莫贪财, 贪财不自在 (사람다운 사람이 되기 위해서는 재물을 탐하지 마라, 재물을 탐하면 자유롭지 않다)

往者不可谏, 来者犹可追 (지나간 일은 재론하지 말 것이며 앞날은 예견할 수 있다)

山外青山楼外楼, 强中自有强中手 (이 산 외에 다른 산이 있고 누각 밖에 누각이 있듯이, 강자 중에 또 강자가 있다)

이 이언들은 절묘하게 사리를 말해주고 있으며, 곰곰이 되새기면 그 속에 함축된 의미를 발견하게 될 것이다.

사람이 되기도 어렵지만 좋은 사람이 되기는 더욱 어렵다. 그러나 사람들은 여전히 좋은 사람이 더 많아지길 바란다. 중국인의 인품 갖추기에는 독특한 면이 많은데 어떤 이는 처세에 능하다고 하는데 사실 모두가 다 그런 건 아니다. 상술한 예문에서 알 수 있듯이 중국인들은 원칙을 가지고 있지만 다양성이 존재한다. 그래서 중국인의 인간 됨됨이를 일괄적으로 논할 수 없다.

제 4절 치가·치국·치학(治家·治国·治学)

一. 치국은 치가에서 시작한다

가정은 사회의 가장 기본적인 단위이다. 그래서 전통 중국사회에서는 가정을 매우 중시했다. 그래서 사대가 한 집에 함께 살며, 아버지는 자애롭고 자식은 효도하고, 형제간에 우애가 있고, 집안이 화목하고 자손이 많아야 했다. 이는 중국 전통 가정에 뿌리 박혀 있는 사상이다. 이런 이상을 실현하기 위해서 가장들은 많은 고심을 해야 했다. 가부장제 가정에서 인간관계는 가족 구성원의 혈육의 정을 구현하고, 사회의 등급관계를 나타낸다. 가정을 다스리는 도리는 여러 가지가 포함된다. 첫째는 가족의 단결이다. 이언에 '夫妻不睦奸人乘, 兄弟不和外人欺(부부 사이가 좋지 않으면 제 삼자가 끼어들게 되고, 형제우애가 좋지 않으면 남이 못되게 대한다)'라고 했다. 가족 구성원의 단결 가운데 가장 중요한 것은 부부의 화합이다. 이언에서 '夫妻一条心, 黄土变成

金(부부가 한마음이면 황토를 금으로 만들 수 있다)', '夫妻和好, 百头到老(부부 사이가 좋아 백년해로한다)'라고 했다. 부부의 화합을 위해서는 제 삼자의 간섭을 막아야 한다. 이언에서 '野花上床, 家败人亡(바깥 여자가 들면 패가망신한다)'라고 했다. 봉건사회에서 축첩을 허락하기는 했지만, 일반 가정에서 축첩을 할 경우에는 명확한 규정이 있었다. 예를 들어 부부가 아이를 낳지 못해서 제사를 지내줄 사람이 없을 때 축첩을 한다. 왜냐하면 '不孝有三, 无后为大(세 가지 불효가운데 자식 없는 것이 가장 큰 불효다)'라고 했다. 일부일처제는 일반 가정의 기본 모델이다. 사람들은 '两人拜堂成对成双, 三人拜堂家破人亡(부부 두 사람이 합쳐 가정을 이루어야지, 세 사람이 되면 집안이 망한다)'이라고 했다. 그러나 사람들은 '며느리'에 대한 요구는 상당히 가혹했다. '媳妇不打, 上房揭瓦(며느리를 때리지 않으면 집안이 들썩거린다)' 며느리가 되기란 결코 쉬운 일이 아니다. 이언에 '千年的小溪流成河, 百年的媳妇熬成婆(시냇물은 천년동안 흘러 강이 되고, 백년 동안 고생한 며느리는 시어머니가 된다)'라는 이언이 있는데, 여기서 '熬(오)'는 중국 부녀자들이 얼마나 힘든지를 말해준다. 집안을 다스리는 두 번째 원칙은 교육에 달려있다. 일반적인 가정에서 가장 자주 볼 수 있는 모델은 '엄부자모(严父慈母)'이다. 아이들에게 엄격하고 거만하거나 방종하지 않게 해야만, 아이가 인재가 되고 비젼도 있으며, 장래 가문을 빛나게 할 것이다. 아이들이 잘 자라도록 하기 위해서 때로는 아이에게 벌을 아끼지 않았다. 많은 가장들은 '棒头出孝子, 箸头出忤子(몽둥이는 효자를 만들고 젓가락은 불효자를 만든다)', '玉不琢磨不成器, 孩子不打不成才(옥은 갈고 닦지 않으면 그릇이 되지 않고 아이는 때리지 않으면 사람이 되지 않는다)', '宠是害 严是爱(지나친 사랑은 아이를 망치고 엄하면 아이에게 이롭다)', '青柴难烧, 娇子难教(막 패온 장작은 잘 타지 않고,

응석받이는 가르치기 어렵다)’를 알아야 한다. 가정을 다스리는 세 번째 이치는 힘써서 집안을 부흥시키고 근검절약해야 한다. 한 가정(특히 봉건시대 대가족에서)의 안정과 단결을 지키기 위해서는 물질적으로 보장이 있어야 한다. 그리고 나서야 비로소 장기적인 계획을 세우고 한 걸음씩 나아갈 수 있다. 이언에서는 ‘兴家有如针挑土, 败家有如浪打沙(흥한 집은 바늘로 흙을 떠내듯하여 이루었고, 망한 집은 파도가 모래를 치듯이 무너졌다)’라고 하였다. 이처럼 집이 망하기는 쉬우나 집이 흥하기는 어렵다. 또한, 창업도 어렵지만 지키는 것은 더 어렵다. 자손 후대에 선조가 창업할 때 겪은 어려움을 상기시켜 주기 위해서 노력하고, 사회는 근검하게 집안을 다스리고 힘들게 분투하는 정신을 널리 드높여야 한다. 다음 이언은 어려움을 이기고 노력하며 근검절약하라는 이언이다.

年轻多受苦, 年老能享福 (젊을 때 고생을 많이 해야지, 늙어서 복을 누릴 수 있다)

年轻饱经忧患, 老来不怕风霜 (젊을 때 어려움을 많이 겪으면, 늙어서 풍상을 두려워 하지 않는다)

勤耕苦做样样有, 好吃赖做样样无 (근검하고 열심히 일하면 모든 일에 성과가 있지만, 무위 도식하면 모든 일에 아무런 성과가 없다)

勤俭永不穷, 坐吃山也空 (근검하면 영원히 가난하지 않고, 먹고 놀기만 하면 큰 재산도 없어진다)

勤男长的好庄稼, 勤女穿的好衣服 (부지런한 남자는 좋은 농작물을 자라게 하다, 부지런한 여자는 좋은 옷을 입는다)

勤是摇钱树, 俭是聚宝盆 (근검은 화수분이다)

天寒不冻织女手, 饥荒不饿牛郎星 (추워도 직녀의 손을 얼리지 않고, 기근이 들어도 견우를 굶기지 않는다)

집안을 다스리는 일은 중국에서 개인적인 일에 국한되지 않는다. 집을 다스리는 일과 나라를 다스리는 일은 불가분의 관계가 있다. 이언에서 '不能治家, 焉能治国(집을 다릴 수 없는데 어찌 나라를 다스릴 수 있는가)'이라고 한다. 이로부터 집을 다스리는 것이 얼마나 중요한지 알 수 있다. 유가의 이상은 '修齐治平' 네 가지다. '수신' 과 '제가' 는 개인적인 일처럼 보이지만, 실제로는 '치국'과 '천하 평정'과 대등하다. 따라서 이 네 가지는 모두 중요하다. 그리고 '수신', '제가'는 '치국', '평천하'를 위한 필수 조건이라고 할 수 있다.

중국은 농업을 기반으로 한 국가다. 대다수 농민에게 '两亩地, 一头牛, 老婆孩子热炕头(땅 두 묘와 소 한 마리, 아내와 아이와 따뜻한 온돌바닥)'는 가장 이상적인 모습이다. 중국은 시서예악(诗书礼乐)의 국가이다. 농사와 글을 읽는 것은 사람들의 생활 중에 두 가지 중요한 일이다. 농사를 짓는 것은 생존을 위해서다. 다시 말해 사람은 물질 양식에 대한 욕구가 있기도 하고 글을 읽는 정신적 양식을 통해 자기 발전을 한다. 중국 중산 가정에서 '家有余粮鸡犬饱, 户多书籍子孙贤(집안에 여유로운 양식이 있으면 닭과 개가 배부르고, 집에 책이 많으면 자손이 현명해진다)'이 최고의 이상적인 모습이다.

二. 무식은 유가의 수치

비록 공자는 '学以时习之, 不亦乐乎(배우고 익히니, 그 어찌 기쁘지 아니하리요)' 라고 말했다. 그러나 중국 지식인이 걸어왔던 배움의 길은 매우 고되었다. 사람들은 자주 '书山有路勤为径, 学海无涯若作舟(책에 길이 있는데 부지런한 것이 그 첩경이요, 배움의 바다는 한없이 큰데 고통의 배 없이 건널 수 없다)'라고 말한다. 따라서, 학자는 성공을 위해서 반드시 이 길을 건너야 한다. 고대 사람이 말하길 '吾生也有涯, 而知也无涯(내 생명은 끝이 있지만 배움에는 끝이 없다)' 라고 했다. 어떤 이가 평생 가난하게 살면서 노력했으나 성과가 없다면 공부가 아무런 소용이 없다고 생각할 것이다. 중국의 지식인이 공부하는 방법은 두 가지다. 하나는 책을 읽는 것이고, 다른 하나는 현지 고찰이다. 그래서, 이언에 '读万卷书, 行万里路(만 권의 책을 읽고 만리 길을 간다)', '读不完的书, 走不完的路(이루 다 읽을 수 없는 책, 이루 다 갈 수 없는 길)'가 있다. 그러나, 후에는 현지 고찰 방법이 점차 줄어들고, 책읽기만이 유일한 방법이 되었다. 그래서 이언 중에는 '两耳不闻窗外事, 一心只读圣贤书(두 귀로 창 밖의 일은 듣지 않고, 오로지 성현의 책을 읽은 데 전념한다)'라는 말이 있고, 모택동은 '读书是学习, 使用也是学习, 而且更重要的是学习(책을 읽는 것도 배우기요, 응용하는 것도 배우기인데, 또한 더욱 중요한 것은 배우기이다)'라고 말했다. 실천의 중요성을 강조한 것이지만 애석한 것은 극단적으로 흘러서 지식 청년이 농촌에 가서 영세 농촌의 재교육을 받고, 완전히 공부를 포기해 버리게 만들었다. 그래서 그들이 배운 공부는 다 무용지물이 되고, 국가에 헤아릴 수 없는 손실을 끼쳤다. 이 점은 별도로 연구해야 할 바이다. 학습을 하는 구체적인 방법에 관한 이언은 다음과 같다. 예를 들면,

师傅领进门, 修行在自身 (사부가 입문하게 지도하였으나 수행은 자기에 달렸다)

读书千遍, 其义自见 (천 번을 읽으면 뜻이 저절로 드러난다)

学习从来无捷径,循序渐进登高峰 (학습에는 첩경이 없다. 한 걸음씩 높은 경지에 오르는 것이다)

三分教,七分学 (30%가 가르침이라면, 70%는 자기 학습에 달려 있다)

앞 절에서 이미 중국 중류 가정에서 '家有余粮鸡犬饱,户多书籍子孙贤'이 가장 높은 이상이라고 했다. 그래서 중류 가정에서는 자녀 교육을 대단히 중시하고, 공부하라고 권유하는 이언이 많다. 예를 들면,

不为不知而羞, 要为不学而愧 (모르기 때문에 부끄러운 것이 아니라 배우지 않기에 창피한 것이다)

少年不知勤学苦, 老来方知读书迟 (어릴 적에는 부지런히 공부하는 것이 고되다는 것을 알지 못하고, 나이가 들어서는 비로소 공부하기에는 늦었다는 것을 알게 된다)

少壮不努力, 老大徒伤悲 (어릴 때 노력하지 않으면 나이 들어 슬퍼해도 소용없다)

一日读书一日功, 一日不读十日空 (매일 공부하면 쌓이지만, 하루라도 공부를 안 하면 십일 공부가 허사가 된다)

学习不怕根底浅, 只要迈步总不迟 (배움에 바탕이 부족함을 걱정하지 말고, 매진하려고만 한다면 언제고 늦지 않았다)

学海无涯勤是岸, 云程有路志是梯 (공부란 끝이 없는데 부지런함이 목표에

이르게 하고, 구름에로 길이 있는데 의지가 다다르게 한다)

독서와 공부를 오랫동안 사람들은 신성하다고 했고, 심지어 어떤 이는 독서와 학습을 자기 생명의 일부분이라고 했다. 그래서, 격물치지(格物, 致知)는 지식인의 생활에 중요한 일부가 되었다. 사람의 생명은 매우 짧다. 그러나, '山外有山, 天外有天(산 밖에 다른 산이 있듯이 하늘 밖에 다른 하늘이 있다)'하기 때문에 사람들은 학습을 포기하지 않고 끊임없이 진리를 추구한다.

제 5절 지혜의 꽃

중국인은 가장 이치를 중시하는 민족이며, 이치에 밝은 민족이기도 하다. 따라서 사리의 총괄과 개괄의 측면에도 중국인만의 독특한 점이 있다. 옛말에 '有理走遍天下, 无理寸步难行(이치에 맞으면 천지를 두루 다닐 것이오, 이치에 합당치 않으면 조금도 발을 움직일 수 없다)'라는 말이 있는데, 이처럼 理는 중요한 의미를 지니고 있다. 그렇다면 과연 무엇이 '理'인가? 원래 '理'란 물질 조직의 결, 조리를 가리켰으나, 후에는 자연의 규칙, 진리로 전의되었다. 그것은 실제로 객관적인 사물에 대한 인간의 인식이다. 모든 사물은 존재·발전·변화하는 규칙이 있다. 다시 말해, 모든 사물은 일정한 조건하에서 존재·발전·변화한다. 그리고, 복잡 다변하는 세계도처에서도 그 규칙성을 드러내고 있다. 이런 규칙들이 바로 事理다. 누가 이런 사리를 진정으로 이해할 수 있다면 그는 자연과 사회 앞에서 자유로워질 수 있을 것이다. 자연의 이치에 대해서는 뒤에서 다시 언급하고 우리가 말하려는 사리는 주로 일 처리에 있어서의 경험이다.

총명과 멍청함

聡은 귀가 좋고, 明은 눈이 밝다의 뜻으로 뛰어난 한 쌍의 귀와 눈을 가진 사람은 이 복잡한 세상사 앞에서 방향감을 잃지 않고, 시비를 잘 구분할 수 있을 것이다. 그러나 귀가 총하고 눈이 명해서만 되는 것은 아니다. 반드시 그 방법을 알아야 한다. 이언에서는 '兼听则明, 偏听则暗 (두루 들으면 밝으나, 편파적으로 들으면 어둡다)'이라고 했다. 여러 사람의 의견을 들어야지 비로소 정확한 판단을 할 수 있기 때문이다. 그 외에도 '当局者着迷, 旁观者清(당사자는 잘 모르고, 방관자가 잘 안다)'은 사건 당사자가 오히려 사건과 무관한 사람보다 사건에 대한 이해가 부족한 것을 말한다. 표면적인 현상에 미혹되지 않으려면 때로는 방관자 입장에 서서 보거나 생각을 해야 한다. 잘못을 저질렀다고 해서 두려워하지 마라, 더 무서운 것은 자기가 잘못을 저지르는지 알면서도, 그것을 숨기고 재차 잘못을 저지르는 것이다. 자기의 잘못을 직시하지 않고, 다시 전철을 밟는다면 어리석은 것이요, 사리에 밝지 못한 것이다. 이언에서 말하길 '迷途知返, 得道不远(길을 잃은 것을 알고 되돌아갈 수 있다면, 길을 안 것과 차이가 크지 않다)'이라고 했다.

积少成多, 集腋成裘(티끌 모아 태산이 된다)

중국인은 '一锹挖不出个井, 一口吃不出个胖子(한 삽으로 우물을 팔 수 없고, 한 술 밥에 뚱보가 되지 않는다)'를 잘 안다. 모든 일은 시작이 있고 모든 일은 티끌 모아 태산이 된다. '千里之行, 始于足下(천리 길도 첫 걸음부터)', '屋檐滴水石板穿, 点点滴滴成川(처마에서 떨어지는 물이 돌판을 뚫고, 물 한 방울이 모여 강이 된다)'이런 이언은 다른 각도에서 사물의 발전·변화과정을 설명해준다. 사물은 양적인 변화를 거쳐 질적 변화가 생기고, 소(小)에서 대(大)로, 소량에서 대량으로, 미시에서 거시로, 부분에서 전체로 발전한다.

필연과 우연

'水满则溢, 月满则亏(물이 가득 차면 넘치고, 달이 차면 곧 기운다)'라고 하는데, 모든 사물은 극에 다다르면 반대 상황으로 바뀐다. 마치 산을 오르는 것처럼 최고봉에 다다르면 비탈길로 내려간다. 이는 사물이 발전하는 필연적 결과다. 그래서 중국인들은 완벽한 것을 추구하지 않고, 적당한 순간에 그만두어야 한다는 것을 안다. '热极生风, 乐极生悲(너무 더우면 바람이 불고, 기쁨이 극도에 달하면 슬퍼진다)'는 불변의 진리이다. 어떤 사물은 보기에는 우연인 것 같지만, 알고 보면 필연이 잠재 되어있다. 이언에서 말하길, '常在河边站, 难保不湿鞋(늘 강가에 서 있으면, 신발이 젖을 수밖에 없다)', 여기서 신발이 젖는건 우연이지만, 강가에 서있었다면 신발이 젖기 위한 필연적인 조건은 만들어진 셈이다. 중국인의 인생에는 아주 소박한 변증법적 요소가 있다. 이런 소박한 변증법은 중국인을 총명하고 세상에 밝은 사람이 되게 하였다. 변증법은 중국인을 지혜롭게 만들었고, 다소나마 중국인을 대담하게 만들었다. 이 점은 중국인이 모든 일을 처리할 때 심사숙고하고, 좋은 일이든 나쁜 일이든 극단적인 행동은 하지 말라고 일깨워준다. 이언 '弓满易折, 月满易缺(활은 끝까지 당기면 끊어지고, 달은 보름달이 되면 초승달로 바뀐다)'처럼 세상에 완벽한 것은 없다. '弓强弦长断, 人强祸必随(활을 너무 강하게 당기면 부러지고, 사람이 너무 강하면 화를 부른다)' 그래서, 사람이 너무 강해서도 안된다.

机不可失, 时不再来(기회를 놓치지 말아라, 지나간 시간은 다시는 돌아오지 않는다)

모든 일은 좋은 시기를 포착해야 한다. 일단 기회를 놓치면 성공의 희망은 사라지기 때문이다. 중국인은 이 이치를 잘 깨닫고 있으며, 사람들에게 이런 기회, 시간을 중요하게 생각하라고 가르치고 있다. '从现在做起,从我做起(지금 시작하며, 나부터 실천에 옮겨라)', 그리고, '明日复明日, 明日何其多(오늘 해야 할 일을 내일로 미루지 마라)'.

相辅相依,唇亡齿寒(상부상조하다)

<左传, 僖公五年>에 이런 이언이 있다. 晋(진)이 괵(虢)나라를 토벌하려고 한다고 거짓말로 우(虞)나라에 말했다. 즉, 우 나라 국경을 넘어, 宫之寄는 우나라한테 동의하지 말라고 권유했다. 왜냐하면 괵국은 우나라 인접 국가고, 괵국이 망했기 때문에 다음으로 재난을 겪는 나라는 우 나라이기 때문이다. '谚所谓, 辅车相依, 唇亡齿寒'者, 其虞、虢之谓也。' 辅车相依에서 보(辅)는 입옆의 검협골(脸颊骨)이고, 차(车)는 아상골(牙床骨)을 가리킨다. 따라서, 보와 차는 상호 의존관계이므로, 둘 가운데 어는 한 쪽이 피해를 입으면 다른 한 쪽도 같이 피해를 입는다. 중국인은 외교할 때 자주 이 논리를 적용하고, 선린우호 정책, 평화 공존, 공영공생을 위해서도 자주 인용한다.

단체주의와 집단주의

위 글에서 중국인은 국토가 넓고 인구가 많은 국가라고 했다. 중국 대다수 지역은 농업에 종사하기 때문에 농경사회의 특성을 가지고 있다. 집단 거주 형태나 가부장제는 중국 농촌 지역에서 가장 자주 볼 수 있는 사회 모델이다.

가족 내 모든 구성원들은 가족 재산을 공유한다. 그리고, 가족의 이익을 위해서, 가문에 빛을 내기 위해서 노력했다. 때문에 중국인은 '天上无云地上旱, 大河无水小河干(하늘에 구름이 없으니 땅이 가물고, 큰 강에 물이 없으니 작은 강도 마른다)', '一花独放不是春, 万花齐放春满圆(한 송이 꽃이 홀로 피었다고 봄이 왔다고 할 수 없고, 꽃이 만발해야지 완연한 봄이 온 것이다)'이라고 했다. 한 가정은 작은 사회고 가족의 이익이 개인의 이익보다 더 우선시된다. 심지어 어떤 때는 국가보다 더 중요한 비중을 차지한다. 개인에게 있어서 가족은 단체다. 한 개인은 어릴 적부터 단체 생활을 하고 단체정신을 배우게 된다. 한 민족에게 있어서 국가는 단체다. 집단주의는 애국주의의 상징이고, 모든 사람의 가슴 속에는 나라에 충성하고 국가에 보답하려는 마음이 있다. 더욱이 나라가 위기에 직면했을 때, 단체주의에서 나온 애국주의, 즉 '국가 이익을 위해 물불을 안 가린다'는 정신을 발휘한다. 생명은 소중하지만, 사람은 대의를 위해서 관건적인 시기에는 조금도 주저 없이 생명을 버릴 수 있다.

二. 이언의 가치와 전통 관념

중국인의 가치 성향을 가장 잘 반영해주는 것은 일부의 관념을 표현하는 이언이다. 왜냐하면 이언은 인생 경험의 총괄이고 생활 지혜의 결정체다. 그래서 늘 격언은 깊고 예리하며, 이언은 모두 오래된 문구로서 자주 연장자들로부터 전해 내려온 것이어서, 권고와 경계의 성격을 띠고 있다. 이언은 질서 있는 구조를 가지고 있으며 압운이 있어 쉽게 외워 읊을 수 있다. 그래서 좋은 교재가 될 수 있었고 교육의 기회를 갖지 못한 사람은 이언 속에서 세상을 알 수 있었다. 바로 이런 점에서, 우리는 이언 속에서 사람들의 가치 성향을 발견할 수 있다.

众人拾柴火焰高(백지장도 맞들면 낫다)

중국인의 관념 속에는 사람이 많으면 좋은 일이다. 이런 이언은 많다. 예를 들어 '众人拾柴火焰高, 人多主意好(백짓장도 맞들면 낫고, 사람이 많으면 좋은 생각을 얻을 수 있다)', '一人计短, 百人计长(한사람의 계책은 단편적일 수 있지만 여러 사람의 계책은 안목이 깊다)'이 있다. 농경사회의 특성은 일정한 장소에 거주하고, 이주도 하며 협력을 도모한다. 그래서, 사람이 많으면 좋은 일이다. 모두는 한 가지 믿음이 있다. '一起吃才甛, 一起拾才轻(함께 먹어야 달고 함께 들어야 가볍다)', 기쁨이 있어야 함께 나눌 수 있고 기쁨은 배가된다. 또한 어려움이 있으면 다른 사람과 나누어야 반이 될 수 있다. 또한 , 다른 사람들과 함께 해야만 좀 더 용감해 질 수 있다. '天塌大家死, 过河有矬子(하늘이 무너지면 모두 죽는데 강건너기에는 난장이가 있다)'이기 때문에, 어떤 어려움도 두렵지 않다. 설사 법을 어기는 일이라 할 지라도 모두가 함께 한다면 이루어질 수 있다는 신념이 있다. '法不责众(법은 군중에게 책임을 묻지 않는다)' 때문에 사람들이 마을에서 무기 싸움이나 패싸움을 했다. 마을에서 일어나는 무기 싸움은 사람이 많은 쪽에서 늘 승리한다. 농민은 밭과 물을 위해서 싸우고, 심지어는 우물 하나 가지고도 싸운다. 손에 농기구를 들고 흔들며 미친 듯이 서로를 향해 달려들고 이때 인원수가 많은 쪽이 훨씬 더 용기가 있기 마련이다. 만약 혼자라면 이런 용기와 대담성이 없을 것이다. 이런 장소에서 사람들은 쉽게 '一人进山难打虎, 众人下海可擒龙(한 사람이 산에 들어가 범을 잡기 어렵지만, 여러 사람이 모이면 바다의 용도 잡을 수 있다)', '人怕单

行, 雁怕离群(사람은 혼자 가는 것을 두려워하고 기러기는 무리에서 뒤쳐질까 두려워한다)'. 이와 유사한 이언 중에 '树要成林, 人要成群(나무는 숲을 이루려 하고 사람은 무리를 지으려 한다)', '一人踩不倒地上草, 众人能踩出阳关道(혼자서는 잔디 위의 풀도 밟아 쓰러뜨리지 못하지만, 사람이 많으면 阳关道에도 걸어나갈 수 있다)', '风大就凉, 人多就强(바람이 세면 서늘해지고, 사람이 많으면 강해진다)'이 있다.

富贵不能淫,贫贱不能移(부귀하다고 음탕할 수 없고 빈천하다고 기개를 잃지 말아야)

부귀는 사람들이 바라는 바이지만 빈천은 싫어하는 바이다. 그러나 부를 지녔어도 인자하지 않다면 사람들에게 버림을 받는다. «논어»에 '不义而富且贵, 于我如浮云(의롭지 못한 부와 귀는 내게 있어서는 뜬 구름과 같다)'이라 하였다. 여기서 알 수 있듯이 고대 사람은 의롭지 못한 부는 멸시했다. 중국인들의 관념 속에서 부자는 부자다운 행동을 해야 하고, 가난한 사람은 질개를 가지고 있어야 한다고 했다. 군자가 부를 지녔다면 도를 행하여 얻은 것이고, 설사 부를 지녔다 할지라도 제멋대로 할 수 없다. 이언에서 '穷莫失志, 富莫癫狂(가난하다고 기개를 잃지 말고, 부자라고 해서 경거망동하지 마라)'은 바로 이 뜻이다. 가난은 결코 옮길 수 없다. 穷有好时, 富有倒时(가난한 사람도 좋은 날이 있고 부자도 망할 때가 있다)', 벼락부자나 하루아침에 망한 사람도 모두 나름대로 극한 상황이 있었듯이 가난한 사람은 가난한 사람대로 부자는 부자대로 고민이 있다. 소위 말하는 '穷有穷愁, 富有富愁(가난한 사람, 부자 모두 나름대로 고민이 있다)' 는 불변의 진리다. 이 세상은 재미있는 면이 많다. 어떤 이는 '玉宇琼楼夸富贵, 竹篱茅舍爱自由(옥으로 된 대궐 같은 집에 살면서 부를 자랑하지만, 초가집에 살면서도 자유를 즐긴다)'하고, 또, 어떤 이는 '贵易友, 贵易妻(부자로서 친구도 바꾸고 아내도 바꾼다)'는 사람을 수치스럽다고 생각한다. 소위 말하는 '富贵不能淫, 贫贱不能移(부귀하다고 음탕해서는 안되고, 빈천하다고 기개를 잃어서는 안된다)'는 단지 사람들의 생각일 뿐이다. 실제로 정말 부자가 음탕하지 않고 빈천한 사람이 기개를 잃지 않기란 쉽지 않다.

苦尽甘来 (고진감래)

우리들은 자주 중국인은 어려움을 잘 이겨낸다고 하는 데, 이는 중국인의 인생 가치관과 깊은 관련이 있다. '富贵必从勤苦得, 男儿须读五年书(부는 반드시 어려운 가운데서 얻을 수 있고, 남아는 반드시 오 년 동안 열심히 공부를 해야 한다)' 에서는 부자가 되려면 반드시 열심히 공부해야 한다고 말하고 있다. '年轻饱经忧患, 老来不怕风霜(젊을 때 어려움을 겪으면 늙어서 풍상을 두려워하지 않는다)', '不吃苦中苦, 难得甛上甛(고생다운 고생을 해보지 못하면 달고 단 맛을 누릴 수 없다)'. 고난을 이기고 열심히 살려면 근면해야 한다. 이언 중에는 근검과 관련된 것들이 많다. 예를 들어 '勤俭好似针挑土, 浪费犹如浪淘沙(근검은 바늘로 흙을 뜨는 것 같고, 낭비는 파도가 모래를 씻어버리는 것 같다)', '勤耕苦做样样有, 好吃懒做样样无(부지런히 밭갈고 고되게 일하면 무엇이든 있고, 게으름 피우면 아무 것도 없다)', '勤是摇钱树, 俭是聚宝盆(근검은 화수분이다)', '勤勤俭俭粮满仓, 大手大脚仓底光(근검하면 창고에 곡식이 가득하고, 낭비하면 창고에 아무 것도 없다)'. 중국인의 의식 속에서 근검절약과 고생을 견뎌내며 일함은 높이 평가할 만한 훌륭한 덕목이다. 그래서 중국인 문화 속에서 송죽매(松·竹·梅)는 추위를 이기는 세 가지 친구라고 높이 칭송했다. 소나무는 강인한 인내심을 가지고 추위를 두려워하지 않고 사시사철 늘 푸르며, 청산에는 항상 소나무가 있다. 대나무는 고난 가운데에도 절개가 있고 겸허하며 강인한 생명력을 지니고 있어, '野火烧不尽, 春风吹又生(들불이 다 태울 수 없고 봄바람이 불면 또 태어난다)'이라 한다. 매화는 동지에 활짝 피고 추울수록 아름다움을 더해가며 그윽한 향기를 가지고 있다. 사람들은 '要学惊人艺, 须下苦功夫(남을 놀라게 할만한 기예를 공부하려면 힘든 노력을 해야 한다)', '寒门出孝子, 朱门出纨绔(어려운 가운데 효자가 나오고, 붉은 문에서 모자라는 자식이 나온다)', 이처럼 가난은 사람을 수양시키고 단련시킬 수 있다. 그래서, 이언에는 '笑脏笑拙不笑补, 笑馋笑懒不笑苦(더러워도 웃을 수 있고 멍청해도 웃을 수 있으나 옷을을 기워 입은 사람을 보고 사람을 비웃을 수는 없다. 게걸스럽거나 게으른 사람을 비웃을 수 있으나, 가난한 사람을 비웃을 수 없다)'라는 말이 있다.

宁为鸡口, 不为牛后 (닭의 대가리가 될 망정 소의 꼬리가 되지 않는다)

닭의 머리가 될 망정 소의 꼬리가 되지 않겠다는 말은 중국인의 인생 경험을 총괄했다. 닭은 소보다 작다. 그러나 소꼬리보다는 낫다. 이 말의 뜻은 작은 무리 가운데서 우두머리가 되어 권위가 있다면 큰 무리에서 남의 지시에 따라 행동하는 것보다 낫다. 누구든 자기가 인생의 주인이 되어 자유롭게 자기의 운명을 다스리며, 미래도 결정하길 바란다. 일단 남의 밑에 들어가면 부자유스럽고, '人在江湖, 身不由己(사람이 인간세상에 있으면 자유롭지 못하다)' 하다고 자주 개탄할 것이다. 이처럼 자유는 값진 것이다. 그리고 사람은 자유를 갈망한다. 일부 관리는 작은 지역을 유아독존할 수 있는 곳으로 만들어 제멋대로 행동한다. 그리고, 오히려 큰 기관에서 지시하는 명령을 듣지 않는 데, 전형적인 중국인의 정치판의 모습이다. 이청조(李清照)가 말한 것처럼 '生当为人杰, 死亦为鬼雄(이승에서는 사람들의 영웅이 되고 싶어하고, 죽어서는 귀신 중에서 영웅이 되고 싶어 한다)' 하다. 여기서 알 수 있듯이 사람들은 평범하길 원치 않고, 죽어서까지도 남의 부림을 당하고 싶어하지 않는다. 사람이나 귀신이나 모두 마찬가지인 것 같다.

宁向直中取,莫向曲中求 (정직함으로 얻는 것이 수단을 써서 얻는 것보다 낫다)

일 처리는 공명정대하게 해야 하고 술수를 부리지 말아야 한다. 이 말은 매우 이치에 맞는다. 부정적인 방법은 항상 성공할 수 없고, 한순간 성공할 지라도 결코 오래가지 않을 것이다. 공명정대한 사람이야 말로 결국은 사람들의 추모를 받을 수 있고, 부정하고 사악한 방법을 쓴 사람은 결국 남들이 버릴 것이다. '聪明反被聪明误(총명한 사람이 오히려 총명해서 우를 범한다)', '吃亏是福, 不贪便宜不上当(손해를 입는 것이 복이요, 만만한 것을 탐내지 않으면 속임수에 넘어가지 않는다)', 사실 정직하게 얻는 것이 부정하게 얻는 것보다 어렵다. 그러나 자기의 능력을 통해 얻은 것은 떳떳할 수 있지만, 구차하게 얻은 것은 그렇지 못하다. 그래서 아부해서 올라간 것은 지내기가 힘들고 언젠가는 밀려날 수 있다. 부정부패로 얻은 부정한 재물은 일단 적발되면 패가망신할 수 있고, 오래도록 오명을 남길 수 있다. 그러나 애석하게도 어떤 이들은 늘 선조의 가르침을 귀담아 듣지 않고, 이익 앞에 의를 저버린다. 혹은 이익 앞에서 혼미해져 버려 '宁向直中取, 莫向曲中求' 하라는 선조의 가르침을 망각해버린다. 그래서 결국에는 후회해도 소용이 없다.

山外青山楼外楼, 强中还有强中手 (산 밖에 다른 청산이 있고 누각 밖에 누각이

있고, 강자 중에 더 한 강자가 있다)

중국인들은 겸허하며 매사에 신중한 미덕을 가지고 있기 때문에, 함축과 수렴은 중국인이 추종하는 자질이다. '真人不露相, 露相不真人(도인은 얼굴을 드러내지 않고, 얼굴을 드러내면 도인이 아니다)', 그래서 천성적으로 겸허한 사람은 쉽게 자기의 본성이 드러내지 않고, 미국인처럼 자기를 잘 알리지도 못한다. 중국인은 설사 자기가 뛰어났다 할지라도 늘 자기보다 더 잘난 사람을 만난다. 그리고, 거만하지 않으며, 외유내강을 추구한다. '山外有山(산 밖에 다른 산이 있다)'은 사람은 높은 목표를 추구하고, 우물안 개구리가 되어서는 안된다고 권고하고 있다. '人外有人(강자 중에 또 강자가 있다)'은 사람은 경거망동하지 말고 항상 겸허하며 남의 장점을 배워야 한다고 말하고 있다. 그러나, 이해할 수 없는 것은 선조가 이런 말을 남겼지만, 언제부터인가 중국인들은 '世界上还有五分之二的人挣扎在水深火热之中(세계인구의 오분의 이가 깊은 물과 거센 불길에서 몸부림치고 있다)', '老子天下第一(노자는 천하의 제일이다)'라는 우월감이 저절로 생겼다. 하지만, 우리가 혼돈 속에서 눈을 뜨고, 바깥 세계는 다채롭다는 것을 발견하였을 때, 선조의 가르침이 떠올라 얼굴이 달아오르고 부끄러움이 극치에 달했다.

力微休负重,言轻莫劝人(힘이 없으면 무거운 것을 들지 말고, 말에 힘이 없으면 남을 가르치지 말아다)

이언에 '人贵有自知之明(사람귀하면 스스로를 아는 총명함이 있다)', '物以稀为贵(물건은 희소한 것이 비싸다)' 하다고 했다. 여기서 알 수 있듯이 스스로를 잘 아는 사람은 드물다. 이언에서는 자기가 능력이 안되면 하지 말라고 한다. '没有金刚钻, 别揽瓷器活(금강석이 없다면, 자기 가공 일을 받지 마라)',

‘不会拿钻, 别当石匠, 不回念经, 别当和尚(구멍 뚫는 기술이 없으면 석공 기술자가 되지 말고 독경을 못하면 중이 되지 마라)’, ‘有多大的本钱, 做多大的买卖(본전의 규모에 따라 장사하라)’, 자신의 능력 밖의 일은 모두 주제 넘는 욕심에 속한다. 중국인은 비교적 현실적인 사람이기 때문에 주제 넘는 욕심을 갖지 않는데 이는 좋은 점이 있다. 자기를 보호할 수 있는 선을 잘 알며, 화나 재난을 자초하지 않고, 무모한 희생을 감행하지 않는다. 그러나 남을 꺾기 힘들고, 정의롭게 직언을 할 수 없으며, 모험심이 부족하고 어려움에 부닺치면 뒤로 물러서 버리는 부작용도 있다. 당대에 대세를 이끌어줄 용감무쌍한 지도자가 필요할 때 겁쟁이들이 너무 많은 것을 발견하게 된다. 중국의 봉건 문화에서 제창한 ‘武死战, 文死谏(무사는 결사적으로 싸우고, 문인은 죽음을 각오하고 간언을 해야 한다)’은 전장의 영웅과 관가의 용사를 길러냈다. 그러나 전반적으로 살펴본다면 관건적인 상황에서 목숨을 걸고 간언한 사람은 흔치 않다. 대다수는 왕이 폭정을 하면, 왕에게 도움을 주거나 권세의 힘을 빌어 앞잡이 노릇을 하려 했다.

财多惹祸, 树大招风(재물이 많으면 화를 불러오고 나무가 크면 바람을 많이 맞는다)

‘재물을 거두어 모으거나 탐하거나 좋아하지 말라’ 이는 중국인의 전통사상이고 ‘钱财如粪土, 仁义值千金(재물은 똥과 같고, 인의는 천금과 같다)’, ‘金钱是万恶之源(돈은 모든 악의 근원이다)’이라고 했다. 그러나 중국 지식인들은 자신의 재능을 감추려 하지 않고, 일단 기회가 생기면 많은 사람들 앞에서 자랑하고자 했고 영예로 여긴다. 총명은 무형자산이며, 과거 시대에 사람들은 자신의 지식을 과거 시험장에서 펼쳐보였다. 그러나 가난한 서생은 ‘十年

寒窗无人问，一举成名天下知(십 년 동안 고생하며 공부해도 아무도 거들떠 보지 않다가, 한 번 유명해지면 천하가 다 알게 된다)'가 일생의 유일한 희망이었다. 그렇다면 명성은 무엇을 가져다주는가? 복 아니면 재앙을 가져다 줄 것이다. 중국 고대에는 글로 화를 초래하는 적이 있고 총명함이 오히려 총명해서 우를 범하는 적이 있다. 이럴 때 나무가 너무 크면 오히려 바람을 많이 맞는다는 느낌이 들게 될 것이다. 그래서 소동파 선생의 시에 '人人都说聪明好，我为聪明误一生。但愿生儿愚且鲁，无灾无难到公卿(사람은 모두 총명한 게 좋다고 하나 나는 총명으로 일생을 망쳤다. 오로지 자식을 어리석고 미련하게 낳아서 고관대작이 되는데 재난이 없기를 바란다)'라고 읊었다.

男不看西游，女不看红楼 (남자는 서유기를 보지 말고 여자는 홍루몽을 보지 마라)

중국인의 전통관념 속에서 남녀는 각자 다른 사회 역할과 지위가 있다. 따라서 사람들은 사회에서 행동의 제약을 받게 되고, 책들마다 여러 가지 사회적 규율이 기록되어 있다. 사람들의 관념 속에서 남자는 사내 대장부 이어야 한다. 그래서 어릴 적부터 뜻을 품고 공을 세우며, 이름을 널리 알려야 한다. 따라서, 사서오경을 읽어야 하고, 서유기 같은 심심풀이 기분전환용 책은 자기 발전을 위해 도움이 되지 않는다고 하여 읽을 수가 없었다. 여자의 이상은 숙녀가 되어, 앞으로 현모양처가 되고 남편의 사업과 가정을 위해 자신의 즐거움을 모두 희생하여야 함이 불변의 명제이었다. 홍루몽은 어떤 책인가? 주로 사랑얘기를 했고 가볍게 보면 사람의 마음을 요동치게 하고 정신을 빼놓을 수 있고, 깊게 보면 사람을 나쁘게 하고 음탕하고 도적질하게 한다. 따라서 여자들은 홍루몽을 읽을 수 없었다. 봉건 사회에는 많은 제약이 있었다. 이런 구속은 이언 형식으로 물려 내려왔고, 막강한 세력을 형성하였다. 이는 사람들의 행동을 규제하고 제약하며 중국 사회의 기본 모델이 되었다. 예를 들면, '男主外, 女主内(남자는 바깥주인이고, 여자는 안주인이다)'는 일반 가정 모델이며 현재도 대부분 이 모습을 유지하고 있다. 그 외에도 '男人无妇财无主, 女人无夫身无主(남자는 아내가 없으면 재물이 임자가 없으며, 여자는 남편이 없으면 몸이 임자가 없다)'라고 했다. 예를 들어 '男人三十一枝花, 女人三十老人家(남자는 삼 십이 되면 꽃과 같고 여자는 삼십이 되면 늙은이이다)'는 같은 나이 삼십에 남자는 매력이 넘치지만 여자는 이미 아줌마가 되어 버리고 더 이상 자기를 쫓아다니는 사람이 없다. 그래서 중국인은 혼인할 때 기본적으로 남자가 나이가 많고, 여자는 나이가 적다. 남자가 여자 보다 열 살 정도 나이가 많아도 이상하지 않고, 그 반대가 되면 많은 구설수에 오른다. 남존여비 사상은 중국 사회의 특성 중의 하나이다. '头发长, 见识短(머리가 길면 식견이 짧다)' 은 여자를 경시하는 이언이다. '男人不刚, 不如糟糠(남자가 굳세지 못하면 아녀자만 못하다)'은 남자를 격려하는 말이다. '男人大丈夫, 流血不流泪(남자 대장부는 피를 흘릴지언정 눈물을 흘려서는 안된다)'는 남자를 독려한 것이고, '母鸡司晨, 骒马架辕(암탉이 아침에 울고 암말이 끌채에 걸리다)'은 여자를 폄하한 것이다. 중국은 남존여비사상이 존재하는 사회다. 그래서 사람들은 '为人莫作妇人身, 百年苦乐由他人(사람이 되려거든 여자가 되지 마라, 인생의 즐거움은 모두 남자에 있다)'이라고 감회를 이야기했다.

天时不如地利, 地利不如人和 (시기는 지리적인 조건보다 못하고, 지리적인 조건은 사람과 화목함만 못하다)

천시, 지리, 인화는 사람이 성공하기 위한 세 가지 전제 조건이다. 그중 인화가 제일 으뜸이요, 지리, 천시가 그 다음이다. 삼국 때 유비는 열세인 상황에도 불구하고 인화에 힘입어 천하의 삼분의 일을 얻었다. 소위 말하는 인화는 내부 분열 없이 단결하고 응집력이 좋은 것을 가리킨다. 그래서 모든 사람의 적극성을 고무시킬 수 있고, 모두를 이끌고 험난한 가시밭길을 헤쳐 나갈 수 있는 지도자가 있다면 그 누구도 막을 수 없다. 위로는 한 나라의 임금으로서, 아래로는 한 집안의 가장으로서 인화의 중요성을 인식한 사람만이 성공의 기쁨을 알 수 있다. 그렇지 않으면 실패의 쓴 맛을 보게 될 것이다.

车到山前必有路, 船到桥头自然直(수레가 산 어귀에 이르면 반드시 길이 있고, 배가 다리 앞에 이르면 자연히 곧게 된다)

하늘이 무너질까 걱정하는 기나라 사람은 소수고, 대다수 중국인은 현생활이나 미래에 대해 낙관적이다. 그래서 중국인은 '没有过不去的火焰山(넘지 못하는 화염산은 없다)', '世上无难事, 只怕有心人(마음만 있으면 세상에 두려운 일이 없다)', '天无绝人之路(하늘이 무너져도 솟아날 구멍이 있다)'라고 했다. 설사 화염이 눈썹을 태울지라도 차분한 마음을 가지고 태연자약해야 한다. 이런 행동은 사람을 감복하게 만들 수도 있지만 때로는 사람을 괴롭게 할 수도 있다. 그래서 때로 중국인은 진취적이지 못하다. 어떤 일에도 당황하지 않고 맹목적인 낙관을 하며 위기의식이나 두려움이 없다면, 치열한 국제경쟁 가운데서 설자리가 없어진다. 아마도 '虱子多不咬, 债多不愁(이가 많으면 물지 않고, 빚이 많으면 걱정하지 않는다)'인 것 같다. 중국인은 많은 어려움을 겪고서 모든 일에 비교적 담담해졌다. '曾经沧海难为水(일찍이 창해는 홍수가 되지 않았다)'처럼 풍랑을 거치면서 자연히 모진 시련을 겪게 되고 결국에는 위기가 닥쳐와도 두려워하지 않는다. '车到山前必有路, 船到桥头自然

直(수레가 산 앞에 이르면 반드시 길이 있고, 배가 다리 앞에 이르면 건너 갈 수 있다)'은 자연에 순응하고 어려운 가운데도 안정을 찾으려는 인생의 자세가 엿보인다.이와 유사한 이언 '山高自有客行路, 水深自有渡船人(산이 높아도 지나가는 행인이 가는 길이 있고 물이 깊어도 사공이 있다)'도 같은 맥락에서 볼 수 있다. '天下本无事, 庸人自扰之(천하에 본디 일이 없는데 보통사람은 쓸데없는 걱정을 한다)' 이런 이언은 다른 각도에서 중국인의 생활자세를 반영해준다. 여기에서 용인(庸人)은 범인(凡人)을 가리키며, 고명한 사람이 아니다. 그러나 이런 말을 한 사람은 용인이 아니라, 고명한 사람일 것이다. 고견을 가진 사람 중에는 이는 현실을 도피하려는 타조정책의 일환이 아닌가라고 말하기도 한다. 이처럼 사람마다 다른 견해를 가지고 있다.

三. 생산 경험의 총괄

몇천 년 동안 생산 과정 속에서 중국인은 소중한 경험을 많이 쌓았다. 중국인은 과거 지금 모두 농업을 근본으로 한 국가이기 때문에 생산 경험은 농업생산과 깊은 관계를 가지고 있다. 물론 여기서 말하는 농업이란 대규모의 농업이다. 그리고 과수 재배, 어업, 수렵, 낙농업을 모두 포함한다. 이런 경험들은 이언 형식으로 자자손손 전해내려 왔으며 사람들의 일상생활 가운데서 중요한 참고 자료가 되었다. 이런 각도에서 본다면 중국어 가운데 생산과 관련된 이언은 중국인의 지식 데이터 베이스로 풍부한 자원 가치를 지니고 있고, 자손 만대 연구해 볼 만한 가치가 있다. 생산과 관련된 이언은 상당히 중요한 비중을 차지하기 때문에 과거의 학자들은 결코 소홀히 할 수 없었다. 그러나

이 책에서는 중국어 숙어 중에서 인문정신을 중점적으로 연구했다. 그래서 이번 절에서 간단히 소개하려고 한다.

생산 경험과 관련된 숙어는 대체로 세 가지로 나누어 볼 수 있다. 첫째는 중국의 농사 절기와 관련된 역법을 주제로 한 것이다. 둘째는 농사와 관련된 것으로 비료, 파종에서 논 관리에 이르기까지 여러 가지 내용을 담고 있다. 셋째는 기상과 관련된 것으로 농사는 날씨 영향을 많이 받기 때문에, 날씨 변화에 주의를 기울여야 한다.

头伏萝卜二伏菜, 过了三伏种荞麦(초복에는 무우를, 중복에는 야채, 말복이 지난 후에는 메밀을 심어라)

봄·여름·가을·겨울, 일년은 사계절로 나뉜다. 일찍이 춘추 전국시대부터 해가 남과 북쪽으로 움직이는 개념을 이해하게 되었다. 그래서, 이후에 사람들은 일월운행에 따라 변화하는 위치를 날씨와 식물의 성장 변화 등 자연 현상과 서로 연계시켜 생각했다. 일년을 24등분하고 매 등분한 시기마다 이름을 지었다. 입춘·우수·경칩·춘분·청명·곡우·입하·소만·망종·하지·소서·대서·입추·처서·백로·추분·한로·상강·입동·소설·대설·동지·소한·대한(立春 雨水 惊蛰 春分 清明 谷雨 立夏 小满 芒种 夏至 小暑 大暑 立秋 处暑 白露 秋分 寒露 霜降 立冬 小雪 大雪 冬至 小寒 大寒)이 사람들이 말하는 24절기다. (실제로는 24절기에 12중기를 추가해서 말해야 한다)지구가 태양 주위를 돌며 공전할 때 24시간 다른 위치다. 이름에서 우리는 일 년 동안 태양이 위치에 따라 자연 상태가 어떨지 알 수 있다. 노동을 하는 농민들은 24절기를 가지고 농사를 짓는다. 일 년 중 二分, 二至는 사계의 분계선이다. 그중 가장 더운 날은 복날이라고 하는데 하지부터 세 번째 庚日까지를 초복이라고 하고 네 번째 庚日을 중복, 입추 후에 첫 번째 庚日을 말복이라고 한다. 동지로부터 매 9일을 하나의 九로 하고 모두 아홉 개의 九가 있어서 81일이 있다, 동지에서 19일이 되는 날부터 27일까지는 일 년 중에서 가장 추울 때고 三九일이라고 부른다.

민간에 구전되는 24절기 노래는 이언으로 되어 있다. 다음 이언에서 절기와 천시의 변화, 농업생산과의 관계를 알 수 있다.

打春阳气转 (봄부터는 양기가 돈다), 雨水湮河边 (우수에는 호숫가에 아지랑이가 피어오른다), 惊蛰乌鸦叫 (경칩에는 까마귀가 운다),
春分地皮干 (춘분에는 지표면이 건조하다), 清明忙种麦(청명에는 바삐 보리를 심는다), 谷雨种大田 (곡우에는 밭을 간다),
立夏鹅毛住 (입하에는 거위 털이 가라앉는다), 小满乌来全 (소만에는 까마귀가 날아온다), 芒种五月节(망종은 오월절기이다),
夏至不纳棉 (하지에는 목화를 거둘 수 없다), 小暑不算热 (소서에는 더운 편은 아니다), 大暑三伏天 (대서는 삼복 날이다),
立秋忙打甸 (입추에는 바삐 쳐준다), 处暑动刀镰 (처서에는 낫을 사용한다), 白露烟上架 (백로에는 도루에 연기가 나다),
秋分不生田 (추분에 논에서 자라는 것이 없다), 寒露不算冷(한로는 추운 편이 아니다), 霜降变了天 (상강에는 날씨가 변한다),
立冬交十月 (입동이 되면 시월이 간다), 冬至不行船 (동지에는 배가 다니지 않는다), 小雪封了地 (소설에는 땅이 얼기 시작한다),
大雪地封严 (대설에는 땅이 꽁꽁 얼어붙는다), 小寒大寒又一年 (소한 대한이 가면 또 일년이 온다)

다음은 절기와 관련된 이언이다

惊蛰不浸谷, 大暑禾不热。(경칩에는 계곡 물이 불어나지 않고, 대서에는 볍씨가 뜨거워지지 않는다)

春分有雨家家忙, 先种瓜豆后插秧。(춘분에는 비가 내리어 집집마다 바쁘다. 그래서 우선은 오이와 콩을 심고 모내기 한다)

秋分白云多, 处处好收禾。(추분에는 흰 구름이 많다. 도처에서 벼를 거두기 좋다)

秋分不收葱, 霜降必定空。(추분에 파를 거두지 않으면 상강 때는 속이 비어 있다)

夏至东风飘, 麦子顺水捞。(하지에는 동풍이 불고, 보리는 물에 따라 건진다)

春分麦起身, 一刻值千金。(춘분에는 보리가 고개를 들어 일각이 천금과 같다)

夏至不刨蒜, 蒜在泥里烂。(하지에 마늘을 캐지 않으면 마늘이 진흙 속에서 썩는다)

상술한 내용은 농업 생산과 관련된 이언이며, 다음은 농업뿐만 아니라 낚시나 찻잎을 따고, 누에를 치거나 나무를 심는 내용을 담고 있다.

春钓边, 秋钓滩, 夏季钓中间。(봄에는 가장자리에서 낚시를 하고, 가을에는 모래사장에서, 여름에는 중간 위치에서 낚시를 한다)

春茶苦, 夏茶涩, 要好喝, 秋露白。(봄에는 찻잎이 쓰고 여름에는 떫고 맛있게 마시려면 추로 때가 좋다)

谷雨前茶，沁人齿牙。(곡우전의 차는 사람의 이까지 맛이 배어든다)

清明前，好孵蛋。(청명 앞에 알을 까기 좋다)

春蚕不吃小满叶，夏蚕不吃小暑叶。(춘잠은 소만의 잎을 먹지 않고, 하잠은 소서 때 잎을 먹지 않는다)

播种不过清明关，移栽不过立夏关。(파종은 청명을 넘기지 말고, 옮겨 심으려거든 입하를 넘기지 말아야 한다)

농민은 농사 짓는 시기를 잘 알아야 한다. 농사군 학문의 절반 이상은 여기서 나온 것이다.

庄稼一枝花 全凭肥当家(농작물이 잘 되려면 비료에 달려있다)

적절한 시기에 파종·관리·수확·저장하는 것 이외에도 토양의 성질을 이해하고 비료의 효과, 농작물 성장과정, 토지와 비료, 물, 저장 관계도 농부가 필수적으로 알고 있어야한다. 이언은 이를 위한 가장 좋은 교과서다.

地向阳，果树强 (땅이 해를 향하면 과일이 좋다)

种桃宜密，种李宜稀 (복숭아는 촘촘히 심어야 하고, 오얏나무는 성기게 심어야 한다)

养猪养羊，有肉有粮 (돼지와 양을 같이 기르면, 고기와 양식이 있다)

沙里多栽杨，泥里多栽柳 (모래와 진흙 속에 버드나무를 많이 심어라)

山上多栽树，等于修水库，雨多它能吞，雨少它能吐 (산에 나무가 많으면 저수지 쌓은 것과 같은 효과가 있어 비가 많이 내리면 흡수할 수 있고 비가 적으면 물을 대는 역할을 할 수도 있다)

种园不用问, 全靠水和粪 (나무를 심을 때 두말할 나위 없이 가장 중요한 것은 물과 거름이다)

要想吃蔬菜, 浇水要勤快 (채소를 먹고 싶으면 부지런히 물을 주어야한다)

要想害虫少, 除尽田边草 (해충을 없애려면 논 주위의 풀을 뽑아야 한다)

秋后不深耕, 来年虫子生 (가을이 온 후에 밭이 깊지 않으면 다음 해에 벌레가 많아진다)

谷除深麦除浅, 豆子露着半个脸 (벼는 계단을 깊게, 보리는 얕게, 콩은 절반 드러나게 한다)

水是庄稼血, 肥是庄稼粮 (물은 농가의 피요. 비료는 농가의 양식이다)

多收少收在肥, 有收无收在水 (수확의 양은 비료에 달렸고, 수확 여부는 물에 달렸다)

要想豌豆肥, 多施草木灰 (완두콩을 잘 키우려면 초목 태운 것을 많이 주어라)

种子节节选, 产量节节高 (씨는 잘 선택하면 생산량이 높아진다)

冷土换热土, 一亩顶两亩 (차가운 흙은 뜨거운 흙으로 바꾸면, 한 마지기가 두 마지기 몫을 한다)

积肥如积粮, 粮在肥中藏 (비료를 쌓아두면 곡식을 쌓아 두는 것과 같다, 곡식은 비료 속에 저장한다)

이런 이언은 대단히 많다. 여기에서 열거하고 있는 경험은 농업과학이 아직 보급되니 않은 오늘날까지도 여전히 농업생산을 위한 실용교재가 되고 있다. 여기에서는 토양과 비료, 수분, 종자, 일조량, 논 관리, 합리적 식물 보관 지식을 배울 수 있다.

不刮春风, 难得秋雨(봄바람이 불지 않으면 가을비가 많지 않다)

기상학은 농업사회에서 중요한 역할을 한다. 따라서 정확한 날씨 변화 예측은 중요한 일이다. 오랜 경험을 통해 사람들은 풍부한 경험을 쌓게 되었고 기상 변화와 관련된 규칙을 발견하게 되었다. 사람들은 자연현상에 따라 날씨의 변화를 예측했으나 여전히 정확도는 떨어졌다. 중국어 이언 중에는 기상과 관련된 것이 많이 있다. 이런 이언들은 매우 흥미있고, 더욱이 재미있는 것은 독자들이 이런 경험들을 한 번 시도해보아도 괜찮다는 것이다. 물론 날씨는 100%의 정확도를 기하기란 어렵다. 설사 기상 위성에서 보내온 구름 사진이 있다 할지라도 정확한 날씨 예측은 어렵다. 다음은 이런 내용을 담고 있는 이언이다.

早霞不出门, 晚霞行千里 (아침 노을이 있을 때는 문 밖을 나가지 말고, 저녁놀이 있을 때는 마음대로 돌아다녀도 된다)

蚂蚁搬家蛇过道, 大雨不久要来到 (개미가 집을 옮기고, 뱀이 길거리를 돌아다니면, 곧 비가 내린다는 징조다)

天上起了鱼鳞斑, 大雨不久要翻山 (하늘에 비늘 모양의 반점이 나타나면 큰 비가 오래지 않아 산을 넘는다)

天上沟沟云, 地上雨淋淋 (하늘에 도랑모양의 구름이 많으면 땅은 비로 젖는다)

虹高日头低, 大雨流满溪; 虹低日头高, 大河无水挑 (무지개가 높이 뜨고 해가 낮으면 비가 많이 내리고, 무지개가 낮고 태양이 높으면 강에 물이 마른다)

天上朵朵云, 下午晒死人 (하늘에 뭉게구름이 있으면 오후에 해가 심히 쪼인다)

闪烁星光, 雨大风狂 (별 빛이 밝으면 비가 많이 내리고 바람이 많이 분다)

黑猪过河, 大雨滂沱 (흑돼지가 강을 건너면 비가 퍼붓는다)

太阳颜色黄, 明日大风狂 (태양빛이 누르면, 다음날 바람이 세게 분다)

日晕三更雨, 月晕午时风 (해무리가 있으면 삼경에 비가 내리고, 달무리가 있으면 오시에 바람이 분다)

상술한 이언은 단기적인 기상 예측이므로 일월성운과 동물의 변화를 가지고 예측해야 한다. 다음에 나오는 이언은 장기적인 예측을 한 것이다. 이는 时令과 절기의 상호 관계를 고려한 것이다.

立春落雨到清明, 一日落雨一日晴。(입춘에 비가 내려 청명까지 가면, 하루는 비가 내리고 하루는 맑다)

头九二九下了雪 , 头伏二伏雨不缺。(일구, 이구에 비가 내리면 초복, 중복에 비가 부족하지 않다)

小暑锄头火, 来年雨水多。(소서에 호미가 뜨거우면 다음해에 비가 많이 내린다)

夏天有奇热, 冬必有奇寒。(여름이 유별나게 더우면 겨울은 반드시 유별나게 춥다)

八月十五云遮月, 正月十五雪打灯。(한 가위에 구름이 달을 가리면 정월 십 오일에 눈이 내린다)

重阳无雨看三十, 十三无雨一冬干。(중양절에 비가 없으면 30일을 보라, 십삼일에 비가 없으면 겨우내 건조하다)

상기한 기상과 관련된 이언은 지역성을 담고 있기 때문에 보편적인 현상으로 간주할 수 없다. 하지만, 어쨌든 이 모두 선조가 우리에게 물려준 중요한 경험들이며, 선조의 지혜를 엿볼 수 있다. 과거 긴 세월 속에서 이런 이언은 중요한 역할을 하였다. 그래서 후손들이 이 점에 자신감과 자긍심을 갖게 하였다. 나는 앞으로도 이런 경험들이 자자손손 복되게 할 것이고 지속적으로 한층 더 발전할 것이라 믿는다.

제6장

중국어 수수께끼속담(ⓒ歇后语)과 중국식 유머

유머는 외래어이고 영어로는 'humour' 이며, '재미있고 우스우며 의미심장하다'는 뜻으로중국어의 '诙谐, 俏皮, 风趣, 好笑' 가 대체로 '유머'의 뜻과 가깝다.유머는 智者들의 눈에 비친 세계이다. 온 세상 만물이 지자의 눈에는 유머의 성분이 있는 것들로 보인다. 즐거움이건 고통이건, 성공이건 실패이건, 엄숙함이건 해학이건, 관대함이건 질투이건, 칭송이건 풍자이건을 막론하고 모든 감정이 지자의 눈에는 유머를 빚어내는 재료가 된다. 각 민족마다 자신의 유머형식과 독특한 유머거리를 가지고 있다. 여러 나라에서 온 학생들을 가르치는 교사들은 종종 이런 경험을 할 것이다. 문화적인 배경이 다른 사람과 이야기를 할 때 줄거리는 간단하지만 이야기의 결말 부분에 반전 등 묘미가 있는 부분이 있으면, 어떤 이는 크게 소리 내어 웃고 , 어떤 이는 고개를 끄덕이며 미소를 짓고, 어떤 이는 고개만 저으며 아무런 말을 하지 않거나 다른 사람이 웃는 것을 이상하게 쳐다보고, 혹 어떤 이는 눈썹을 찌푸리며 골똘히 생각만 한다. 어떤 이는 고개만 저으며 아무런 말을 하지 않거나 다른 사람이 웃는 것을 이상하게 쳐다보고, 사실 이야기 줄거리를 다들 이해는 하지만, 어떤 이는 재미있어서 크게 소리 내어 웃을 것이고, 어떤 이는 묘미를 알고 고개를 끄덕이며 이야기 유머 속의 지혜를 감상하고, 어떤 이는 전혀 핵심에 접근을 못하여 아무런 웃음거리가 없다고 느낄 것이다. 그리고 또 어떤 이는 그 속에 담고 있는 이치를 이리저리 모색하고 있을 것이다. 이러한 경험은 다른 문화적 배경은 다른 민족적 성격을 빚어내어 다른 유머감을 형성함을 보여준다. 구홍명(辜鸿铭)은 «중국인의 정신»의 서언에서 중국인은 심오함, 폭넓음·단순함·예민함의 네 가지 특징을 가지고 있다고 여겼다. 사실 중국인들은 순박함 속에 유머가 부족하다. 유머는 지혜로움이 겉으로 드러나는 것이다. 지혜가 충만한 국가가 유머감이 없다면 그것은 상상할 수 없는 일이다. 중국어는 중국 문화를 바탕으로 형성되었고 장기간의 발전과정 속에서 수수께끼속담이라는 언어형식이 생성되었음은 결코 우연이 아니다. 그렇다고 해서 모든 언어 속에 수수께끼속담과 같은 언어의 형식이 존재하는 것은 아니다. 심지어 어떤 이는 수수께끼속담은 중국어 특유의 부분이라고 한다(张清常, 1985, «歇后语例释»序). 이런 언어 형식의 생성과 대량 증가는 중국인의 기호와 관계가 있다. 이번 장에서는 주로 중국어 중에서 수수께끼속담과 중국식 유머와의 관계를 논하고자 한다.

수수께끼속담('歇后语')은 여러 가지 다른 명칭이 있다. 예를 들면 '축각어(缩脚语)·비해어(譬解语)·해후어(解后语)·초피화(俏皮话)·해학어(谐谑语)' 등이다. 이는 여러 가지 각도에서 명명한 것이다. '축각어'와 수수께끼속담의 뜻은 같은 점이 있는데 후반부를 생략할 수 있는 특징이 있다. '비해어'와 '해우어'는 전후반부의 연결에 착안하였는데, 전반부에는 비유를 하고 후반부에는 전반부에 대해서 해석을 했다. '초피화'와 '해학어'는 수수께끼속담의 내용적인 면에 착안하였는데 수수께끼속담 특유의 유머를 가리킨다 하겠다. 우리는 여기서 주로 수수께끼속담의 이런 특징에 대해 논하려 한다. 수수께끼속담의 형성과 발전은 중국인의 수수께끼 애호의 심리와 밀접한 연관성이 있고, 중국어의 표현방식은 한자가 표의 문자인 점과 깊은 관련이 있다.

제 1절 수수께끼속담과 수수께끼 - 수수께끼의 심리

중국인들은 수수께끼 풀이를 좋아하여 중국어에는 많은 수수께끼가 있는데, 새롭고 신기하고 정교하고 적절하며 익살스러운 것들을 한데 모아놓았다. 그래서 수수께끼를 중국인의 총기와 지혜의 결정체라고 한다. 수수께끼 문제와 답의 관계는 다양하다. 그리고, 수수께끼를 만드는 사람은 종류를 다양성을 추구하려 했기 때문에, 워낙 복잡해서 심지어는 하나의 단독적 학문으로 자리를 잡기에 충분하다. 수수께끼는 언어와 현실 속의 각종관계로 하나의 매듭을 지어놓은 것이고 수수께끼의 답을 찾는 사람은 이 매듭을 풀어야만 문제의 답을 얻을 수 있다. 예를 들면,

人面不知何处去 (사람 얼굴이 어디 갔는지 모르겠다), (자주 사용하는 이음절어로 답하시오)

답: 丢脸 (망신하다)

문제는 한 구절의 시이지만 답은 하나의 단어다. 이 두 개는 서로 밀접한 관계를 가지고 있다. '人面'은 '脸'이다. '不知何处去' 는 '어디로 갔는지 모른다' 는 의미이며 또한 '잃어버렸다'는 뜻이다. '脸丢了'는 순서를 바꿔서 '丢脸'이라고 할 수도 있다. 사실 '丢脸'은 '脸丢了'의미다. '做了不光彩的事觉得脸上无光'(명예롭지 못한 일을 해서 얼굴을 들 낯이 없다)의 뜻과 같다.

> 拖欠公款不还 (공금을 연체하면서 갚지 않는다), (홍루몽 인물 중 하나를 맞추시오) 답: 赖大家的

여기서도 문제와 답의 관계가 매우 복잡하다. '公款'은 모두의 재산이다. '拖欠不还'은 돈 줄 것을 미루고 갚지 않는 것이다. '赖'만으로도 말할 수 있다. 공금을 갚지 않는 것은 모두의 돈을 빌리고도 발뺌하는 것이다. 이는 술어와 목적어(述宾) 구조다. 구조적인 측면에서는 '赖/大家的' 이다. 그리고 홍루몽의 인물에서 본다면 '赖大家的'가 있으나, 구조적인 면에서 본다면 '赖大/家的' 이고, 그 뜻은 큰 힘이 되는 부인이라는 뜻이다. 다양한 유추는 수수께끼의 묘미이고 사람들은 이런 재미를 유머라고 한다.

수수께끼와 비슷한 것은 수수께끼속담 역시 두 부분으로 구성되는데 전반부는 문제고 후반부는 답이다. 수수께끼속담 문제와 답을 연결시킨 것도 여러 가지 유형이 있다. 그러나 수수께끼에 비해 훨씬 덜 복잡하다. 수수께끼는 복잡할수록 좋지만 수수께끼속담은 간단 명료할수록 좋다. 수수께끼속담 문제와 답의 연결은 일반적으로 그다지 복잡하지 않다. 너무 복잡해서 이해가 되지 않는다면 의사소통이 될 수 없기 때문이다. 예를 들면,

豆腐掉到灰里边(두부가 재 있는 데로 떨어지다) - 吹不得, 打不得 (불어 날려 보낼 수도 없고 때릴 수도 없다)

腊月里穿裙子(섣달에 치마를 입다) - 美丽动(冻)人(아름다워 사람을 감동시킨다/얼게 한다)

大水冲了龙王庙(물난리가 용왕의 사당을 들이치다) - 自家人不认自家人(자기 집안 식구를 못 알아본다)

泥菩萨过河(진흙 보살이 강을 건너다) - 自身难保 (자기 몸도 추스리기 어렵다)

搭戲台卖螃蟹(무대 만들고 게 팔다) - 买卖不大, 架子倒不小 (장사는 보잘/것 없으면서 허울만 좋다)

骑毛驴看唱本(당나귀를 타고 노래책을 보다) - 走着瞧 (가면서 본다 → 두고 보자)

이런 수수께끼속담 문제부분은 사람들에게 구체적인 이미지 형상을 준다. 그러나 결코 화자가 말하려는 중점이 아니다. 화자가 말하려고 하는 것은 수수께끼속담 답에 있다. 다시 말해 그가 말하려고 하는 것은 뒷부분에 있다. 단지 화자가 직접적으로 말하지 않았을 뿐이다. 먼저 어떤 비유를 하면 사람들은 비유와 수수께끼속담 관계를 생각해서 어떤 답을 연상한다. 그래서 표현효과를 얻을 수 있다. 물론 수수께끼속담 문제와 답은 적절한 관계가 있어야 한다. 이래야만 듣는 사람이 절묘하다고 느끼게 된다. 그 외에도 수수께끼속담 문제와 답은 반드시 풍자하는 내용을 담고 있어야 한다. 그러면 들은 사람이 나중에 회상했을 때 그 묘미를 되새길 수 있다. 일부 자주 쓰는 수수께끼속담은 사람들이 답을 알기 때문에 생략한다.

飞蛾扑火(나방이 불로 날아들다) - 自取灭亡(스스로 화를 자초하다)

竹篮打水,水中捞月(대바구니로 물을 긷고, 물 속에서 달을 건지다) - 一场空(일이 수포로 돌아가다)

黄鼠狼给鸡拜年(족제비가 닭에게 새해 인사를 하다) - 没安好心(착한 마음을 갖지 않다)

仗二和尚(1장 2척의 중의 머리는 도저히 만져볼 수 없다) - 摸不找头脑(머리를 만질 수 없다→ 도무지 감을 잡을 수 없다)

武大郎开店(무대가 가게를 열다) - 比自己高的别来(자기 보다 키 큰 사람은 오지 마라)-수호전에 나오는 인물로 지지리도 못나고 키 작은 武大가 가게를 열어 점원을 들일 때 자기만 못한 사람을 고용함을 비유함.

豬八戒照鏡子(저팔계가 거울로 자기얼굴을 비추다) - 里外不是人 (안이나 밖 모두 사람이 아니다 → 어디서든 호평을 받지 못하고 비판만 받는다)

그밖에 수수께끼속담 문제와 답을 함께 말하는 자체 주석 형식의 속담이 있다. 예를 들면,

瞎子点灯(白费蜡) (장님이 등을 켜다 - 초를 헛되이 쓰다 → 쓸데 없다)

芝麻开花(节节高) (참깨에 꽃이 피다- 마디마다 높다 → 높은 절개)

兔子尾巴(长不了) (토끼의 꼬리 - 길 수가 없다 → 오래 못 간다)

打破沙锅(问到底) (질냄비를 깨뜨리다 - 잔금이 바닥에까지 간다 → 끝까지 캐묻다)

火烧眉毛(顾眼前) (불이 눈썹을 태우다 - 눈앞의 이익만 추구한다)

新媳妇上轿(头一回) (새 신부가 가마에 올라탄다 - 처음)

瓜子虽小是人仁心 (호박씨 비록 작지만 살이다)

竹篮打水(一场空) (대바구니로 물을 긷다 - 헛수고로 돌아가다)

泥牛入海(无消息)(진흙 소 바다에 들어간 격 - 함흥차사)

三十六计(走为上) (36계 - 줄행랑이 상책)

老虎屁股(摸不得) (호랑이 엉덩이 - 만질 수 없다)

그리고 이중구조의 수수께끼속담 문제와 답으로 이루어진 자체 주석 형식의 이언도 있다. 예를 들면,

爹死娘嫁人,各人顾各人 (남편이 죽자 부인이 개가를 한다, 각자 자기 살 궁리 한다)

哑巴吃黄连, 有苦也难言 (벙어리가 깽깽이 풀을 먹다, 괴로워도 말할 수 없다)

和尚打伞,无法无天 (스님이 우산 받기, 법도 없고 하늘도 없다 → 무법천지)

老牛追免子, 有劲使不上 (늙은 소가 토끼를 쫓기, 힘이 있어도 쓸 수 없다)

千里送鹅毛,礼轻情意重 (천리 밖의 아주 먼 곳에서 거위의 털을 선사한다, 선물은 보잘 것 없으나 정은 두텁다)

老鼠跳在糠箩里,一场欢喜一场空 (쥐가 겨광주리 위에 뛰어오르기, 기쁘기는 했지만 허망하다)

司马昭之心,路人皆知 (사마소의 야심, 행인 모두가 다 안다 → 야심이 훤히 드러나 누구나 다 안다)

답을 생략한 수수께끼속담, 자체 주석 형식의 속담이나 격언으로 만들어진

수수께끼속담이 가장 많이 쓰인다. 그러나 가장 보편적인 방법은 화자가 먼저 수수께끼속담 문제를 말해서 듣는 사람의 주의를 끌고, 약간 뜸을 들인 다음 청중이 반응이 없을 때 답을 얘기해주는 것이다. 이것이 답을 맞추는 과정이고, 이는 수수께끼속담 언어 표현 방식의 매력을 한층 더 돋보이게 한다. 그리고 화자가 수수께끼속담 답을 말했을 때, 듣는 사람은 문제와 답과의 관계를 곧 이해해야 한다. 그렇지 않으면 수수께끼속담이 아니라 수수께끼다. 수수께끼속담의 수수께끼 같은 표현방식은 언어 소통을 훨씬 더 생동감이 있고 변화가 풍부하게 할 수 있다. 왜냐하면 여기에는 소통자의 지혜가 담겨있어서 화자는 의도하는 바가 있고 청자는 깨닫는 마음이 있어서 쌍방 모두가 유머러스한 분위기에서 지혜를 나눌 수 있고, 사람 마음이 확 트이고 즐겁게 한다. 중국인들이 수수께끼를 푸는 재능이 일상생활 중에서 발전되고, 수수께끼를 푸는 심리는 일상 의사소통 중 만족을 느낄 수 있으니 그야말로 일거양득이다. 중국에는 문자유희 전통이 있다. 중국의 '등롱수수께끼 맞히기('猜灯谜')' 게임은 일종의 문자유희이고 중국인의 생활 속에 이미 널리 보급되어 있다. 수수께끼가 고상한지 아니면 통속적인지의 차이는 있지만, 지식인들은 고상한 것을 좋아하고 일반 대중은 통속적인 것을 좋아한다. 수수께끼속담은 일반 대중이 즐기는 언어형식이다. 그래서 수수께끼속담은 일반적으로 매우 평이하여 쉽게 이해된다. 중국인은 평이한 언어로 표현된 것을 더 잘 이해한다. 그러나 다른 문화 배경을 가지고 있는 외국인들은 이런 평이한 것들이 가장 이해하기 어려운 부분이다.

수수께끼와 비교해 봤을 때 수수께끼속담은 덜 정교하고, 전환이 덜 복합적이지만 화자와 청자의 표현 심리나 의사 소통 과정은 수수께끼 풀기와 유사하다. 이처럼, 수수께끼속담은 수수께끼와 상호 연관성이 있기 때문에 수수께끼속담이 생성 발전할 수 있는 중요한 터전이 되었다.

수수께끼는 내용 면에서 본다면, 인명·지명 맞히기 수수께끼가 있고, 사물 맞히기, 단어맞히기도 있다. 그 외에도 상식 맞히기 등 다양하다. 예를 들면,

문제: 晒(하나의 한자 맞히기)

답: 夕 (해가 지면 저녁이 되기 때문에 夕, 日+西)

문제: 古屋 (현대 작가 이름 맞히기)

답: 老舍(屋은 房舍다. 줄이면 舍다. 따라서 古屋은 老舍다)

문제: 昔称蜀郡(외국 지명 맞히기)

답: 古巴(쿠바) 昔은 과거이며 다시 말해 古代를 말한다. 蜀郡은 고대에 巴蜀이라 불렀다. 줄여서 巴다. 古와 巴가 합쳐지면, 아메리카 대륙에 있는 쿠바가 된다.

문제: 赤壁之战(음식 이름 맞히기)

답: 火烧 적벽대전은 삼국 시대의 전투를 말하며 오나라와 촉나라가 연합하여 불(火)로 조조의 배를 태웠다(烧). 따라서 음식이름 '火烧'가 만들어 진다.

문제: 不要紧,不要紧(한 단어로 된 词牌이름 맞히기)

답: '不要紧'은 '조급해 하지 마라'는 뜻이다. '不要紧'을 이어서 소리를 내면 '소리마다 천천히 하라'는 뜻 즉 '声声慢'이 되는 것이다.

문제: 十二金钗(운동 종목 맞히기)

답: 女子单打(여자단식) '金钗'는 여자의 머리장식 비녀이다. 그래서 여자를 가리키고 열 두 개는 一打(한 다스), 그리고 '一'은 '单'이다. 그래서 '一打'는 '单打'다. 양사 '다스'(打)는 동사 '打'자와 글자가 같다.

문제: 南北走向(여섯 자로 된 속담 맞히기)

답: 火里来, 火里去 중국어 八卦는 八方과 잘 어울리고 五方은 五行과 어울린다. 东方은 木, 南方은 火, 西方은 金, 北方은 水, 中央은 土 그래서 남북방향은 火와 水의 방향을 가리킨다. 그리고 '走向'은 오고 가다(来去)의 의미를 담고 있다.

문제: 嘉陵江水长滔滔(성어 맞히기)

답: 川流不息 '嘉陵江'은 사천에 있다. 嘉陵江은 川流를 의미한다. 그리고 '长滔滔'는 쉬지 않음(不息)을 가리킨다.

문제: 午后照相(세 자로 된 관용어 맞히기)

답: 拍马屁 십이지는 열두 가지 생시와 서로 어울린다. '子鼠丑牛寅虎卯兔辰龙巳蛇午马未羊申猴酉鸡戌狗亥猪', 여기서 '午' 는 말이다. 말의 뒤는 말엉덩(马屁)이다. '照相(사진을 찍다)'은 동사 '拍(박)'로 말할 수 있다. 그래서, 午后照相은 풀이하면 拍马屁이다.

수수께끼 가운데 단어맞히기 수수께끼와 수수께끼속담은 많은 유사성을 가지고 있다. 단어맞히기의 답 중 많은 것은 숙어이다. 중국어 수수께끼속담과 수수께끼 사이에는 떨레야 뗄 수 없는 관계가 있음은 의심의 여지가 없는 것이다. 그래서 중국어에서 수수께끼속담이 언어의 형식으로 자리잡게 된 것은 중국인이 수수께끼를 매우 좋아하는 성향과 분가분의 관계가 있는 것이다.

제 2절 수수께끼속담과 비유 - 직설과 은유의 선택

우리는 여러 차례 중국인의 언어 표현 방식은 일종의 특별한 기만함이 있고, 말이나 작문을 할 때 우회적인 표현을 좋아하며 직설적인 표현은 좋아하지 않는다는 것을 알 수 있다고 언급하였었나. 중국어의 직설적 표현과 우회적 표현의 선택은 중국인의 사유습관과 심미관을 잘 나타내준다. 중국인이 우회적으로 말하기 좋아하고 직설적으로 말하기를 좋아하지 않는다고 해서 중국인이 빙빙 돌려 말하기 좋아한다고 할 수 없다. 단지 중국인은 말할 때 언어적 유희를 좋아한다는 의미다. 첫째는 화자의 넘치는 재주를 발산한다. 둘째는 이렇게 하면 청자로 하여금 흥미를 유발시킬 수 있다. 사람들은 기지와 유머에 강한 반응을 한다. 청자의 감상이 있기 때문에 화자는 더욱더 많은 열정을 가지고 지혜를 발산할 것이며, 새로운 유머를 창조해낼 것이다. 우리는 중국어 수수께끼속담 속에서 문제에 해당하는 부분 대다수가 우리 현실과 비교적 거리가 먼 것을 발견하게 될 것이다. 일반적으로 허구적인 것이 많고 비유를 한 것이 많다. 화자의 목적은 비유와 다른 사물과의 관계를 통해 특수한 표현효과를 거두려는 것이다. 다음은 수수께끼속담 속에 있는 특수한 유머다. 예를 들면,

电线杆上插鸡毛(전봇대에 닭털을 꼽다) - 好大的胆子(간 큰 사람) *胆子 털이개(掸子)와 동음

背起磨盘唱大戲(맷돌을 메고 춤추다) - 自讨苦吃(스스로 화를 자초하다)

被窝里踢球(이불 안에서 공차다) - 不见起(꼭 어떠한 것은 아니니다)

猪鼻子插大葱(돼지 코에 파를 끼우다) - 装相(가장하다) *코끼리(象)와 동음

王八吃秤砣(남생이가 저울추를 먹다) - 铁了心了(결심을 요지부동으로 굳히다)

茶壶煮饺子(주전자 속에서 찌는 만두) - 肚子里有东西, 就是嘴上道倒不出来(하고 싶은 말이 있지만 꺼내지 못하는 것)

高射炮打蚊子(고사포로 모기 잡다) - 大才小用(큰 인재를 작은 일 하게 하다)

이런 수수께끼속담이 모두 사실이라고 한다면 황당하다고 생각할 것이며 사실 그 누구도 사실이라고 생각하지 않는다. 현실에서 이런 현상을 발견할 수 없기 때문이다. 수수께끼속담에서 황당함을 느끼고서 사람들은 단번에 화자가 수사법을 사용하고 있음을 알게 된다. 수수께끼속담 문제와 답의 황당한 연결 관계는 매우 다양하여 음성의 연관성이 있거나 뜻의 연관성이 있는데, 만약 직접적으로 연결했다면 유머 효과는 크게 감소될 것이다. 그래서 적절한 직설법과 은유법은 수수께끼속담의 유머를 뒷받침해 줄 수 있는 필요조건이다. 듣는 사람은 상상을 통해 문제와 답의 관계를 찾아내야 하며, 일반적으로 이런 관계를 찾아내는 것은 그리 어렵지 않고 특히 구체적인 맥락에

서는 더욱 그러하다. 그러나 어떤 수수께끼속담은 화자가 사람들에게 답을 말해주어야 된다. 예를 들면,

A: 他那张脸皮呀,真是皇帝的老娘。(그 사람 얼굴껍질은 참으로 황제의 어머니라)

B: 怎么讲?(어떻게 해석하지?)

A: 太厚(太后) 매우 두꺼워

'脸皮'와 '皇帝的老娘' 은 직접적인 관계가 없다. 그것들의 연결은 다음과 같다.

'太厚'와 '太后'는 동음 관계다. 이 동음관계를 통해 '脸皮'와 '皇帝的老娘'이 두 가지를 연결시킬 수 있다. 수수께끼속담 문제와 답의 연결은 반드시 한 가지 경로에 그치는 것이 아니라서, 듣는 사람이 때로는 반응을 할 수 없을 것이다. 일반적으로 자주 쓰이는 수수께끼속담은 답을 말하지 않아도 알 수 있다. 그러나 새로 나온 수수께끼속담이나 자주 상용되지 않는 것은 화자가 답을 말해줘야 알 수 있다. 그렇지 않으면 듣는 사람이 그 속의 참뜻을 이해할 수 있기를 기대할 수 없다. 예를 들어

半夜里吹喇叭(한밤중에 나팔 불다) - 四邻不安 (주위 이웃이 불안하다)

炒了一盘麻雀脑袋(한 쟁반의 참새 머리를 볶다) - 多嘴多舌(입이 많고 혀가 많다 → 말이 많다)

炒菜的勺子(음식 볶는 국자) - 尝尽了酸甜苦辣(시고 달고 쓰고 매운 맛을 다 보다 → 인생의 쓴맛 단맛을 다 알다)

洗脸盆里扎猛子(세숫대야에서 자맥질을 하다) - 不知道深浅(깊이를 알지 못하다)

老牛撵兔子(소가 토끼를 쫓아가다) - 有劲使不上(힘은 있으나 쓸 수가 없다)

柏油马路(아스팔트 포장도로) - 没辙(자국이 없다. 즉 흔적이 없다)

叫花子胸口挂钥匙(거지 가슴에 열쇠를 걸다) - 穷开心(쓸데없이 즐거워하다)

公鸡害臊(수탉이 부끄러워하다) - 不提(啼)了(울지 않는다 → 아무 말도 하지 않다)

麻袋片做大衣(마대 조각으로 옷을 만들다) - 不是那块材料(적절한 재료가 아니다)

又当巫婆又当鬼(무당 노릇도 하고 귀신 노릇도 하다) - 两头出面装好人(이중인격자)

何仙姑回娘家(팔선 중 하나인 何仙姑가 친정으로 돌아가다) - 云里来,雾里去(구름 속에 왔다가 안개 속으로 사라지다)

近视眼配眼镜(근시에게 안경을 맞추어 주다) - 解决眼前的问题(눈앞의 문제만 해결한다)

砍柴的下山(나무꾼이 산을 내려오다) - 两头担着心薪(양끝에 땔감이 있다 → 두 가지 마음을 갖고 있다)

수수께끼속담의 절묘함은 화자가 특이한 방식으로 듣는 이의 주의를 끌 수 있어서 우회적인 표현은 화자의 표현 효과를 높여 줄 뿐만 아니라 대화 쌍방의 유머러스한 분위기를 조성하고 대화가 순조롭게 진행되게 하는 데에 있다. 물론 장소와 상황을 살펴가며 수수께끼속담을 써야 한다. 속담 중에 '到什么山唱什么歌, 见什么人唠什么嗑(산에 따라 부르는 노래가 다르고 사람에 따라 말을 해야 한다)'는 말이 있다. 수수께끼속담은 일반적으로 비교적 가벼운 사적인 장소에서 쓰고 비교적 엄숙하고 공식적인 자리에서는 사용하지 않는다. 물론 이는 일반적인 화용의 원칙으로서 상황에 따라서 구체적인 연구를 해야 한다. 그 외에도 우회적 표현 역시 수수께끼속담의 한 가지 방법에 지나지 않으며 다른 방식도 선택할 수 있다.

제 3절 수수께끼속담과 '웃음보따리' - 우아와 해학

교묘한 수수께끼속담은 사람들에게 즐거움을 주는데 수수께끼속담이 사람들에게 즐거움을 주는 것은 수수께끼속담 속의 '웃음보따리'이다. 이 '웃음보따리'는 전통 희곡예술(만담, 이야기 구연 같은 것)에서의 웃음을 유발하는 요소를 가리키는데 이야기 구성자는 웃음거리를 '웃음보따리' 안에 집어넣는다. 청중은 화자가 파는 표주박 속의 약이 무엇인지를 알지 못한다. 단지 화자의 사고의 맥락을 따라갈 뿐이다. 그러다 보면 마지막에 화자는 '웃음보따리'를 풀고 청중은 삽시에 이해를 하게 된다. 청중이 삽시에 명쾌히 이해하게 하려면 웃음보따리를 교묘하게 고안하여야 하고 일시에 쫙 펼칠 수 있어야 하며 시기 적절할 때에 펼쳐야 한다. 이렇게 하고자 하면 수수께끼속담의 웃음보따리는 첫째, 적절하여야 하고 상황에 맞아야 한다. 상황구분이 잘 되어야 하고 상황과 수수께끼속담은 자연스럽게 표시없이 이어져야 한다. 둘째, 의표를 찔러야 한다. 청중이 황당한 언어의미 중에서 정리에도 맞고 사리에도 맞는 것을 찾아내게 해야 한다. 다음에 나오는 수수께끼속담 문제와 답의 관계는 매우 재미있다. 문제는 이치상 황당한 것 같지만 답은 의미심장하다.

苍蝇落在玻璃上(파리가 유리 위에 떨어지다) - 有光明没前途 (광명은 있으나 미래가 없다)

郎中兼开棺材铺(낭중이 동시에 관가게를 열다) -死活都要钱(죽기 살기로 돈을 원하다)

脑门子上扑粉(머리에 분을 바르다) - 拍的不是地方(박자를 못 맞추다)

十冬腊月穿背心(한겨울 추위에 조끼를 입다) -抖起来了(온몸이 떨리다)

给你个棒槌(너에게 몽둥이를 주겠다) - 你可别当真针(진담이라고 여기지 마라)

卤水点豆腐(두부에 간수를 찍다) - 一物降一物(뛰는 놈 위에 나는 놈 있다)

袋鼠赴宴(캥거루가 잔치에 참석하다) - 吃不了兜着走(다 먹지 못하면 싸 가지고 간다)

卖了白面买笼屉(밀가루를 팔아 시루를 사다) - 不蒸馒头争(蒸)口气(만두를 찌지 않고 분발하다)

豁牙子啃瓜(이빨에 홈을 내어 박씨를 물어 까다)-尽是道道(모두 줄이다 - 모두 이치이다)

擀面杖吹火(홍두깨로 불을 불어 피우다) - 一窍不通(조금도 통하지 않다 → 아무 것도 모르다)

嗑瓜子嗑出个臭虫来(박씨를 물어 까서 벌레가 나오게 하다) - 一什么人仁都有(갖은 살이 다 있다 → 별 사람이 다 있다)

阎王爷的小舅子(염라대왕의 손아래 처남) - 惹也惹不起,躲也躲不起(건드리

려 해도 건드릴 수 없고 숨으려고 해도 숨을 수 없다)

수수께끼속담의 의미의 초점은 답 부분에 있다. 문제는 단지 답이 나오게 하기 위한 교량에 불과하다. 이런 교량도 없이 단지 답 부분만 있다면 화자의 의도는 아주 분명하게 드러 날 것이나 화자가 의도하는 홀가분한 유머, 신랄한 해학적 분위기는 없을 것이다. 만약에 앞에서 말한 교량이 없다면 웃음보따리는 만들어지지 않을 것이고 화자는 자기가 말하고 싶은 것을 그냥 직설적으로 밋밋하게 표현할 것이다. 그러면 듣는 이도 호기심이 줄어들 것이며 소통이 아기자기해 질 수 있는 부분을 상대적으로 평범하고 직설적으로 주고받게 될 것이고, 운치가 떨어질 것이다. 그래서 의사소통 중 적절하게 전환의 방식을 사용한다면 의사소통 활동은 좀 더 기복과 변화가 있고 적어도 유머로 이야기꽃이 활짝 필 것이다. 화자는 뜸을 들일 수 있고, 청중은 희열을 얻을 수 있기 때문에 모두의 즐거움이다. 기복과 전환의 선택은 각종 요소의 제약을 받기 때문에 모든 경우와 모든 문체에서 수수께끼속담을 마음껏 사용할 수 없다. 그래서 수수께끼속담은 정제하고 가공하는 과정이 필요하고 그 가운데서 정수는 살리고 쭉정이는 버릴 수 있다.

수수께끼속담은 사람들이 창조해낸 언어 형식이다. 생동감, 선명함, 이미지, 평이함은 이런 언어 형식을 짧은 시간 내에 널리 유행시켰다. 그러나, 집고 넘어가야 할 것은 수수께끼속담에는 우아함이 부족하고 저속한 표현이 적지 않다는 점이다. 그러나, 옥의 티가 있어도 광채가 아름다운 옥이라는 점을 부인할 수 는 없는 것처럼 설사 표현상 저속한 부분이 있다 할지라도 중국인의 총명과 지혜는 빛을 발하고 있다. 수수께끼속담은 본래 고상함에 손색이 있어도 해학적이기에 여전히 애호자들이 있다. 설사 고아한 경지에 이르지 못하였고 내용도 점잖지 못한 것이 있다. 구성상의 교묘함으로 인하여 애호자들이 끊이지 않는다. 수수께끼속담은 민중의 고되고 단조로운 생활 속에 활력소가 되므로 이 역시 좋은 일이 아닐 수 없다.

제 4절 수수께끼속담과 어감 - 정취와 정서

수수께끼속담에서 민중의 희희덕대는 웃음과 분노의 욕설이 있으며 이는 예술로 승화되었음을 볼 수 있다. 웃음과 욕설은 중국인의 정서를 반영해준다. 화자가 수수께끼속담을 사용할 때는 자주 말 속에 풍자의 뜻을 담고 있다. 많은 수수께끼속담은 비꼬는 느낌을 준다. 때문에 지극히 평이하고 직설적인 방식으로 표현한다면 생동감이 있는 이미지를 전달할 수 없고, 둘째는 힘도 없고, 셋째는 화자가 웃으면서 욕하는 자유자재한 자태를 여실히 그려낼 수 없을 것이다. 이런 각도에서 본다면 수수께끼속담은 공격적인 성격을 띠고 있다. 이는 화자의 어감을 강화시켜 주는 역할을 할 수 있다. 예를 들면,

1. 敌人已经是秋后的蚂蚱,蹦达不了几天了。(적은 이미 철지난 메뚜기라 며칠 더 날뛰지 못할 것이다)
2. 他不会说话, 一说话就得罪人, 就是好话, 一到嘴里也特难听,所以这些年没少

碰钉子, 真是噘嘴骡子卖个驴价钱,吃亏吃在嘴上了。(그는 말주변이 없어 말을 했다하면 남의 미움을 산다. 좋은 말이라도 그가 하면 듣기 싫다. 그래서 적지 않은 난관에 부딪혔다. 그야말로 입 나온 노새를 나귀 값으로 팔아 입 때문에 화를 자초한 격이다.)

3. 你看这个人, 办的这叫什么事! 癞蛤蟆上身, 不咬人它恶心人不是?(이 사람 보게나, 일 해놓은 꼬락서니가 뭐라는 거야! 두꺼비가 몸에 붙은 격이라, 물지 않는다 해도 징그럽지, 그렇지 않나?)

4. 在这些老人眼里,她是药店里卖杂碎,不是正经货!(이 노인들의 눈에 그녀는 약방에서 잡스런 물건을 파는 격으로 온당치 못한 사람으로 보인다!)

5. 有些人职位不高,但卻官气十足,老百姓说他们搭戲台卖螃蝎,买卖不大,架子倒不小。(어떤 이들는 자리가 높지도 않으면서 관료 티가 심하다. 백성들은 그를 무대를 지어놓고 게장사하는 격으로 보잘것 없는 일에 거드름 피우기는 대단하다고 한다.)

6. 一些人说起社会风气来,一肚子的牢骚,骂完张三骂李四,好象自己很廉洁,其实他们也是乌鸦落到猪身上,看得见别人黑看不见自己黑,他们和张三李四一样。(어떤 이는 사회 풍조 얘기할라치면 온통 불평불만이다. 이 사람 저 사람 욕하고나서 자기는 아주 청렴한 것처럼 말한다. 그야말로 까마귀가 돼지 위에 떨어진 꼴로, 남이 검은 것만 알고, 자기가 검은 줄은 모르는 것과 마찬가지다. 그도 똑같은 사람이다.)

7. 我们局长一开会就讲话,一讲起来就没完没了, 罗嗦得就像懒婆娘的裹脚布,又臭又长。(우리 국장은 회의만 시작하면 쉴새없이 이야기를 한다. 말 늘어놓기가 정말 게으른 여자의 전족 헝겊처럼 구리고도 길다.)

8. 这人太做作,无论在什么场合,总是西装革履, 一举手一投足都是老贾家姑娘嫁

给老贾家,假门假氏(贾门贾氏)的。(이 사람은 너무 가식적이다. 어느 곳에서 나 늘 양복과 구두로 쭉 빼입고 다니는데 일거수 일투족이 가식투성이다.)

9. 你怎么临上轿现才扎耳朵眼儿? 早干吗去了!(너 어찌 막 가마 타려하는데 귓구멍을 뚫는다는거냐? 진작에 뭐했어!)

수수께끼속담은 구어화 정도가 매우 높은 담화 형식이다. 따라서 강한 어감과 화자의 정취, 정서를 나타낸다. 우선 정취는 표현 형식, 화자의 언어 수양, 개인적인 정취와 깊은 관련이 있다. 식자층은 비교적 고상한 표현을 하기 때문에 수수께끼속담처럼 대중적인 표현 방식과는 비교적 거리가 있다. 그렇다고 그들이 수수께끼속담 속에 있는 유머를 좋아하지 않는다는 것은 아니다. 단지 생활 속에서 수수께끼속담 같은 대중언어를 접할 기회가 적고, 그래서 수수께끼속담에 익숙하지 않을 뿐이다. 그리고, 식자층은 공부한 사람으로 그들은 온화, 선량, 공경, 검약, 양보의 덕목을 교육받아서, 강렬한 감정적 어감을 지니고 있는 거친 언어 표현에 능숙하지 못하다. 게다가, 정서는 어떤 감정이 지배하는 지에 따라 풍자적인 수수께끼속담을 사용할 수 있고 있기 때문에 장소와 대상에 따라 다르다. 유머는 아주 좋은 것이지만 지나친 남용은 오히려 뻰질거리는 것으로 비칠 수 있다. 예를 들면, 수수께끼속담 속의 유머는 대화 가운데 양념과 같은 존재이다. 주요리가 될 수는 없지만 사람마다 입맛이 다르기 때문에 어떤 사람은 자극적인 것을 좋아하고, 어떤 이는 부드러운 것을 좋아한다. 만약에 양념 맛이 너무 강하면 오히려 주요리 맛에 저해가 될 수 있어서 얻는 것보다 잃는 것이 더 많다.

이 장에서는 수수께끼속담 가운데서 유머를 논했고, 유머 형성의 근원과 구조 그리고 여기에 담겨있는 감정적 어감에 대해서 토론했다. 수수께끼속담은 중국 특색을 지닌 언어 형식이고, 민간 색채를 지닌 표현 방식이다. 따라서, 우리는 그 속에 담겨 있는 지혜를 계승하고 발전 시켜야 한다. 또한, 상대적으로 저속한 것은 지양해야 한다. 중국 문학 예술 가운데 우리는 자주 수수께끼 속담이라는 언어형식을 접하므로 그 특색을 잘 알고, 그에 내포된 지혜의 감상법을 배우는 것은 매우 필요한 일이다.

맺음말

맺음말

언어는 정적인 기호체계로서 일반 언어학의 연구 대상이다. 그런데 의사소통의 도구와 사고의 도구로서의 언어는 사회 언어학과 심리 언어학의 연구 대상이다. 그리고, 의사소통의 도구와 사고의 노구로서의 언어 역시 하나의 체계이다. 이런 체계는 정적인 기호 체계의 토대에서 탄생한 새로운 체계이다. 우리는 이 책의 머리말에서 '이 새로운 체계는 하나의 지식 데이터로서 이는 인류 지식의 보편성을 반영해 줄 뿐 아니라, 이 지식 데이터는 다른 것과 차별화되는 특성을 지니고 있다.'고 말한 바 있다. 지금 필자가 다시 한 번 이점을 언급함으로써 독자들은 감회가 새로울 것이라 믿는다. 중국어 숙어의 사회 언어학적 연구는 우리에게 좋은 예증을 제공할 것이다. 필자는 중국어라는 이 기호체계를 통해 중국어 속담 속에 함유되어 있는 인문 정보를 기술하고 표현하였는데, 독자들은 중국어라는 이 기호체계를 통하여 중국의 인문 정보를 인식하고 이해할 수 있게 될 것이다. 겉으로 보기에는 아무런 애로가 없는 것처럼 보이지만 사실 책이 순조롭게 읽어지는지 여부는 저자의 표현 방식과 독자의 독서방식에 달려 있다. 저자들은 자신의 표현 방식이 독자의 요구에 부합되길 바란다. 그러나 어느 저자건 자신의 표현 방식이 모든 독자의 수요를 다 만족시킬 수 있으리라 기대할 수 없다. 필자는 표현방식상 비교적 쉽게 대다수 독자들이 이해할 수 있는 방식을 선택했으나 책 속에 인용한 고대 문헌은 아마 읽기에 장애가 되었을 것이다. 좋아하지 않는 독자는 뛰어넘어가도 된다. 제3장 성어에 관한 서술에서 많은 성어를 예로 들어 우리의 관점을 뒷받침하였다. 그리고 약간의 성어는 일부 독자들이 읽는 데 장애가 될 것이어서 우리들은 일반적인 해석을 했다. 이런 성어를 이해할 수 있어야지 중국 고대 사회 각 분야에 대한 기술을 더 잘 이해하는데 도움이 될 수 있을 것이다. 해석은 기존의 공구서를 참조했는데 이 공구서들은 권위 있는 것이기에 충분히 신뢰할 수 있다 하겠다.

우리의 중국어 숙어 연구는 다양한 시각이 있을 수 있어서, 구조상의 특징을 연구할 수도 있으며, 중국 민족 역사와의 관계를 연구할 수도 있다. 우리는 중국어 숙어 중에서 많은 중국인문 세계의 중요한 정보를 얻을 수 있다. 이런 의미에서 본다면 중국어 숙어는 우리가 중국 사회를 이해할 수 있는 직행 급행열차가 될 수 있다. 바꾸어 말하자면 우리가 중국어 숙어를 배우는데 중국, 중국인, 중국 역사, 중국 문화와 관련된 모든 내용은 피해갈 수 없는 것이다. 언어 학습과 배경 지식 습득을 연결시켜야만 진정으로 언어를 배울 수 있고, 동시에 일거 양득, 일석 이조의 효과를 거둘 수 있다.

필자는 숙어가 언어 중에서 비교적 특수하고 인문 정보가 풍부하며 가장 민족적인 특색을 띄고 있다고 말한 바 있는데, 중국어는 매우 발전한 언어의 하나이므로 이를 통해 중국을 알고 이해하는 데 도움이 될 것이다. 물론, 우리가 중국어, 중국문화의 커다란 환경 속에 살고 있기 때문에 외부인에게는 특별한 것이 우리에게는 아주 익숙하여 주의하지 않게 되는 것이다. 만약에 참조체계가 없었다면 어느 것이 중국 특유의 것인지 그렇지 않은지의 여부를 판단하기 쉽지 않았을 것이다. 실제로 필자가 중국어 숙어를 연구할 때 참조체계가 있었고 때로는 감춰지고 때로는 드러났는데, 그것은 우리가 뭉뚱그려 서양 문화라고 하는 것이었다.

중국어는 유구한 역사가 있고 중국어를 기록하는 한자 역시 유구한 역사를 지니고 있으며 또한 시간과 공간을 초월하여 통용되고 있었으므로, 한자로 기록된 숙어는 수량과 변이형식의 다양성을 막론하고 이루 다 살펴볼 수 없었다. 필자의 연구는 일부 현존하는 공구서의 범위에 국한되었는데, 다행히도 이러한 공구서는 양적으로 충분하였다. 우리는 이 공구서 저자들에게 감사드린다. 그들의 구체적이고 세밀한 작업이 없었다면 필자의 연구는 매우 어려웠을 것이다. 필자가 자료의 수집과 확보에 있어서 유리하였으나, 자료의 분류와 분석은 그래도 비교적 많은 시간을 들였다. 가장 머리 아팠던 것은 역시 이론적 사고와 관점의 기술이었다. 필자는 최대한 심도 있고 평이한 연구를 위해 노력했지만 여전히 지식의 한계로 말미암아 부족함을 가릴 수 없었다. 가장 충분한 자격을 가진 독자 제현께서 비평의 고견을 내 주시길 바라며 감히 용기를 내어 저술하였다.

부록

附录 参考资料

一. 著作

1.马国凡、高歌东1979《歇后语》,内蒙古人民出版社

2.倪宝元1979《成语辨析》,中国社会科学出版社

3.史式1979《汉语成语研究机四川人民出版社

4.许肇本1980《成语知识浅谈》,北京出版社。

5.马国凡、高歌东1982《惯用语》,内蒙古人民出版社

6.杨天戈1982.《汉语成语溯源》,外语教学与研究出版社

7.赵子逊1984《海阔天空话习语》,新加坡国际图书出

8.谭永祥1984《歇后语新论》,山东教育出版社

9.温端政1985《歇后语》,商务印书馆

10.向光忠1985《成语概说》,湖北教育出版社。

11.温端政1985《谚语》,商务印书馆

12.刘洁修1985《成语》,商务印书馆

13.朱瑞玫1989《成语与佛教》,北京经济学院出版社

14.孙维张1989《汉语熟语学》,吉林教育出版社。

二、論文

1.张拱贵 1952 成语中的音韵关系,《大公报》8月26日

2.沈萃芜 1952 论习惯语,《大公报》7月2日

3.张拱贵 1953 数词成语的构 成方式,《语文知识》第7期

4.周祖谟 1955 谈成语,《语文学习》第1期

5.朱剑芝 1955 成语的基本形式及其组织规律的特点,《中国语文》第2期。

6.汪见熏 1955 谈成语的褒贬,《语文学习》第9期。

7.孙慎之 1956 试谈成语,《山东大学学生科学论文集刊》(哲学社会科学版) 第1期

8.霍旭东 1956 论"谚语",《山东大学学生科学论文集刊》第1期

9.朱泽吉 1956 论谚语的思想 和艺术,《河北师范学院学报》第1期

10.朱泽吉 1957 论民间谚语所 表现 的阶级意识和社会风貌,《天津日报》1月5日

11.童致和 1957 成语与歇后语,《语文知识》第9期

12.王 骥 1958 论我 国古代的谚语,《文史哲》第11期

13.马国凡 1958 成语的演变,《语言文学》第2期

14.马国凡 1958 汉语的成语,《内蒙师院学报》第1期

15.昌煌、全基 1958 论成语,《中国语文》第10期

16.欣 向 1958 成语的特性,《中国语文》第10期

17.环 一 1958 成语、谚语、格言、俗语、惶语的区别,《语文学习》第1期

18.马国凡 1958 成语的定 型和规范化,《中国语文》第10期

19.林文金 1959 从性质和特点看成语的范围,《中国语文》第2期

20.吴剑扬 1959 试谈成语的新发展,《中国语文》第2期

21.云 生 1959 关于"熟语",《中国语文》第7期

22. 张熙侯 1960 关于成语,《学语文》第1期

23. 张子盟 1960 谈成语,《学语文》第6期

24.倪宝元 1960 成语的套用现象,《中国语文》第11期

25. 唐松波 1960 熟语和成语 的种属关系,《中国语文》第11期

26. 马国凡 1960 谚语与歇后语,《内蒙师院学报》第2期

27. 马国凡 1960 谚语的特点,《中国语文》第11期

28. 王 毅 1961 略论中国谚语,《民间文学》第10期
29.王梦熊 1961 漫谈农谚 的语言特点和表现手法,《民间文学》第10期
30. 齐 翼 1961 科学的小诗哲学的小诗一一我 对谚语的认识,《民间文学》第10期
31 .杨欣安 1961 成语 和谚语 的区别,《中国语文》第3期
32. 武占坤 1962 有关"成语"的几个问题,《河北师大学报》第2期
33.谭达元 1962 广东谚语的表现于法,《南方日报》1月21日
34.振 甫 1965 成语的运用,《中国语文》第6期
35.吴 越 1978 同义成语 的来源与辨析,《天津师院学报》第4期
36. 肖更远 1978 谚语浅探,《齐齐哈尔师院学报》第2期
37.宋芳彦 1979 成语的约定俗成问题,《荷泽师专学报》第1期
38. 吴 越 1979 成语的修辞,《语文教学通讯》第l期
39.向光忠 1979 成语与民族自然环境、文化传统、语言特点的关系,中国语文》第2期
40.孙汝见 1979 数词在成语中的运用,《语言教学与研究》,第6期。
41.朱毓芝 1979《红楼梦》中成语的使用,《教学与研究》(浙江师院) 第6期
42. 朱安群 1979 谚语概论,《江西师院学报 》第1期
43.王 书贵 1979 谚语,成语,格言,《语文学习》第4期
44.潘 允中 1980 成语 、典故 的形成和发展,《中山大学 学报》第2期
45.刘恒志 1980 谈谈成语的发 展,《语文学习》第7期
46. 朱靖宇 1980 成语探源,《北京教育》第10期
47.马国凡 1980 惯用语的性质,《语言文学》第1期
48. E 书贵 1980 谈谚语,《武汉师范学院学报》第1、2期合刊
49.周中明 1980 谈《红楼梦》中对俗话 的运 用,《红楼 梦学刊》第l期
50.李道一 1981 试论譬解语及其与歇后语 、谚语的区别,《浙江师范学院学报》第1期
51.温端政 1981 歇后语的语义,《中国语文》第6期
52.李宇明 1982 歇后语 中的笑,《华中师范学院研究生 学报》第3期
53.王 勤 1982 论惯用语,《语文研究》第1期
54.沈孟理 1982 现代汉语惯用语初 探,《文史哲》第2期
55.马清文 1983 谚语的起源 、发展和散失,《民间文学》第10期

56.温端政 1983 略论"歇后语"前后两部分的关系,《语文研究》第1期
57.施宝义 1983 汉语惯用语简说,《语文教学与研究》第4期
58.温端政 1984 谚语的语义,《中国语文》第4期
59.姚鹏慈 1985 成语研究的新发展,《语文导报》第7期
60.郭在贻 1985 俗语词研究概述,《语文导报》第9期
61.袁 宾 1985 俗语词零札,《中国语文通讯》第5期
62.袁 宾 1985 俗语词零札,《语文月刊》第6期
63.袁 宾 1986 俗语词零札,《语文月刊》第11期
64.袁 宾 1986 俗语词零札,《语文园地》第3期
65.袁 宾 1986 俗语词零札,《天津师大学报》第2期
66. 马国凡 1987 四字格论,《内蒙古师范大学学报》第3期
67.李正纲 1987 歇后三式论,《宁夏大学学报》第1期
68. 牛思涌 1989 熟语探微,《郑州大学学报》第7期
69. 王 瑛 1989 俗语探源,《中国语文》第3期
70. 向光忠 1989 论成语蕴含的时代因素,《南开学报》,第5期。
71.武占坤、张莉 1991 论熟语的民族气质,《河北大学学报》(哲社版) 第4期
72.陈楚祥(译述)1992 成语的民族特征和通用性质是语言学的研究对象,《外语与外语教学》第2期
73.祝鸿熹 1992 汉语四字成语的意义切分,《语文建设》第8期
74.卢卓群 1992 四字格成语的有形断裂及其作用,《世界汉语教学》第4期
75.侯兰笙 1993 "大惊小怪"别义,《中国语文》第4期
76.史锡尧 1993 成语、熟语中的家畜,《语文月刊》第12期
77. 王希杰 1993 反成语,《语文月刊》第10期
78.崔希亮 1993 汉语四字格的平起仄收式统计及分析,《修辞学习》第1期
79.盐见邦彦 1993 日本江户后期的汉语俗语研究,《河北师院学报》第2期
80.卢卓群 1993 十余年来的成语研究,《语文建设》第2期
81.章康美 1993 数字成语的抽象义说略,《逻辑与语言学习》第2期
82.李丽芳 1993 谚语格言的社会学透视,《中国社会科学院研究生院学报》第4期

83.张清常 1993 再说惯用语,《语言教学与研究》第2期

三、常用工具书

1.《中国成语大词典礼 集体编写,1987,上海 辞 书 出版社

2.《分类 实用成语词典》,高 光烈编写,1987,吉林文史出版社

3.《汉语成语分类词典》,叶子雄 编写,1987,复旦 大学出版社

4.《汉语成语分类 大词典礼 集体编写,1987,内蒙古人民出版社

5.《汉语成语英译词典礼 喻家楼编写,1991,中国科学技术大学出版社

6.《实用成语词典》,常晓帆编写,1984,知识出版社

7.《实用成语词典》,（增订本）,常晓帆编写,1990,台声出版社（北京）

8.《古今汉语成语词典礼 集体编写,1985,山西人民出版社

9.《万条成语词典》,颜毓书编写,1986,黑龙江人民出版社

10.《汉语成语大词典礼 朱祖延编写,1985,河南人民出版社

11.《分类成语词典》,王理嘉编写,1985,广东人民出版社

12.《中华成语大词典》,向光忠等编写,1986,吉林文史出版社

13.《汉语新成语词典》,史式编写,1987,陕西人民出版社。

14.《汉语成语词典》,李一华、吕德申编写,1985,四川辞书出版社

15.《惯用语例释》,徐宗才、应俊玲编写,1985,北京语言学院出版社

16.《汉语惯用语词典》,施宝义、姜林森 、潘玉江编写,1985,外语教学与研究出版社

17.《汉语谚语词典》,孟守介等编写,1990,北京大学出版社

18.《常用俗语手册》,徐宗才、应俊玲编写,1985,北京语言学院出版社

19.《歇后语例释》,施宝义、吴书荫、卢晓逸 、吴叔平编写,1985,商务印书馆

20.《歇后语 20000 条》,郑世忠编写,1991,中国城 市出版社

21.《歇后语 大全》,李兴望、闵彦文编写,1983,甘肃人民出版社

22.《歇后语 大全》,集 体编写,1987,中国民间文艺出版社

23.《中 外 典 故 大 词 典》,周 心慧 编 写,1989,科 学 出版社

24.《常 用典故 词 典》,于石编写,1985,上海辞书出版社

25.《明清俗语辞 书集成》,（日）长泽规矩也编,1989,上海古籍出版社

중국의 숙어와 인문세계

汉语熟语与中国人文世界

초판 인쇄 2017년 8월 23일
초판 발행 2017년 8월 30일

지은이 崔希亮
옮긴이 맹주억
발행인 김인철
총괄 · 기획 가정준 Director, University Knowledge Press
편집장 신선호 Executive Knowledge Contents Creator
도서편집 박현정 Contents Creator
전자책편집 이리나 e-Contents Creator
재무관리 김은혜 Managing Creator
마케팅 파트장 백승이 Chief Marketing Creator
마케팅 박종원 Marketing Creator
발행처 한국외국어대학교 지식출판원
02450 서울특별시 동대문구 이문로 107
전화 02)2173-2493~7
팩스 02)2173-3363
홈페이지 http://press.hufs.ac.kr
전자우편 press@hufs.ac.kr
출판등록 제6-6호(1969. 4. 30)
디자인 · 편집 (주)이환디앤비 02)2254-4301
인쇄 · 제본 네오프린텍 02)718-3111

ISBN 979-11-5901-367-6 93720 정가 30,000원

*잘못된 책은 교환하여 드립니다.

HUiNE은 한국외국어대학교 지식출판원의 어학도서, 사회과학도서, 지역학 도서 Sub Brand이다. 한국외대의 영문명인 HUFS, 현명한 국제전문가 양성(International +Intelligent)의 의미를 담고 있으며, 휴인(携引)의 뜻인 '이끌다, 끌고 나가다'라는 의미처럼 출판계를 이끄는 리더로서, 혁신의 이미지를 담고 있다.